한국경제
학술총서
02

한국의 졸부적 민족주의와 다문화주의

한길수 지음 | 김수정 옮김

도서출판
해남

한국의 졸부적 민족주의와 다문화주의

초판1쇄 인쇄 2023년 4월 20일
초판1쇄 발행 2023년 4월 27일

저 자 한길수
역 자 김수정
발행인 노현철
발행처 도서출판 해남

출판등록 1995. 5. 10 제 1-1885호
주 소 서울특별시 마포구 마포대로8길 9 영명빌딩 405호
전 화 739-4822 **팩스** 720-4823
이 메 일 haenamin30@naver.com
홈페이지 www.hpub.co.kr

ISBN 978-89-6238-177-1 93330

이 저서는 2021년 대한민국 교육부와 한국학중앙연구원(한국학진흥사업단)을 통해 K학술확산연구소사업의 지원을 받아 수행된 연구임(AKS-2021-KDA-1250002).

추천사 한국의 다문화주의를 애정을 갖고 비판하다!

꽤 긴 세월 동안 단일 민족성을 당연하게 여겨왔고 그것을 자랑스럽게 생각해 온 한국 사회이지만, 어느 틈엔가 다문화라는 단어는 한국 사회를 설명하는 핵심 개념이 되었다. 다른 나라에 비해서 민족·인종·문화 차원의 '이방인'과 어울려 사는 역사가 상대적으로 짧은 사회에서 급격하게 늘어난 이주민의 숫자는 다문화를 외면하거나 부정할 수 없는 상황으로 만들었고, 정부의 정책이나 학계 연구에서도 이 현상을 분석하고 파악하려는 많은 노력이 이루어지고 있다. 그런데 수없이 쏟아지는 학계의 연구 중에서도 나는 해외의 한인 학자가 가질 수 있는 특별한 시각이 있다고 생각한다. 단일 민족 신화가 지배하던 시절에 한국에서 살았던 기억과 새로 정착한 사회에서 접한 다문화 풍경을 대비하면서 가지게 되는 비교의 시각, 그리고 그것에 기초해서 새롭게 바라보는 한국의 현재 모습은 연구자에게 소중한 '연구거리'가 된다. 쉽게 입증하기는 어렵겠지만, 자료만으로 접한 것보다 몸으로 느낀 현상은 연구에 임하는 입장과 자세에 영향을 줄 수 있으리라 생각한다.

외국에서 바라보는 한국 사회를 분석하면서 영문 등의 외국어 자료뿐만 아니라 풍부한 한글 자료들을 활용할 수 있다는 점도 큰 장점이다. 참고문헌에서 보는 것처럼, 이 책의 저자는 국외는 물론이거니와 국내에 나와 있는 연구논문, 단행본, 그리고 언론 기사들을 '이 잡듯이' 뒤져서 파헤쳤다. 더 나아가 대표적인 포털 사이트들과 언론진흥재단의 한국 통합 신문 데이터베이스(KINDS)의 방대한 기사들을 질적 방법을 이용해서 분석하였다. 언론학 분야에서 문헌 자료를 내용 분석법으로 분석하는 것은 빈번하게 활용되는 방법이지만, 한국어가 익숙하지 않은 외국 학자들이 해내기는 쉽지 않은 작업이다. 게다가 (너무 감상적인 표현이겠지만) 책의 곳곳에서 느낄 수 있는 한국 사회에 대한 저자의 애정은 사회과학자가 분석 대상인 사회를 이런 마음으로 만날 수도 있음을 깨닫게 해 준다.

서론에서 저자는 오랜만에 방문한 한국 사회가 보여 준 모습에서 '놀라운 변화들'을 느꼈다고 고백한다. 금발로 염색한 젊은이들, 지하철에 비치된 영어 안내서, 그리고 수많은 외국인들 … 한국 안에 살고 있는 사람들에게는 (빠르기는 하지만) 적응할 만한 변화들이겠지만, 과거의 기억을 간직한 '귀환자'에게는 낯설고 새로운 풍경일 수밖에 없다. 왜 이렇게 변하였을까? 이런 변화가 의미하는 것은 무엇일까? 저자의 궁금증은 '졸부적(nouveau-riche) 민족주의'라는 개념을 통해서 이 책으로 이어졌다. 갑자기 부자가 된 사람을 뜻하는 졸부는 이 책에서 급속한 경제 성장으로 부유한 나라에 살게 된 한국 사람을 의미하는데, 그래서 그들은 '외국인들을 착취할 뿐만 아니라 … 그 밖의 모든 사람들을 차별할 권리가 있다'고 착각함으로써 졸부적 민족주의자가 된다. 어느 현상을 지칭하는 개념을 새로 만들어 내거나 적용해 내는 것은 쉬운 일이 아닌데, 갑작스레 등장한 한국의 다문화주의를 설명하기 위해서 졸부라는 표현을 사용한 것은 무릎을 '탁' 칠 정도로 적절하다.

이 책은 기본적으로 학술서와 대중서의 성격을 넘나든다. 각 장마다 시작 부분은 문헌 고찰과 연구방법을 소개하는 '학술스러운' 형식을 취하였지만, 본론으로 들어가면 풍부한 인용과 분석이 술술 읽히는 것을 발견할 수 있다. 양적 방법에 비해서 일상의 언어를 사용하는 질적 연구가 갖는 강점이다. 물론 대중서의 성격을 함께 지닌다고 해서 이 책이 쉽고 말랑말랑하다는 의미는 아니다. 저자는 한국의 다문화주의를 분석하는 조사방법으로 미디어 내러티브 분석법을 이용하였는데, 중요한 점은 이것이 단순한 자료 분석에 그치지 않고 확고한 이론의 틀에 기반해서 진행된다는 것이다. 사실 내러티브 분석법을 활용해 본 사람은 잘 알고 있는 것이지만, 데이터베이스에 담긴 방대한 자료를 일일이 찾아내서 꼼꼼하게 분석하는 것만으로도 쉬운 일이 아니다. 그런데 이 책의 분석은 통계수치를 보여 주는 데 그치거나(양적 방법일 경우), 주장에 해당하는 인용구를 소개하는 데 그치는(질적 방법일 경우) 것이 아니라, 저자가 일관되게 유지하는 이론적 입장에 비추어 진행되고 있다. 그 입장은 비판적 사실주의이다.

비판적 사실주의는 한 사회 안에서 일어나는 현상이나 사건을 개별적으로 이해하는 것이 아니라 사회의 역사와 구조에 비추어 설명한다. 더 나아가 행위자의 경험을 보여 주는 데 그치지 않고 개별 행위가 발생하는 사회적 맥락에 주목하면서도 다른 성원들과의 상호 작용도 분석에 포함한다. 이렇게 보면 비판적 사실주의는 저자가 스스로 밝힌 목표인 '주어진 사회경제적·역사적·문화적 맥락에 영향을 받는 생성 메커니즘을 더 잘 이해'하기 위해서 반드시 가져야 할 이론적 입장이다. 그런데 이런 입장에 있더라도 그저 담론 분석에만 그쳤다면 아마도 글이 훨씬 더 난해해졌을 텐데, 다양한 자료 제시와 다른 학자들의 해석을 소개하고 때로는 반박하는 방식을 취함으로써 독자들이 스스로의 결론에 이를 수 있게 한다. 이런 흐름을 통해서 저자는 과학적 연구를 위해 이론과 조사가 모두 필요하다는 것을 보여 주고 있다. 사회과학은 이론만으로 완성되는 것도 아니며 조사만으로 충분한 것도 아니다.

서론(제1장)과 결론(제9장)을 뺀 일곱 개의 장들 중에서 제2장은 인종차별에 대한 이론적 관점을 점검하고 있는데, 책의 전체를 관통하는 개념을 정의하고 한국 사회의 다양한 차별의 역사를 정리함으로써 졸부적 민족주의 저변에 흐르는 구조를 보여 준다. 제3장은 2007년부터 시작된 인종차별금지법(그리고 보편적인 차별금지법)을 만들기 위한 노력을 보여 주고 있고, 제8장은 한국 연예인들의 블랙페이스 연기를 통해서 한국 대중문화의 졸부적 인종주의 성격을 다루었다. 둘 다 학문적으로 별로 다루어지지 않은 주제들을 파고들어서 한국 사회가 얼마나 인종 문제에 무감각한가를 적나라하게 보여 주고 있다. 한편 제4장부터 제7장까지는 각각 서로 다른 네 개의 이주민 집단들에 대한 차별을 분석하고 있는데, 그중에서 상대적으로 연구가 많이 이루어지지 않은 외국 출신 전문가를 다룬 것은 학계에 더 많은 연구가 필요하다는 '연구과제'를 던져 준다. 나머지 세 집단(이주 노동자, 국제결혼가정 자녀, 탈북자)을 분석한 것은 일종의 '대표적인' 이주민 소수자 집단에 대한 분석이라고 할 수 있다. 같은 주제를 연구하는 동료 연구자로서 이렇게 치밀한 연구를 보여 준 저자에게 고마움을 전하면서도 저자의 관점으로 몇 개의 다른 집단들(예를 들면, 결혼이주여성, 난민 등)마저 다루어 주었더라면 더욱 좋았겠다는 생각이 든다. 물론 이런 아쉬움은 저자 혼자서 감당할 일이라기보다는 모든 연구자들의 책임이다.

당연한 말이지만, 사회과학자가 사회를 연구하는 이유는 현상을 분석하고 현실을 파악하기 위해서이다. 그런데 나는 그것보다 더 근본적인 이유가 있다고 생각한다. 그것은 바로 더 나은 사회를 만들고 싶은 마음과 우리가 몸담고 있는 사회에 대한 애정이다. 나는 저자가 부정적 의미를 담은 졸부적 민족주의라는 개념을 이용해서 한국의 다문화주의를 분석하는 이유가 한국 사회에 대한 애정과 더 나은 미래를 만들고자 하는 마음 때문이라고 생각한다. 그래서 저자는 결론에서 "한국이 어떤 사회가 되기를 원하는가?"를 물으면서 우리가 나아갈 길, 나아가야만 하는 길을 보여 준다. 앞의 장들과 달리 결론 부분이 웅변조로 읽히는 것은 사회과학자이면서 동시에 사회를 사랑하는 사람인 저자의 '마음'이 반영되었기 때문이리라.

이제 마무리를 해보자. 이 책이 영문으로 처음 출판(2016년)되고 나서 몇 년의 시간이 지났다. 그 후로 한국 사회의 졸부적 성격이 변하지는 않았지만, 이번에 번역본이 출판되어서 그 사이에 약간의 수치 변화가 생긴 점은 아쉽다. 좀 더 일찍 나왔더라면 더욱 좋았겠다는 미련은 나중에 개정판이 나오거나 저자의 새로운 책이 출간된다면 해소될 것이라 생각한다. 모쪼록 이 책이 다문화주의를 연구하는 학자들, 그리고 이 주제에 관심을 갖는 많은 일반 독자들을 만나서 한국 사회가 마주할 미래를 함께 고민하는 출발점이 되기를 희망한다.

2023년 1월

박경태

성공회대학교 사회학과

한국어판 서문

어느 마을에 살고 있는 사람이 단 한 명이라면 그 마을에 차별이라는 단어는 별 의미가 없을 것이다. 사람이 둘 이상 모이면서 여러 모양의 차별이 시작된다. 한국인은 단일 민족이라는 인식 때문인지, 한국 사회에서 한국인들끼리 얼굴의 생김새나 피부 색깔이 다르다는 이유로 차별하는 경우는 드물다. 하지만 한국인들끼리도 서로 간에 차별하며 자신의 우월함을 드러내고자 부단히 애를 쓰는 것을 보게 되는데, 이는 단지 한국인에게서만 발견되는 현상은 아니다.

모양새와 피부 색깔이 다른 외국인이 한국 사회에 많이 유입되면서, 또는 한국인이 외국에 나가 살면서 차별을 받기도 하고, 차별을 하기도 한다. 이런 과정을 거치면서 세상에는 나와 다른 수많은 사람들이 살고 있으며, 그들과 공존하는 방법을 배울 수밖에 없다는 것을 깨닫게 된다. 마찬가지로, 저자도 호주에 살면서 이런 과정을 지금도 경험하고 익히고 있다. 수년 전까지만 해도 저자가 "호주에 사는 이민자"라고 말하면, 대뜸 돌아오는 반응은 "'백호주의'를 어떻게 견디며 사느냐"는 것이다. 그러면 나의 반응은 "백호주의가 폐기된 지 수십 년이 되었는데 어떻게 그리 시대착오적인 생각을 할 수 있느냐"는 말로써 호주 사회를 방어한다. 하지만 '백호주의'처럼은 아니지만 인종주의는 아직도 호주 사회에 건재하고 있다고 볼 수 있다. 그럼에도 불구하고 호주 사회는 다른 문화의 배경을 가진 사람들을 받아들이고 인정하는 다문화주의가 가장 잘 정착된 나라 중의 하나로 인정받고 있음도 사실이다. 그렇다면 다문화주의가 잘 정착되었다는 것은 무슨 뜻인가? 내 마음에 들지 않는 사람이 있다고 해서 늘상 필요 이상으로 그에게 내 솔직한 마음을 적나라하게 표현함으로써 그 사람과의 관계를 단절시킬 필요는 없다. 그 사람이 내 일터에서의 동료라면 더더욱 그럴뿐더러, 한 번 보고 다시 만나지 않을 사람이라도 굳이 그럴 필요는 없다고 생각된다.

이유는 간단하다. 다른 모든 이들의 삶의 가치는 나의 그것 못지않게 소중할뿐더러, 세상의 모든 사람들은 각자의 고유한 가치를 지니는 존재들이기 때문이다. 그래서 내가 받고 싶어 하는 대접이 있다면 나도 그렇게 남을 대접하라는 것이다. 여기서 한 가지 첨언할 것은 한국의 차별금지법에 관한 것이다. 이는 다름이 아니라 나 개인의 종교, 이념, 철학과는 다른 사람이라도 내가 누리는 자유와 권리를 동등하게 누릴 수 있도록 법과 정책으로 보장을 해주어야 한다는 것이다. 그 이상의 염려를 하여 마치 차별금지법이 세상의 윤리와 질서를 파국으로 몰아갈 것이라고 단언하는 것은 지나치다는 생각이다. 나 스스로를 온 세상의 주관자나 판단자로 생각하지 않는다면 말이다. 그런 생각을 할 수는 있지만 나의 생각이 다른 사람의 삶의 기회를 제한하는 적극적인 기제가 되어서는 곤란하다는 이야기이다.

이 책은 저자가 호주의 다문화주의를 연구하면서 배우고 느낀 점을 바탕으로 한 관점으로 한국의 다문화주의에 대한 소견이라 할 수 있다. 한국 사회가 선진 사회로 발전·유지되려면 세련된 다문화주의가 정착되어야 함은 꼭 필요한 일이다. 이 책의 내용이 적지 않은 사람들로 하여금 한국의 다문화주의를 재고하고 실천하게 되는 작은 밑거름이 되기를 간절히 바란다. 이 책은 나의 모국에 대한 작은 사랑의 표현이기도 함을 밝혀 둔다. 서양의 학자들은 흔히 한국을 가리켜 '다문화주의가 부재하는 다문화 국가'라고 조롱하는데 이는 매우 낯뜨거운 지적이다. 이민자 가정의 자녀를 '다문화'라고 호칭하는 경우를 보는데, 참 안타까운 일이다. 한국에서는 다문화라는 용어의 사용이 독특하다고 해도 과언이 아니다. 이 용어는 일반적으로 다른 사람들의 차이점을 포용하고 그들이 토착 인구와 동등한 권리를 누릴 수 있는 공간을 창출하자는 의미로 고안되었다. 하지만 한국에서 이 용어의 초점은 소수 민족 집단을 수용국 인구 및 여타의 '바람직한' 집단과 구별하고, 개발도상국에서 온 소수 민족들을 통제하는 데 그 목적이 있는 것처럼 보인다. 한마디로 이것은 졸부적 민족주의의 철저하고도 조직적인 실천을 의미한다.

비교적 늦게 시작된 한국 사회의 다문화주의가 시행착오를 최소로 줄이고 빨리 정착된다면, 그에 대한 열매는 한국의 모든 사람들이 누리게 된다는 것은 이미 잘 검증된 이론이다. 이것을 가능하게 하는 것은 개개인이 '사소한 다문화주의'를 실천함으로부터 시작된다.

다년간 한국 사회에 대하여 연구하고 발표를 해 왔는데 한국인 학자들이 나에게 한결같이 묻는 질문은 "왜 그렇게 한국 사회에 대하여 비판하는가?"이다. 옛말에 "귀한 자식 매 한 대 더 때리고 미운 자식 떡 한 개 더 준다"는 말이 있다. 나는 한국 사회에 매를 때릴 자격은 없는 사람이다. 그럼에도 불구하고 외국에 사는 한국인으로서 한국 사회에 대한 애정과 관심은 내 마음 깊은 곳에 자리하고 있다고 말할 수밖에 없다. 나 자신의 정체성과 학문 성향은 나의 고국 대한민국과 한국 사회의 문화를 배제하고서는 존재할 수 없기 때문이다. 나는 그만큼 고국에 빚진 자로서 대한민국의 모든 이들이 서로 아끼며, 존중하며, 소통하는 선진 사회, 훌륭한 국가 공동체로 나날이 성장하기를 바라는 마음 간절하다. 나의 이런 마음 때문에 나는 오늘도 한국 사회에 대하여 고민하고 연구하고 글을 쓴다.

이 책의 번역의 필요성을 제안한 사람들은 많지만 이를 제언하고 실행해 주신 서울대학교의 조영준 교수에게 먼저 감사를 표한다. 아마도 한국의 경제발전 과정 그리고 앞으로의 지속적인 발전은 한국의 다문화주의의 발전과 맞물려 있다는 그의 소견 때문으로 이해한다. 연구 과정 동안에 저자에게 학구적 동행인으로서 학문적 균형 감각을 잃지 않게 해 주신 성공회대학교의 박경태 교수에게도 고마움을 전한다. 부분적으로 난해한 원문을 풀어서 질 높은 번역을 해주신 김수정 박사와, 흔쾌히 출판을 허락하신 도서출판 해남의 노현철 대표께 고마움을 표한다. 출판 준비 과정에서 여러모로 힘써 주신 서울대학교 한국경제와 K학술확산 연구센터의 박종령 조교에게도 감사한다.

2022년 10월

한길수

호주 멜버른, 모나쉬 대학교

서문

내가 경험적이고 지적인 측면에서 임의로 구성된 인종적·민족적 위계가 존재한다고 처음 느꼈던 때는 인도 뉴델리에서 석사 과정을 밟고 있던 중이었다. 해외에 거주하는 것도, 소수자 커뮤니티의 일원이 된 것도 그때가 처음이었다. 대학원 동기 중에는 일본인 동료도 있었다. 나는 인도와 한국, 그리고 일본의 세 국민 국가 대표들 사이에 위계가 있다는 것을 느꼈다. 하지만 누구도 공개적으로 그 위계에 대해 이야기하지 않았다. 한국인이라는 나의 민족적 지위는, 이후에 내가 이해한 바로는 '중간층 소수자' 정도로 묘사되었다. 1980년대에 인도 정부는 많은 유학생들에게 인도 대학에서 고등교육을 받을 수 있는 기회를 제공할 정도로 관대하였다. 유학생들 중 많은 수가 내가 공부하던 대학에 등록하였다. 이들 국제 학생들은 때때로 모임을 가졌고, 그곳에서 민족적 위계는 반복적으로 형성되거나, 혹은 당시에 어떤 국가의 학생들이 참여하였는지에 따라 '재편'되었다. 이러한 개인적 관찰은 민족적 위계에 대한 나의 선입견에 의해 무의식적으로 영향을 받았을 수 있다. 그중 영향력 있고 '객관적인' 한 가지 요소는 학생이 태어난 국가의 사회경제적 지위였다.

뉴델리에서의 학업을 마친 후, 나는 1988년 호주에서 학업을 계속하였다. 1990년대에 대한민국은 경제적으로 번영하는 국가로 성장하였고, 1996년 12월 12일 마침내 경제협력개발기구(OECD) 회원국이 되었다. 일반적으로 말해 국가 및 민족 위계의 재편은 계속 이루어지고 있다. 이러한 위계는 다문화 사회 속 민족관계에 반영되어 있다. 고도로 세계화된 맥락에서조차, 출신 국가의 사회경제적 지위가 갖는 중요성은 여전히 강력하게 남아 있다.

호주 내 한인 커뮤니티는 나의 오랜 연구 관심사 중 하나이다. 나는 나의 저작들을 통해 종종 호주에 있는 한국인들과 다른 이주민들에 대한 차별적인 태도에 대해 우려를 표명해 왔다. 차별의 경험은 단순히 가해자가 무엇을 하였는지에 관한 것이 아니라 피해자가 차별에 대해 어떻게 느끼는지에 관한 것이다. 그것은 피해자가 다른 민족적 배경을 가진 타인에 대해 어떻게 느끼는지에 관한 것이기도 하다. 실제로, 호주에 거주하는 한인들은 호주로 이주하기 전과 후에, 피해자이면서 동시에 가해자이기도 하였다. 이 책은 지난 25년간 명백히 드러난, 한국에 거주하는 외국인과 새롭게 정착한 시민들에 대한 차별 현상에 관한 것이다. 이러한 차별은 한국만의 독특한 현상인가? 한국에서 이 현상은 왜 이전 시기가 아닌 최근 수십 년 사이에 표면화되었는가? 서구의 다문화 국가들은 새롭게 정착한 시민들에 대한 차별 문화를 극복하였는가? 이것들은 설명을 요약하는 몇 가지 질문들이다. 이 책은 사례 연구이기는 하지만 모든 다문화 국가와 관련된다. 즉, 다양한 배경을 가진 사람들이 어떻게 조화롭게 함께 살아갈 수 있느냐는 모든 국가들이 고민하는 문제이다. 다문화 국가들은 새로 정착한 거주민들에게 재정 및 상담 지원을 올바르게 제공한다. 그러나 새로운 거주민들이 '받기' 원하지 않는 것은 그들의 일상적인 상호 작용에서의 차별적인 대우이다. 사실, 비차별적인 태도는 소수자들뿐만 아니라 이들을 수용한 국가의 국민들을 위한 가장 기본적인 측면이다. 게다가, 이것은 또한 한 국가의 다문화주의의 성숙도를 측정하는 요소일 수도 있다.

제8장은 이전에 *Continuum: Journal of Media & Cultural Studies*에 게재된 것이다. 이 장의 내용은 출판본과 동일하며, 제2장의 일부와 몇 개 단락이 중복된다.

감사의 말

모나쉬 대학교의 인문사회대 학부는 내가 원고를 완성하는 데 전념할 수 있도록 연구년 기간을 제공해 주었다. 대학에서는 또한 나에게 연구를 지원하는 보조금을 제공하였다. 한국의 졸부적 민족주의에 대한 나의 개인적이고 지적인 관심이 결실을 맺게 된 것은 우선 루틀리지(Routledge) 출판사의 아시아 연구 발행인인 스테파니 로저스(Stephanie Rogers)가 연구계획서에서 학술적 가치를 보았기 때문이다. 원고를 기획하는 과정에서 진심 어린 지원을 해 준 그녀에게 감사드린다. 익명의 심사위원들이 건설적인 비판과 개선을 위한 아낌없는 아이디어를 제공하였다는 점은 두말할 나위가 없다. 루틀리지의 아시아 연구 편집조교인 베키 로렌스(Becky Lawrence)가 제작 과정에서 꼼꼼한 지원을 해 주었다.

모나쉬 대학교 루이스 매디슨 경 도서관의 김정심 동아시아학 사서는 오랜 시간 동안 한국 사회의 변천을 이해하고 설명하고자 하는 나의 지속적인 탐구에 귀중한 도움을 주었다. 그녀는 나의 책 집필 작업에 변함없는 지지를 아끼지 않았다. 도서관의 주제 사서인 앤 멜레스(Anne Melles)도 지속적인 관심을 보여 주었고 전문적인 도움을 주었다. 앨리슨 토키타(Alison Tokita)와 브루스 제이콥스(Bruce Jacobs)는 내가 이론적 아이디어를 형성하는 과정에서 많은 격려를 해 주었다. 소피 찬드라(Sophie Chandra)는 싱가포르의 다문화주의와 민족주의에 대한 그녀의 자료와 생각을 친절하게 나와 공유해 주었다.

원고를 완성하는 마지막 단계에서 나와 학문적 교제를 해 준 캐론 이스트게이트 댄(Caron Eastgate Dann)에게 특히 감사하다. 그녀는 전체 원고를 읽고 나에게 비판적이고 건설적이며 매우 귀중한 피드백을 제공해 주었다. 그녀의 지적인 대화와 제안은 원고를 개선할 수 있는 여러 가지 방법을 제시해 주었다. 나는 성공회대학교 박경태 교수에게 빚을 지고 있다. 박경태 교수의 연구는 한국의 소수자 권리에 초점을 맞추고 있으며, 나의 원고 작업에 대한 그의 지원과 격려에 감사드린다. 나는 찰스 허즈번드(Charles Husband)가 원고 완성 과정에서 나를 지지해 주고 통찰력을 준 것에 대해서도 감사하게 생각한다. 그는 모든 인간이 존엄하게 대우 받아야 하는 방식에 대한 자신의 독창적인 생각과 연민을 보여 주었다. 그러한 가치에 대한 그의 개인적이고 학문적인 헌신은 나에게 깊은 영향을 끼쳤다. 많은 이들의 지지에도 불구하고, 이 책에 쓰여진 내용에 대한 책임은 전적으로 나에게 있다.

나의 이전 논문인 「케이팝(K-Pop) 민족주의: 한국 미디어 연예인들과 블랙페이스 연기」[1]를 이 책에 실을 수 있도록 허락해 준 테일러 앤 프랜시스(Taylor & Francis) 출판사에 감사드린다.

마지막으로, 오랜 기간 학업에 전념할 수 있도록 도와준 가족들에게 감사의 말을 전한다. 조이 주효(Joy Joohyo)와 오스카 상곤(Oscar Sanggon)은 호주 다문화주의 2세대와의 만남에 대한 나의 실질적 이해의 중요한 원천이었고, 이것은 다시 한국 다문화주의에 대한 나의 이해에 영향을 미쳤다. 내 삶의 동반자이자 친구인 이성숙은 여러 해 동안 나에게 개인적이고 학문적인 교제를 해 주었고, 종종 나의 생각에 대한 비평과 평가를 해 주었다.

---

1 Han, Gil-Soo(2015), "K-Pop Nationalism: Celebrities and Acting Blackface in the Korean Media," *Continuum: Journal of Media & Cultural Studies*, 29(1), 2-16.

차례

제1장

들어가며

몇 년 동안 외국에 살다가 1995년 한국을 방문하였을 때, 나는 사람, 기술, 그리고 일반적인 주변 환경에 대하여 많은 놀라운 변화들을 느꼈다. 금발로 염색한 젊은이들이 있었고, 지하철 승객들을 위한 영어 안내서가 있었으며, 물론 곳곳에 많은 외국인들이 있었다. 이것들은 쉽게 관찰할 수 있는 경험적 현상들이다. 그러나 한국인들과 외국인들이 서로 교류하게 되면서 그들의 삶에는 다른 일들이 일어나고 있다. 대한민국(이하 한국)의 급속한 사회적·경제적 변화는 1960년대에 시작되어 21세기에도 계속되고 있다. 특히 1988년 서울 올림픽 이후, 한국 경제는 세계 시장의 일부로서 외국인 노동자들을 한국의 경계선 안으로 초대하기 시작하였다. 한국의 인구통계학적 변화는 1995년에 이르러 명백해졌다.

이용균·이현욱(2012: 61)에 따르면, 2010년 말까지 한국에는 125만 명의 외국인 출생자가 있었다.[1] 유학생 8만 7,480명, 전문직 이주 노동자 4만 4,320명, 저숙련 노동자 51만 3,621명, 결혼이민자 14만 1,654명이었다. 이러한 중요한 인구통계학적 변화는 오랜 역사를 지닌 문화, 현대 한국 사회의 특징, 그리고 변화에 대처하는 그들의 접근 방식에서 비롯된 한국인들의 반응을 보여 주었다. 이 책에서 나의 중심 초점이 되는 것은 한국의 민족주의와 새롭게 정착한 한국인들(귀화 또는 장기 거주) 그리고 '타인들'이 지난 25년 동안 겪은 차별 경험이다. 내가 다룰 일련의 질문들은 다음을 포함한다.

1. 우리는 외국인들과 한국 사람들의 인종 간 만남에 대한 언론 보도

1 이 숫자는 2014년 4월까지 164만 명, 즉 대한민국 인구의 3%로 증가하였다. 이와 관련해서는 란코프(2014)를 참조하라. 또한 한국의 인구통계학적 변화는 "Bride School: Where South Korea's Mail-Order Wives Learn Their Trade," *The Washington Post* 2014년 7월 14일자를 참조하라.

를 통해 무엇을 확인할 수 있는가?

2. 외국인 노동자와 국제결혼 자녀에 대한 차별이 왜 심각한 문제인가?
3. 타인에 대한 차별이 왜 발생하며 어떻게 설명할 수 있는가?(주혜연·노광우 2013: 356)
4. 순혈 민족주의는 한국 고유의 특징인가? 더 넓은 신자유주의적 맥락에서 이 문제를 어떻게 이해할 것인가?

몇몇 특정 외국인들에 대한 한국 사람들의 학대가 '문화적 무지' 때문인지, 아니면 고의적 차별 때문인지에 대한 논쟁이 계속되고 있다. 김충순은 한국 사람의 '외국인 불안증'이 마치 외국인 혐오증인 것으로 무차별적으로 이해되고 있음을 올바르게 지적하고 있다(Kim 2011). 실제로, 1950년대와 1960년대 한국 사람들이 백인이나 아프리카계 미국인 병사들을 어색하게 대하였던 것은 '외국인 불안증'으로 이해될 수 있다. 그렇다면 1990년대 이후에는 어떤가?

소수의 이민자들이 쉽사리 편견과 차별의 대상이 될 수 있다는 것은 익히 잘 알려져 있는 사실이다. 그리고 이러한 편견과 차별은 20세기 호주와 미국, 캐나다 및 유럽 국가들 같은 많은 이민자 국가들에서 발생하였다. 특히 이민자들과 수용국 인구 간에 경제적 불균형이 존재할 때, 차별 수준은 더 심각할 수 있다. 경제적 불균형은 그 자체로 수용국의 관점에서 다른 많은 문화적·민족적 편견들을 만들어 낼 수 있다. 그러나 한국 등 최근 경제협력개발기구(OECD)에 가입한 아시아 국가들이 동남아시아 출신의 비정규직 노동자와 영어교사, 북한 이탈주민 같은 방문객을 어떻게 대하는지는 잘 알려져 있지 않다. 비록 일본이 다른 아시아인들, 특히 재일 한국인들(자이니치)을 상대로 자국의 '순혈 민족주의'를 주장해 왔지만(Chapman 2007; Lie 2008), '타인'을 대하는 한국의 다문화주의는 어떤가?

다문화주의는 세계 각지에서 각기 다르게 시행되어 왔다. 따라서 한국에도 다문화주의를 구현하는 한국식 방법이 존재한다. 그러나 다문화주의가 무엇인지에 대해서는 공통의 학문적 이해가 존재한다. 이인희·황경아(2013: 86)에 따르면, 다문화주의는 다음과 같은 네 가지 주요 요소로 구성된다. 첫째, 문화의 다양성을 인정하고 존중한다. 둘째, 문화적 차이를 인정한다. 셋째, '방문자 문화'가 수용국 사회에 기여하도록 장려한다. 넷째, 앞서의 세 가지 요소를 포용할 수 있는 가치와 행동을 길러 준다. 그렇다면 한국에서 겪는 '타인들'의 경험은 어떠한가?

이 책은 새로운 한국인을 환영하거나 포용하기를 꺼려 하는 한국인들이 있는지 탐구하고, 이들이 외국인들을 암묵적으로 혹은 명시적으로 차별을 가능하게 만드는 요인들이 무엇인지 조사한다. 이 책은 한국 민족주의에 관한 이론적 부분만을 다루기 위한 것이 아니라, 그것이 다문화 국가인 한국에서 어떻게 나타나고 있는지를 보여 주기 위한 것이다. 수년 전까지만 해도, 한국 민족주의에 관한 한국의 학문은 현대 한국에 존재하는 많은 수의 외국인과 북한 이탈주민, 그리고 다문화 가족에 거의 관심을 기울이지 않았다. 이것이 이 책에서 다루고자 하는 것이다. 이 책의 중심 목표는 다르게 표현될 수도 있다. 오미와 위넌트에 따르면, "인종 프로젝트는 특정한 담론적 실천 속에서 인종이 의미하는 바와 사회 구조와 일상 경험이 인종적으로 조직되는 방식을, 그 의미에 기초해 연결한다"(Omi and Winant 1994: 56). 이 책이 분석하는 것은 한국 언론에 보도된 바와 같이 특정 시기 한국의 사회-경제적 그리고 문화적 구조 아래서 새로운 한국인들이 겪는 이러한 경험들이다.

다문화주의에 대한 한국의 연구들은 대부분 '한 방향으로 나아가는 것' 또는 정책 개발에 관한 것으로, 한국의 다문화주의가 어디에 위치해 있는지 그리고 '새로운 한국인들'이 그것에 대해 어떻게 생각하는지에 대한 비판적 이해나 성찰은 찾아보기 어려운 측면이 있다. 이 책은 한국에서 수행된 연구들의 초점을 기본이 되는 것들, 즉 차별, 포용, 그리고 배제에 관한 문제들로 되돌린다. 실제로, 한국이 어떻게 다문화주의를 더 잘 증진시킬 수 있는지에 관한 많은 연구와 제언들이 있었다. 나는 차별적인 태도를 재고하는 것이 한국의 다문화주의가 계속해서 성숙해지기 위해 해결해야 할 가장 근본적인 측면이라고 제안한다. 이것은 한국 다문화주의의 토대가 되는 차원이기 때문에 이러한 우려를 해소하는 것은 다문화 정책을 지금까지보다 훨씬 더 효과적으로 만들 것이다.

한국의 다문화주의를 둘러싼 담론은 언론, 정부, 그리고 학계라는 세 가지 주요 경로를 중심으로 이루어진다(Ahn 2013: 32). 그동안 한국에서는 이주민과 다문화에 관한 많은 학술 연구 사업이 진행되어 왔다. 그러나 민족 연구(ethnic studies)는 한국적 맥락에서 이민자에 대한 근본적인 연구를 수행하거나 중요한 논쟁을 이어가기보다는 연구기관을 확대하는 데 몰두하고 있다(오경석 2009: 10). 의심할 여지 없이, 다문화에 관한 한국의 연구들은 '새롭게 정착한 한국인들'이 그들의 새로운 한국 땅에서 가장 잘 적응할 수 있는 방법에 기여해 왔다. 다문화주의를 채택하고 실행하는 것은 단순히 '생활의 물질적 측면'을 보장하려는 정부 차원에서의 적절한 정책과 프로그램을 수립하는 것(Jayasuriya 1985; Vickers and Isaac 2012)이 아니라, 소수 집단과 다수 집단 간 일상적 상호 작용에 사회적이고 심리적으로 포함되는 것에 관한 것이기도 하다(오경석 2009: 13). 사실, 다문화주의 정신의 핵심은 '서로에 대한 상호 존중과 관용, 그리고 이해'이다(Jayasuriya 1985).

오경석(2009: 27-28)에 따르면, 안산시는 59개 국가에서 이주해 온 3만 명 이상의 새로운 한국인들이 거주하고 있는 가장 다문화적인 곳이다. 이 도시가 한국에서 가장 다문화적인 장소가 된 중요한 이유는 외국 출신 사람들의 풀뿌리 관심 때문이다. 그러나 이 도시를 위한 많은 수의 정부 주도 정책과 지원 프로그램들은 높은 주택비용과 상점 임대료에 기여하였다. 그 결과로, 첫째 안산에서 쫓겨나는 '외국인'의 수가 증가하고 있다. 둘째, 근로 환경이 악화되었고, 근로 시간이 증가하였으며, 실질 소득이 감소하였다. 셋째, 다문화주의를 위한 도시 개발 프로그램은 도시를 '이민자에게 친화적이지 않은' 곳으로 만들었다(오경석 2009: 13). 여기서 수혜자는 '외국 출신'이 아닌 '한국 출신'의 사람들이다. 게다가, 안산시 외국인주민지원센터 앞에서, 이민 경찰이 미등록 외국인들을 체포하기 위해 기다리는 등, 미등록 외국인들에 대한 이민 통제가 강화되었다. 이러한 일들은 안산시의 다문화주의가 다수자와 소수자 모두를 위한 것이어야 하는지, 아니면 주로 전자를 위한 것이어야 하는지에 대한 의문을 제기하게 한다. 이러한 혼란의 일부는 다문화주의에 대한 기본적인 이해, 즉 서로에 대한 상호 존중과 이해가 부족하기 때문에 발생할 수 있다. 나는 이러한 폭넓은 고민이 안산시를 넘어 더 많은 곳에 적용되기를 제안한다.

사실, 한국 다문화주의 담론에 대한 심각한 우려가 적지 않다. 무엇보다, 한국 대중뿐만 아니라 정부와 학계의 한국 다문화주의에 대한 광범위한 담론들은 아직 이민자와 이주 노동자를 완전히 통합하지 못하고 있다(오경석 2010). 한국의 다문화주의는 '새로운 한국인들'이 그 안에 편입되어야 하는 만큼 한국 사람들과 사회가 어떻게 변화할 수 있는지에 대해 스스로 고민하지 않는다. 대신, 한국의 다문화주의는 '새로운 한국인들'에게 그들의 필요를 제공하고 한국 사회의 소외된 구성원으로서 '타인들'을 효과적으로 통제하는 데 몰두하고 있다. 나는 이러한 현재의 상태가 동화 정책만큼이나 해롭다고 주장한다(오경석 2009: 30을 참고하라). 한국 다문화주의 담론은 '외국인'을 담론에 포함시키고, '외국인'이 한국 사회의 거의 모든 곳에서 배제되고 차별받는다는 분명한 인정이 있을 때 시작될 수 있다. 따라서 이 책은 왜 그리고 어떻게 차별과 배제가 '타자'에게 가해지고 있는지를 보여 주려는 시도이다.

그럼에도 불구하고, 외국인 노동자에 대한 인권 문제, 외국인 신부의 사회 통합, 그리고 조선족 입국 및 고용조건 등 '새로운 한국인'에 대한 입법이 다수 이루어지고 있음을 학술문헌을 통해 알 수 있다(Chung 2010: 681). 일부 지역에서는 상당한 진전이 있었다. 예를 들어, 영주권을 취득한 후 3년 이상 한국에 거주한 새로운 한국 거주자들은 지방 정부에서 투표권을 부여받는다(Chung 2010: 676). 그러나 새로운 한국인들과 대다수 한국인들의 일상적인 상호작용은 그들이 충분히 만족스럽지 않다는 것을 보여 준다. 이것은 한국 미디어에 생생하게 재현되어 나타난다.

한국에서 '외국인'들이 겪는 경험은 무엇인가? 다문화주의는 한국 태생의 잠재적 피고용인들과 학술 연구, 그리고 다문화주의를 촉진하는 광고 산업에 수많은 인센티브와 기회를 제공해 왔다. 하지만 한국의 다문화주의는 매우 느리게 진행되고 있다. 그 이유로는 앞서 언급하였듯이, '정부 주도의 정책 및 다문화주의' 또는 '공급자 중심' – '한국 태생만을 위한 다문화 정당'을 들 수 있다(오경석 2010: 192-193). 이러한 접근 방식은 한국에서 생활해야 하는 이민자들에게 도움이 되지 않는다. 현재의 정책들은 일반적으로 이민자들을 한국 산업의 필요에 맞추어 조정하고 변화시키기 위한 것이다. 이 정책들은 다수 국민의 편에서 어떤 변화에의 의도 없이 추진된다. 이러한 정책의 비극은 소수 인구의 인권을 무시하고 그들을 단순히 일하는 기계로 간주하는 것이며, 이것이 차별의 지속적 과정의 일환이라는 점이다.

1. 연구방법에 대한 간략한 설명

미디어 내러티브 연구의 정당성과 관련하여, 예를 들어 새롭게 정착한 다양한 집단의 한국인에 대한 데이터를 직접 도출하는 과거와 현재의 양적·질적 연구는 매우 귀중하며, 그들의 삶을 개선하기 위한 정책적 시사점을 지속적으로 제공할 것이라는 점은 말할 필요도 없다. 미디어 표현 분석은 몇 가지 구체적인 장점과 가치를 제공한다. 첫째, 비록 어느 미디어 분석이든 그 연구 주제는 선택적이지만, 언론 기자들은 도시와 지역 모두에서 전국적으로 활동하고 있다. 따라서 신문 기사의 맥락은 모든 면에서 필연적으로 광범위하다. 이것은 연구자들이 널리 퍼져 있는 국가적 상황과 맥락을 제공할 수 있게 한다. 미디어 표현 분석은 수년에 걸친 '외국인'에 대한 차별 경향을 드러내며 종단 데이터 효과를 낼 수도 있다. 둘째, 대부분의 미디어 표현은 지식인, 신문 편집자 및 일반 대중과 같은 광범위한 개인을 반영하는 중재 보도이다. 중요한 것은 대중매체가 소수자와 다수자의 삶의 경험 둘 다를 대중에게 알려준다는 것이다. 이러한 미디어의 특성은 분석가들이 최근 수십 년 동안 한국 사회에 정착한 다양한 '타자들'에 대해 풀뿌리 수준의 관용을 측정할 수 있게 해 준다. '새로운 한국인'에 대한 일반적 관용 수준은 언론에서 일반적으로 묘사되고 보도되는 것과 비슷하거나 크게 다르지 않을 수 있다. 셋째, 북한 이탈주민이나 외국인 신부 등 새로운 한국인과 관련된 특정 이슈들이 한국 언론에 보도되는지 아닌지도 중요한 측면인데, 이는 주제에 대한 관심과 관심의 수준을 나타내기 때문이다(Bell and Garret 1998; Trebbe and Schoenhagen 2011).

미디어 내러티브 분석은 담론 분석의 형태를 취할 수 있는데, 이는 주로 관찰 가능한 것 또는 언론에 보도된 것처럼 보이는 것에 대한 분석을 포함할 수 있다. 이것은 현상학적 접근법의 전통에 속한다. 그러나 사실주의 사회과학의 관점에서 개별적 삶의 경험/이야기와 지속적인 사회·역사적 구조 사이의 관계에 대한 이해를 포함하는 좀 더 복잡한 유형의 분석 형태를 취할 수도 있다. 이와 관련하여, 아피치와 시우티는 행위자적 요소와 구조적 요소 사이의 상호 연계된 작용을 고려한다(Apitzsch and Siouti 2007: 7). 이들은 "전기 분석(biographical analysis)의 초점은 개인의 삶의 과정으로 표현되는 의도성의 재구성일 뿐만 아니라 사회적 거시 구조에 전기적 설명을 배태하는 것"이라고 주장한다(Apitzsch and Siouti 2007: 7). 아피치와 시우티는 또한 "초국가적 전기는 주관성의 산물일 뿐만 아니라(Lutz 2004) … 초국적 이주 공간의 보이지 않는 객관적 구조에 접근하는 방법론적인 방식"이라는 점을 지적하였다(Apitzsch and Siouti 2007: 19; Iosifides 2011: 24에서 재인용). 이오시피데스는 쉽게 관찰할 수 없는 '객관적 구조' 개념이나 사회적 현실에 대한 '보이지 않는' 영향은 비판적 사실주의 사회 이론과 밀접하게 대응된다고 지적한다(Iosifides 2011: 24; Archer 1995; Bhaskar 1989; Collier 1994; Danermark et al. 2001). 따라서 미디어 보도는 단지 '결론'이 아니라, 개인의 행동과 이러한 행동을 계속해서 발생시키는 사회적 관계, 그리고 지속되는 문화를 탐구하고 조사하기 위한 수단이 되어야 한다.

이오시피데스는 비판적 사실주의 사회이론가들이 '이야기'나 '설명' 또는

'주관적 관점'보다는 그것들이 더 광범한 절차와 관계, 그리고 구조에 의해 영향을 받고 조절된다는 점에서 '행위자'의 의미, 표현, 경험, 실천들'에 관심을 갖고 있으며, 동시에 확실하고 실제적인 사회적 형태들의 재생산이나 변형을 향한 사회적 행동을 지향한다고 간략하게 언급한다(Iosifides 2011: 30; Archer 1995; Carter 2000; Sayer 2000 참조). 비판적 사실주의 통찰에 따라, 나는 담론 분석이나 행위자의 목소리를 고려할 뿐만 아니라, 이러한 목소리들이 한국 사회의 사회적 관계, 사회역사적·경제적·문화적 구조에 대해 무엇을 이야기하는지 탐구할 것이다. 이것은 미디어 표현과 사회 구조 사이의 숨겨진 연관성에 대해 많은 것을 드러낼 것이다. 이것은 또한 사회 현상에 대한 방법론적·개인주의적 접근법, 특히 미디어 내러티브의 분석에서 발생하는 단점을 극복할 수 있게 해 준다.

다르게 설명하면, 비판적 사실주의는 현실을 묘사하고, 검토 중인 사회 현상이 국민들 사이에 만연한 특정 종류의 상호 작용에서 어떻게 나타나는지, 그리고 어떤 종류의 사회적 맥락이 그 유형과 성격을 초래하는지 이해하는 가장 좋은 방법을 제시해 준다. 비판적 사실주의 방법론 절차의 몇 가지 핵심 구성 요소에는 기술, 재현, 식별 및 제거가 포함된다(Danermark et al. 2001; Mingers 2004: 390). 이 연구의 맥락에서 볼 때 경험적 영역의 수준에서 '새로운' 한국인들에 대한 수많은 차별적 행동들이 존재한다. 나는 담론 분석, 즉 관찰 가능한 사건의 영역 분석에서 시작하여 쉽게 관찰할 수 없는 생성 메커니즘의 영역이라는 맥락에서 분석의 타당성을 찾고자 한다. 이 연구의 궁극적인 목표는 주어진 사회경제적·역사적·문화적 맥락에 영향을 받는 생성 메커니즘을 더 잘 이해하는 것이다. 생성 메커니즘은 앞서 언급한 상호 작용의 많은 산물들 사이에서뿐만 아니라 그들 사이의 수많은 원인, 결과, 상호 작용의 요소들을 포함하는 반면, 사회 현실의 실제 영역의 제한된 부분만 관찰된다. 비판적 사실주의 연구의 과제는 관찰 가능한 경험적 영역에서부터 시작하여 실제 영역으로 거슬러 올라가 '새로운' 한국인들에 대한 차별 현상의 핵심적인 '법칙'과 규칙성을 찾는 것이다. 주요 사회적 요인, 사람들의 신념과 가치 또는 현상을 일으키는 행동을 제약/활성화하는 요소를 식별하는 것이 연구의 중심 목표이다.

2. 자료의 출처: 미디어 내러티브

이 책의 대부분의 장들은 전국지, 지역지, 온라인지, 산업신문과 잡지, TV 리포트 등 한국 미디어에서 보도된 미디어 내러티브를 분석한다. 이 모든 한국 뉴스 보도는 1990년부터 KINDS(한국 통합 뉴스 데이터베이스 시스템)에 보관되어 일반인들이 이용할 수 있다. 어떤 키워드를 사용하든, 연구자는 필요한 뉴스 보도를 검색할 수 있다. 미디어 표현에 대한 분석은 몇 가지 특정한 장점과 가치를 제공한다. 다른 장들에서도 블로그와 같은 다양한 인터넷 공간에서 발견되는 의견과 토론을 사용한다.

미디어 분석가들은 미디어 보도와 인터넷을 매개로 한 토론이 그 자체로 편견과 한계가 없는 것은 아니라는 점을 명심할 필요가 있다(Chase 2011; 2012). 이인희·황경아(2013: 88)는 한국 미디어에서 외국인에 대한 표현이 틀에 박혀 있으며, 그 방법에는 "축소 또는 확대, 포함 또는 배제, 사건의 과도한 맥락화 또는 탈맥락화"가 포함되어 있다고 지적하였다. 외국인에 대한 보도의 세 가지 큰 경향은 "동정, 타자화/배제/고정관념화 및 내면화된 오리엔탈리즘"(이

인희·황경아 2013: 95)이다. 이인희·황경아(2013)는 한국 내 외국인에 대한 미디어 표현이 진보·보수 언론을 막론하고 한국 사회의 지배적 가치와 규범의 관점에서 보도되며 미디어 보도가 지배적 가치와 규범을 재생산하는 수단으로 이용된다는 사실을 발견하였다.[2]

3. 책의 구성

제2장에서는 인종차별에 대한 사실주의적 관점을 제시하고 졸부적 민족주의의 개념을 소개한다. 이 장에서는 개별 행위자의 행동을 활성화하고 제한하는 기존 구조의 중요성을 보여 준다. 구조적 요인이 조건화되고 있긴 하지만, 널리 퍼져 있는 구조와 문화가 (비)수정되고 정교해지는 것은 개인의 사회적 상호 작용을 통해서이다. 만약 한국에서 태어난 사람들 사이에 널리 퍼져 있는 문화가 배타적이라면, '새로운 한국인'들은 수용국 사람들이 누리는 동등한 기회를 얻기 어려울 것이다.

제3장에서는 한국 사회가 차별금지법을 제정하기 위해 겪었던 갈등에 대해 논한다. 한국은 특히 지난 20년 동안 세계 자본주의에 적극적으로 참여한 결과로 다문화 사회가 되었다. 전통적으로 인식되어 온 단일 민족 한국 사회는 다문화주의를 받아들이고 이에 대처하면서 시련과 고난을 겪어 왔다. 다양한 민족적·문화적 배경을 가진 사람들과 함께 살아야 하는 불가피한 필요성에도 불구하고, 그들의 삶에 지대한 영향을 미치는 변화에 대처하기 위해

2 제8장에는 자료 분석에 대한 추가 참고사항이 있으며, 그것은 이 책의 다른 장들에도 적용할 수 있다.

고군분투하는 사람들의 비율이 상당하다. 인터넷은 다문화주의에 반대하는 반체제적인 목소리가 표출되는 흔한 방법 중 하나이다. 민족주의적 정서와 '졸부적 민족주의'의 태도는 풀뿌리 차원에서 만연해 있다. 한국 사회는 다문화 사회를 촉진하는 초기 단계에 있으며, 세계 자본주의 경제에 계속 관여하기 위해 외국인을 환영하는 것의 순기능에 대해 한국인들을 조속히 교육하는 것 등 복잡한 과제를 많이 안고 있다.

제4장은 한국 사회의 밑바닥에 있는 외국인 노동자들의 경험에 대한 분석이다. 외국인 노동자들은 대부분 동남아시아 국가 출신이고, 그들의 가족은 그들과 동행할 수 없다. 그들은 종종 지역 주민들이 원하지 않는 일을 떠맡지만, 일반적으로 지역 노동자보다 낮은 임금을 받는다. 인종적 요소로 인해 촉발된 긴장과 갈등이 한국 언론에 자주 보도된다.

제5장에서는 외국인 출신 전문가들, 특히 원어민 강사들이 학원과 학교에서 겪은 경험에 대해 논의한다. 앵글로색슨 또는 서양 배경을 가진 사람들은 특별한 환대를 받는다. 하지만 동남아시아에서 온 전문가들은 다르게 대우받게 된다. 그들의 피부색과 그들의 출신 국가가 갖는 낮은 사회경제적 배경은 쉽게 용인될 수 없다.

제6장에서는 국제결혼 자녀와 다문화 가정의 경험을 다룬다. 결혼을 통한 한국의 다문화 가정의 수는 2011년 말 현재 2만 명에 이르고 있다. 결혼의 대부분은 농촌 남자와 동남아시아에서 온 여자 사이에 성사되었다. 신부들에 대한 수많은 부당한 대우들이 미디어의 주목을 받았다. 이러한 가혹 행위는 남편들뿐만 아니라 그들의 가족, 그리고 사실은 한국 대중들에 의해서도 야기된다. 다문화 가정의 자녀들은 특히 왕따를 통해 한국인 또래로부터 어려움을 겪어 왔다.

제7장에서는 북한 이탈주민의 경험을 분석한다. 북한 이탈주민은 육체적으로나 심리적으로 남한에서 자유를 누릴 수 있지만, 그들은 공산주의 수용소에서의 이전 생활 방식을 쉽게 바꿀 수 없고 남한 내 경쟁 자본주의 사회의 복잡한 요구에 적응하기 어렵다. 그들의 적응은 만족스러운 삶을 영위하기 위해 직면해야 하는 사회-정치적·문화적 변화를 수용할 수 있는 능력에 초점을 맞추고 있다. 그들이 남한으로 넘어오는 동안 겪는 심각한 트라우마, 스트레스가 많은 적응 과정, 일반적인 가치 체계에 적응하는 어려움은 그들을 극도로 어려운 상황에 처하게 한다. 그들의 건강 상태는 종종 그들이 정상적인 일상을 영위하거나 정기적인 고용의 형태를 취하기에 적절하지 않다. 북한에 남겨진 가족에 대한 그리움은 새로운 곳에서 새로운 삶을 가꾸는 데 큰 장애물로 남아 있다. 그럼에도 불구하고, 한국인들의 북한 이탈주민에 대한 이해 부족과 사회적 인식 부족은 그들을 배제하여 매우 취약하게 만든다. 고용 기회 또는 경제 활동에서 배제, 주변화 또는 차별하기 쉬운 대상이다. 결과적으로, 북한 이탈주민은 대부분의 종류의 사회 참여를 차단당한다.

제8장에서는 최근 한류를 타고 한국 민족주의가 어떻게 진행되고 있는지 논한다. 한국 미디어와 대중문화에 대한 인터넷 노출이 증가하면서 30년 이상 한국에서 흔히 볼 수 있는 현상이 부각되었다. 미디어 유명 인사들은 대중적 소비를 위해 '흑인 행세'를 하면서, 인종차별에 대한 비난은 부인하고 있다. 이 장에서는 최근의 블로그와 웹사이트 논쟁을 분석하여 한국 민족주의에 대한 미디어 표현과 연예인들의 '블랙페이싱'(blackfacing)이 갖는 연관성을 분석하고, 한국의 졸부적 민족주의와 직접적인 상관관계를 주장한다. 여기서는 소녀시대, 비스트, 버블시스터즈 등 케이팝 그룹의 블랙페이싱 행위를 두고 미디어 아이돌들이 인종차별, 자민족 중심주의, '타자'에 대한 태도를 표현

하는 이유와 이러한 태도가 부지불식간에 이루어지는지 또 악의 없이 표현되는지 여부에 대한 국내외 공개 논평들을 살펴본다. 한국 미디어는 30년 이상 아프리카계 미국인에 대한 그러한 부정적인 묘사를 포함시켜 왔는데, 그 묘사는 일반적으로 액면 그대로 받아들여지고 한국 관객들에 의해 '정상적인' 코미디로 받아들여졌다. 인터넷이 발달하기 이전인 1980년대 한국 코미디언들은 정기적으로 라스타(rasta) 가발과 흑인 분장을 하고 공연을 하였으며 비판받지 않았다. 그러나 증가하는 인터넷 이용률은 케이팝 연예인들의 블랙페이스 연기, 특히 한국 민족주의와 아프리카계 미국인 모방의 적극적 표현에 대한 비판적인 관심을 집중시켰다. 이 장은 학술지에 게재된 것으로 '별개의' 장으로 읽혀지는 반면, 다른 장들은 제2장과 연계해 읽을 필요가 있다.

이 책은 제9장의 결론으로 마무리된다. 제9장은 이 책의 주요 주장들 중 몇 가지를 재검토하고 한국 민족주의/인종주의의 사실주의적 관점에 대한 나의 학문적 성찰을 제공한다. 이 장에서는 또한 보다 건설적인 다문화 관계를 구축한다는 측면에서 앞으로 한국 사회가 어떻게 나아갈 수 있는지에 대해서도 몇 가지 질문을 제기한다.

제2장

인종차별에 대한 이론적 관점들

이 장의 목적은 광범한 한국 사회의 맥락이 인종적, 문화적으로 다른 사람들에 대한 차별적 행동을 일으키는 과정을 탐구하는 것이다. 나는 우선 잠재적 또는 실제적인 인종관계를 통해 인식되고 경험되는 인종차별에 대한 사실주의적 관점에 대해 토론할 것이다. 다음으로 졸부적 민족주의/인종주의의 개념에 대해 논의할 것이다. 마지막으로 '새로운' 한국인 또는 외국인에 대한 한국인들의 졸부적 민족주의/인종주의가 실행되는 비옥한 토양을 조성하고 있는, 한국 사회의 구조적 차원에 퍼져 있는 사회문화적·역사적·정치적 현상에 대해 이야기할 것이다.

브루베이커는 주 영토, 국가 영토, 국가 문화 및 시민권에 근거해 국민 국가(nation-state)의 개념 모델을 제시한다(Brubaker 2010: 63). 이것은 합법적이고 정치적으로 지지되는 소속을 누가 누리고 있는지에 대해 국민 국가를 조사할 수 있는 기준점을 제공한다. 첫째, '실제로 존재하는 영토 조직으로서의 국가의 경계'와 '상상된 공동체로서의 국가'의 경계 사이에는 분명한 일치가 있다. 둘째, 문화적 동질성은 국가 내에 널리 퍼져 있으며 명백하다. 그들 사이의 문화적 경계 또한 명확하고 경계적이다. 셋째, 이상적으로는 '모든 영주권자는 시민이어야 하며, 모든 시민은 거주자이어야 한다'(Brubaker 2010: 63). 넷째, 그들의 민족적·문화적 배경과 관계없이, 국가의 모든 구성원은 시민이어야 하며, 모든 시민은 국가의 구성원이어야 한다.

세계화의 맥락에서도 국민 국가는 '소속의 장소'(locus of belonging)로서 그 중요성을 높이고 있다(Brubaker 2010: 64). 다문화 한국은 다문화주의의 원칙을 포용적으로 채택하고 표명하는 데 어려움을 겪어 온 국민 국가 중 하나이다. 그리하여 도시·마을·문화 간 관계, 직장, 학교, 클럽, 협회, 교회, 정당 등 한국 사회 곳곳에서 '누가 소속되어 있는가'라는 문제가 계속해서 제기되고 있다.

의심할 여지없이, 한국은 다문화주의의 비교적 새로운 이행 과정에서 많은 시행착오를 겪어 왔다. 한국의 소수 이민자들과 단기 거주자들은 소속 정치에 의해 다양하게 영향을 받는다. 이들 대다수는 정식 거주권이나 시민권을 누리지 못하고 있으며, '시민권의 실질적 권리'나 한국 사회의 정식 일원으로서의 향유에 대한 우려가 지속적으로 제기되고 있다. 하지만 일부 한국인들은 한국의 다문화주의가 한국인들이 감당할 수 있는 수준을 훨씬 넘어섰다고 생각한다. 이주에 의해 생성된 이러한 소속 정치는 다양한 형태의 "사회적 폐쇄, 차별 또는 주변화"를 야기할 수 있다(Brubaker 2010: 64). 소속과 참여의 이러한 비공식적 측면은 국가의 관료들에 의해 관리되는 것이 아니라 "누가 속하고 속하지 않는지, 우리와 그들에 대한 암묵적 이해를 사용하는 일상생활 속 평범한 사람들"에 의해 관리된다(Brubaker 2010: 65). 즉, 소수 집단의 일부 구성원은 한국 거주자이거나 시민일 수 있지만, 일상생활에서 배제되고 소외된다. 그러한 소수 집단에 대한 이러한 암묵적 이해의 형성은 그들에 대한 부정적인 미디어 표현에 크게 영향을 받았으며, 결과적으로 소수 집단에 대한 대중의 부정적인 인식을 영속시킨다.

인종, 인종관계 및 인종차별의 이론적 관점에 대한 수많은 연구 결과들과 공헌이 있다. 이러한 훌륭한 공헌을 바탕으로, 이 장은 인종관계와 사실주의 사회과학 전통으로부터의 인종차별에 대한 나의 이론적 입장을 묘사한다. 나는 다음 두 명의 저자와 그들의 주제에 대한 평가가 특히 다문화 한국에서의 인종차별을 이해하려는 나의 시도와 관련이 있다는 것을 발견하였다. 밥 카터와 테오도로스 이오시피데스가 그들이다(Bob Carter 2000; Theodoros Iosifides 2011). 카터의 비판적 사실주의는 인종차별 현상을 더 완전하게 설명하기 위해 사회경제적 또는 근본적인 메커니즘을 발견하려고 시도한다. 이오시피데스는 기존의 사회 구조와 여기에 영향을 미치는 개별 행위자의 역할 사이의 교차점에 대한 분석적 이해를 위한 방법론적 통찰력을 제공한다.

행위자와 구조 사이의 관계에 대한 지속적인 학문적 논쟁은 사회학 이론의 핵심으로 남아 있다. 행위자를 구조로부터 분석적으로 분리하는 것의 유용성도 널리 인정받고 있다. 카터는 다음과 같이 행위자와 구조 측면에서 인종차별적 행동을 가리킨다(Carter 2000). 첫째, 인종차별적 태도와 문화는 개별 교육, 학습 및 사회 행위자에 의해 시작하여 생성되며 수정된다. 둘째, 시간이 지나면서 차별적 태도는 확립된 문화가 되어 쉽게 수정되지 않을 수 있다. 오히려 그들은 사회의 사회-경제적·문화적 구조의 일부로 정착하고 개인의 행동에 영향을 미친다(Carter 2000: 5).

카터에 따르면(Carter 2000), 인종관계에 대한 혁신적이고 선구적인 관점을 소개한 주목할 만한 초기 사회과학 분야의 저자들로는 로버트 박과 존 렉스를 들 수 있다(Robert Park 1950; John Rex 1983). 예를 들어, 렉스는 인종관계에 대한 구조적 조건과 개별 행위자에 대한 설명을 보여 준다(Rex 1983: viii). 첫 번째 구조적 조건은 '심각한 경쟁, 착취, 강요 또는 억압'(Rex 1983: viii)의 존재인데, 이는 인종적 긴장에의 필요조건이지만 충분조건은 아니다. 두 번째 구조적 조건은 경쟁이 개인이 아닌 집단 간에 일어나야 하므로 사회적 이동을 위한 기회가 부족하다는 것이다. 이러한 구조적 전제조건은 사회적 행위자가 구조적 맥락을 해석하여 인종관계 상황을 초래하거나 사회적 행위자가 구조적 맥락을 이념적으로 합리화할 때 작동한다(Rex 1983: viii; Carter 2000: 14). 카터는 렉스의 인종관계 이론이 계급과 성별 등 다른 문제에도 동일하게 적용될 수 있다고 지적하며 인종관계를 촉진하는 중요한 특징이 무엇인지 충분히 설명하지 못한다고 지적한다(Carter 2000: 15). 더욱이 렉스는 구조와 행위자의 신념 또는 합리화 사이의 연관성을 완전히 탐구하지 않고, 주어진 사회 구조에 대한 개별 행위자의 해석에 특권을 부여한다(Rex 1983). 이것은 비판적 사실주의 관점에서 문제가 된다. 구조와 특성을 포함하는 사회 현상의 현실은 사회적 행위자들이 그것에 대해 이해하는 것과는 독립적으로 존재한다.

비판적 사실주의자들은 행위자와 구조의 분석적 이원론을 채택하면서 개별 행위자는 구조 속에서 태어난다고 주장한다. 즉, 구조는 구조 개혁을 가져오는 사회적 행동을 취할 수 있는 개별 행위자에 앞서 존재한다. 따라서 다음 세대는 다른 사회 구조 속에서 태어날 것이다. 아처의 말에 따르면, "구조와 행위자는 서로 다른 기간에 걸쳐 작동한다. 즉, 구조가 반드시 그것을 변형시키는 행동보다 앞서고, 구조적 정교화는 반드시 그러한 행동보다 후일 것이다"(Archer 1995: 89-90)라는 형태론적 접근법에서 구조 간, 그리고/또는 구조와 사회적 관계 간, 그리고 개인과 집단 간에 복잡한 상호 작용이 일어나는 방법을 더 자세히 설명한다(Archer 1995: 168-169). 사회 현상에 대한 비판적 사실주의 분석을 수행함에 있어 연구자들은 네 가지 기본 명제를 알아야 한다.

1. 사회 구조 내부와 사회 구조들 사이에는 내적인 그리고 필수적인 관계가 존재한다.
2. 사회 구조(들)는 사회적 상호 작용(들)에 영향을 미친다.
3. 사회적 상호 작용 수준에서 집단과 개인 사이에 인과관계가 존재한다.
4. 사회적 상호 작용은 사회 구조의 구성에 기반하여 설명된다.

개별 행위자의 지식을 특권화하는 것은 구조보다 행위자를 지나치게 강조하는 경향이 있다. 즉, 행위자들이 이해하고 생각하는 것이 중요한 것이며,

그것이 바로 '인종관계' 상황을 지탱한다는 것이다(Carter 2000: 14). 이것은 "나는 생각한다, 그러므로 존재한다"는 데카르트의 격언이나 "아는 것이 힘이다"라는 베이컨의 격언과 일맥상통한다. 이러한 견해들은 사회 세계의 주요 특징들이 무엇인지를 투영한다. 즉, 개별 행위자들에게는 사회 세계에 대한 자신의 관점에 상당한 수준의 정당성과 힘을 부여받고, 따라서 반현실주의자가 되어 결국 상대주의를 지지하게 된다(Carter 2000: 23). 카터는 행위자들의 생각에 주안점을 두는 렉스의 계획은 사실상 특정한 역사적 맥락과 사회적 관심사에서 나타날 수 있는 인종차별을 다룰 수 없다는 것을 관찰한다(Carter 2000: 17; Higham 1994 참조). 아마도 몇몇 개인들이 그들 시대의 특정한 사회경제적 맥락이 예기치 않게 특정 민족 집단에 대해 차별적이라고 생각한 것은 아닐 것이다. 주어진 맥락이 오랜 기간에 걸쳐 발전한 경우가 더 많다. 게다가, 특별하고 독특한 맥락과 경험을 겪는 개별 행위자들은 그들 자신만의 방식으로 인종관계를 인식하고 묘사할 수 있다. 일단 인종관계에 대한 수많은 설명들이 모두 정당성을 부여 받으면, 인종관계 현상에 대한 비교 가능한 지식은 생산될 수 없다(Carter 2000: 31). 사실상 사회과학은 불가능한 임무가 될 것이다.

카터가 언급하였듯이(Carter 2000: 48), 담론은 브라와 놀스와 같은 포스트모던 학자들에게 현실의 핵심 구성 요소를 구성한다(Brah 1996; Knowles 1992). 담론은 사회적·민족적 관계에 중요하며 대표적인 것으로 간주되는 사회적 현실을 이해하는 데 중요한 경험적 증거, 경험, 현실이다. 담론은 개별 행위자의 이해와 토론, 해석에 관한 것으로, 이를 통해 더 많은 담론이 만들어진다. 이러한 종류의 영향은 사람들이 역사에서 특정한 사건이나 현상을 이해하는 방식에 영향을 미칠 수 있지만, 현상의 근본적인 메커니즘의 일부가 될 수는 없다(Carter 2000: 48). 그러나 사실주의 사회과학자들은 담론, 즉 사례인 것처럼 보이는 것을 경험적 증거로 간주할 뿐만 아니라, 사회적 현상이나 우리가 경험적으로 관찰할 수 있는 증거를 발생시키는 근본적인 메커니즘도 고려한다.

중요한 사실주의적 명제는 - 앞으로 더 논의할 것이지만 - 실제적이고 실질적이며 경험적인 사회적 현실에는 존재론적 깊이가 있다는 점이다. 앞서 논의한 분석적 이원론과 사회적 현실의 계층화된 성격은 사회과학자들이 "누구의 활동이 언제 무엇을 책임지는가"를 발견할 수 있게 한다(Carter 2000: 80). 경험적 자료와 연구 작업에 대한 사실주의적 관점의 함의는 "복잡한 방식으로 구조화된 사회 세계에서 작동하는 인과관계의 흔적"을 제공하는 것이다(Carter 2000: 80). 이 연구는 사회 계층의 다른 수준에 놓여 있는 요인들 사이의 복잡한 상호 작용을 이해하고 해석하는 과정이다.

1. 사실주의 사회과학

생성 메커니즘은 그 효과나 그것이 만들어 내는 것에 의해 측정될 수 있다. 예를 들어, 계급관계는 쉽게 관찰할 수 없지만 경제적 평등이나 불평등, 빈곤, 상대적 박탈감, 사회복지에 대한 의존 등 그 효과를 일관되게 생산하고 재생산한다. 생성 메커니즘의 일관된 효과는 이러한 효과를 생성하는 지속적인 구조로 나타난다. 예를 들어, 인종차별은 지속적으로 특정 민족 집단에 대한 차별이 행해지는 방식에 기초한다.

'사회적 관계'는 사회학적 연구의 핵심적인 특징이다. 다양한 문화와 민족적 배경을 가진 사람들 사이의 사회적 관계의 질과 양은 관용과 다문화주의의 수준을 나타낸다. 다양한 배경을 가진 개별 행위자와 다양한 집단 간의 안정적이고 지속적인 관계는 인간관계의 생산, 재생산 및 변형으로 이어진다(Bhaskar 1979: 36). 여기서 지속되는 인간관계는 일시적이거나 짧은 수명을 가진 것이 아니며, 특정한 종류의 인간 상호 작용으로 만들어진 것이 아니다. 지속적인 인간관계는 비교적 긴 기간 동안 역사적·경제적·사회문화적 맥락에서 형성된다.

사회학자들이 행위자와 구조 사이의 관계(Bhaskar 1979), 또는 '사람들'과 '부분들'(Archer 1995)을 바라보는 방식은 그들의 이론적 패러다임을 대표한다. 한편으로는 파슨스 사회학의 구조기능주의와 다양한 형태의 마르크스주의는 구조에 지배적인 영향을 미치는 경향이 있다. 반면에, 많은 현상학, 해석학, 해석주의 사회학은 사회 현상을 설명하는 행위자의 중요성을 선호한다. 그러나 버거(Berger)와 루크만(Luckmann)은 "사회는 사회를 창조하는 개인을 형성한다. 즉, 사회는 지속적인 변증법 속에서 사회를 생산하는 사람들을 생산한다"는 변증법적 견해를 옹호한다. 구조와 행위자, 또는 '부분들'과 '사람들'의 분석적 분리는 사실주의 사회과학의 중요한 원리이다. 카터와 다른 사람들은 이 두 부분을 더 세분화하였다(Carter 2000: 71). 행위자, 즉 '사람'이라는 개념 안에서 비판적 사실주의자들은 사회적 행위자(사회적·문화적 자원의 분포 내에서 위치가 지워진 사람들)와 사회적 수행자('세상을 변화시키는' 사람들)를 구별한다. 비판적 사실주의자들은 또한 다른 맥락에서 영향력이 다소 중요하게 고려될 수 있는 개인 행위자와 집단 행위자를 구별한다. '부분' 또는 '구조'의 개념은 '상황적 맥락과 문맥적 맥락'으로 구분되는데, 이는 사회적 행위자들 사이의 재개념화나 사회적 행위들 간의 관계에 다소 불응할 것이다(Carter 2000: 7).

이오시피데스는 20세기의 이주에 대한 간략한 역사와 잠재적인 이주자와 정착 이주자들이 어떻게 수용국에서 대우받았는지를 보여 준다(Iosifides

2011: 10). 국가마다 다양한 정책이 시행되었지만, 구(舊)서독은 1960년대와 1970년대에 잠재적 이민자들에게 '연간 계약'과 '회전'(rotation) 시스템을 적용하였다(King 1994; Iosifides 2011: 10에서 재인용). 이 협약에서 계약직 노동자들은 고용주의 한마디로 비자를 취소할 수 있었고, 이는 고용주들에게 불경기 동안 인건비를 줄일 수 있는 권리를 부여하였다. 또한 외국인 노동자의 지속적인 순환은 서독에 정착하는 최소 인원수를 보장하였고, 그 결과 외국인 노동자의 출신 국가에 이 부담이 돌아가면서 노동력의 재생산 비용을 포함한 복지비용을 절감하였다. 독신 노동자를 받아들이는 것은 가족을 부양하는 비용을 절약하기 위해 고안되었다. 노동자들은 또한 고령으로 인해 생산성이 떨어지면 서독에서 그들에 대한 비용을 부담하지 않기 위해서 그들을 고국으로 돌려보냈다. 외국인 노동자들을 위한 이러한 단기적 또는 '구식' 계약들은 여전히 한국에서 사용되고 있다. 누군가는 한국 경제가 1960년대와 1970년대에 서독이 그랬던 것처럼 여전히 국제시장에서 경제적 입지를 확고히 다지는 과정에 있다고 주장할 수 있다(다음 블로그 게시글, 2015. 1. 7 접속). 북서 유럽에서 포드주의의 종말은 1974년 프랑스와 벨기에에 엄격한 이민 정책을 가져왔다(Iosifides 1997). 한국 정부는 신자유주의적 경제 상황과 지속되는 세계 경제 위기로 인해 엄격한 이민 정책을 유지하고 있다. 엄격한 이민 정책은 포스트포드주의 시대의 산업에 더 큰 유연성을 제공하며, 이는 인종관계의 질에 영향을 미친다.

제2차 세계대전 이후의 또 다른 중요한 형태의 이주는 이전 식민지에서 영국, 프랑스, 네덜란드, 포르투갈과 같은 식민지 강대국으로의 대규모 이동으로, 1975년까지 총 700만 명이 이동하였다(Entzinger and Fermin 2008: 21; Iosifides 2011에서 재인용). 이러한 움직임의 초기 단계에서는 이민자들이 영국으로 많이 유입되었지만, 인종주의적인 우려와 움직임, 그리고 극단적 보수 정당들은 정부가 유색인종의 이동을 제한시켰다(Bade 2003). 영국의 일반적인 이유는 “수용국 사회에서 ‘유색인종’ 이민자들이 갖는 사회적·문화적 비호감성”이었다(Carter 2000; Iosifides 2011: 11에서 재인용). 우리가 제2차 세계대전 이후를 언급하든 또는 21세기를 언급하든 간에, 해외에서 일할 수 있는 허가를 받고 공정한 대우를 받기 위해 상당한 노력을 기울여야 하는 것은 유색인종이다. 마찬가지로 1990년대 이후 한국의 경제적 성공에 이어 많은 외국인 노동자들이 한국에서 일할 기회를 계속 찾고 있으며, 임시 외국인 노동자들의 공정한 임금이나 고용 조건에 반대하는 인종차별적인 움직임이 두드러지고 있다.

이오시피데스는 이민 노동자들을 끌어당기는 선진국의 힘이 19세기부터 강하였고 지금도 강하다고 주장한다(Iosifides 2011: 15; Sassen 1988: 43 참조). 1990년대 이후, 한국은 개발도상국들로부터 많은 노동자들을 대거 유치하는 국가에 가입하였다. 2000년대 초반 일시적인 이주가 계속 증가하였는데, 예를 들면 2001-2002년 사이 미국 53만 명, 독일 33만 명, 호주 12만 8,000명, 그리고 일본은 20만 명이 늘었다(United Nations 2004: 128; Iosifides 2011: 16). 개발도상국의 노동자와 경제협력개발기구(OECD) 국가의 고용주 사이에 관계가 형성됨에 따라 자연스럽게 고용주와 피고용인 간의 불균형적인 관계가 형성될 수 있는데, 이는 후자가 정치적·경제적 정책하에서 수용국 국가에서보다 더 많은 보호 지원을 받기 때문이다.

2. 개념적 틀: 인종차별에 대한 사실주의적 관점을 향하여

비판적 사실주의는 현실주의적 존재론과 사회구성주의 인식론 모두를 수용한다. 즉, 비판적 사실주의는 우리의 생각과 인식과는 무관하게 독립적인 현실이 존재하며, "지식은 의사소통적으로 구성되며, 우리의 개념과 신념은 역사적으로 생성되고 조절된다"고 주장한다(Wikgren 2005: 14). 사실주의 분석을 통해 얻은 설명 이론은 도전들에 의하여 바뀔 수 있으며, 이론적이고 경험적인 기초 위에서 틀릴 수 있다. 이러한 점에서, 사실주의는 지식이 세계에 대한 우리의 경험에 기초하여 형성될 수 있다는 점에서 경험주의와 다르며, 지식이 인간의 생각과 언어를 뛰어넘을 수 없다는 점에서 이상주의와 다르다(Wikgren 2005: 12). 사회적 현실은 존재론적으로 층화된 깊이를 가지고 있으며, 사회 현상의 존재론적 깊이 안에는 개념적으로 다른 세 가지 영역 - 실재의 영역, 실제의 영역, 그리고 경험의 영역 - 이 있다. 실재의 영역은 인과적으로 작동하는 구조나 시스템을 나타낸다. 인과관계의 법칙 또는 메커니즘이 이 수준의 깊이에서 작동한다. 인과관계 법칙 또는 작동 구조는 특정한 방식으로 사회경제적 현상을 야기하는 특정한 속성 및 힘 또는 경향을 포함한다. 이러한 힘 또는 경향의 지속적이고 계속되는 작동은 사회적 사건과 독립되어 이를 발생시킨다. 실제의 영역은 인과관계의 법칙 또는 메커니즘(즉, 실제 영역)이 생성하는 사건들을 나타낸다. 실제로 일어난 사건들 중에서 경험적으로 또는 비교적 쉽게 달성될 수 있는 인간 관찰의 수준은 제한적이다. 사실상, 경험적으로 관찰되는 사건의 수는 극히 적다. 이러한 관찰된 사건들은 경험 영역을 구성한다(Mingers 2004).

본 연구와 관련하여, 인과적으로 작동하는 구조 또는 체계는 역사적으로 더 넓은 세계 자본주의 체제에 위치한 한국의 자본주의 생산 방식을 가리킨다. 한국은 1945년 일본의 식민 지배가 종식된 후 근대 국민 국가로서 수립되었다. 1990년대 이후, 외국인 노동력의 수입은 국적, 기술, 노동력, 자본의 측면에서 한국의 잠재적 거주자들에게 특정한 요구 사항을 설정해 왔다. 이러한 요구들은 세계 경제 체제와 밀접하게 연계된 한국 자본주의의 역동적이고 지속적인 발전을 촉진하기 위한 것이었다(Wallerstein 2004). 외국인 노동자의 한국 내 존재는 근본적으로 한국의 노동시장 구조와 인간관계를 변화시켜 내부에 새로운 위계질서를 가져온다. 이러한 새로운 계층 구조는 노동시장에서 고용주들에게 기회를 제공하지만, 노동자의 삶의 기회와 임금 수준 측면에서 한국 사회의 특정 부문을 위협하기도 한다(이희은·유경한·안지현 2007). 이 같은 위협은 실재적이든 인식적이든 간에 한국인들과 외국인 거주자들 사이의 긴장을 초래하여 결국 인종적 편견과 차별로 표현될 수 있다. 이는 박노자(2002b)가 묘사한 바와 같이 역사적, 문화적으로 한국인의 인종적 우월성을 뒷받침하는 맥락과 공통적이다. 즉, 개별 행위자들의 행위와 행동, 주어진 사회·문화 및 역사적 맥락 사이에는 밀접한 연관성이 있다. 특히 1990년대 한국의 경제적 성공이 뚜렷해지기 전에 일본 제국주의와 미국 문화 제국주의에 대한 질투와 증오의 문화가 무르익었던 한국 사회의 맥락에서도 인종차별은 쉽게 정당화될 수 있다. 그 이후 한국인들은 일본의 침략을 겪은 중국과 비슷한 특정 외국인 노동자 집단에 대한 분노를 표출하며 한국을 일본의 분노의 안전한 출구로 규정하는 것 같다(Kitahara 1987). 민족적 긴장과 갈등은 문화적 인식, 편견 없는 태도, 인간의 존엄성, 사회봉사 및 정치적·경제적 권리에 대한 접근을 둘러싸고 발생할 수 있다. 한국인과 이민자는 달라진 사회경제적 풍토와 성취도가 높은 국가를 통해 사회적 사다리에서 자신의 위치를 높이기 위한 각개 노력을 지속하고 있다.

비록 다양한 이유와 개인적 상황에 따라 많은 수의 단기 및 장기 거주자와 이민자가 한국에 왔지만, 그들의 삶의 기회와 활동은 박노자(2002b)와 이희은 외(2007), 박경태(1999)가 묘사하고 있듯이, 필연적으로 주어진 맥락, 즉 인과적으로 작동하는 구조나 시스템을 포괄하는 실재 영역의 대상이 된다. 이러한 구조들은 새로 도착한 이주자들이 원하는 삶을 꾸리기 위해 활용할 수 있는 개인적인 능력에 관계없이 이들의 삶의 기회에 선행한다(Archer 1995: 15). 그러한 구조들은 이주민들이 도착한 후에 수정될 수도 있다. 나아가 때때로 한국에 있는 외국인 노동자들의 기대와 실제로 성취할 수 있는 것 사이에 괴리가 발생하는 문제가 존재한다. 목표 달성의 어려움을 깨닫는 것은 자부심, 건강 및 가족의 삶의 기회에 커다란 타격을 준다. 또한 출신국과 한국 사이에는 사람들의 태도, 사고방식, 가치관 등에 차이가 있어 외국인 거주자들은 수용국 사회에 적응하는 데 어려움을 겪는다. 의심할 여지없이, 이와 같은 구조적인 제약은 외국인 거주자의 삶에 악영향을 미치는데, 동남아시아 이민자와 노동자의 경우 특히 더 그렇다. 그러나 실재 영역 또는 메커니즘의 구조적으로 영향력 있는 차원이 있어, 이민자와 지역 인구의 삶의 기회를 효과적으로 가능하게 할 수 있다. 이러한 요인들 중 일부는 한국 시민들에게 불리하게 작용할 수 있다.

실재 영역의 영향력은 지속적이며, 우리가 그것을 촉진하는 요인을 언급하든 아니면 억제하는 요소를 언급하든지와 관계없이 단기간 내에 크게 증가하거나 감소할 것 같지는 않다. 예를 들어, 한국에 있는 외국인 노동자 중 상당수도 자신들의 목표를 쉽게 달성할 수 있을 만큼 한국 사회가 도움이 되지 않았기 때문에 한국에서의 경험이 좌절스럽고 실망스럽다고 느꼈다(변광수

2007). 그들의 좌절감은 그들이 일상적으로 대처해야 하는 인종적·민족적 편견에 의해 악화되었다. 현재 한국의 다문화 발전 단계에서는 인종적·민족적 편견이 다소 호전적이고 공격적으로 보인다. 편견에 대한 대중과 정부의 암묵적 지지는 그것을 더 어렵게 만든다.

지적한 바와 같이, 실재 영역은 수많은 사건들, 즉 실제 영역을 생성한다. 이러한 사건들은 이민자들의 취업 기회, 우정, 차별, 민족·인종 갈등, 직업 경험, 민족 정체성 함양과 같은 많은 사회 현상들을 포함한다. 이처럼 발생하는 수많은 실제 사건들 중에서 경험적으로 관찰되는 사건의 범위는 제한적일 수 있다. 이러한 사건들 중 일부는 외국인 거주자나 내국인의 관점에서 미디어를 통해 선별적으로 표현된다. 연구자들은 분석을 위해 그러한 인터넷 사이트에 접속할 수 있다. 이 같은 분석을 통해 추가 연구의 필요성이 드러날 경우 연구자는 디지털 미디어를 매개로 하는 콘텐츠의 오프라인적 측면을 사회 현실의 실재 영역을 염두에 두고 연구할 수 있을 것이다. 이러한 노력에는 한국의 자본주의 발전에 대한 면밀한 조사가 포함될 수 있다. 연구자들은 또한 디지털 미디어에 표현되는 것과 별개로 외국인 거주자(또는 한국인)의 경험을 조사하고 오프라인과 온라인 차원에 대한 비교 관점을 제공할 수 있다.

비판적 사실주의는 연구자의 임무가 사회에서 사건을 발생시키는 실제 구조와 메커니즘을 점진적으로 밝혀내는 것이라고 주장한다(Dobson 2001: 201). 연구 과정은 광범위한 한국 사회의 맥락에서 그들의 삶에 대한 경험적 조사뿐만 아니라 가능한 근본적인 요인과 관계의 폭로를 통해 외국인 거주자와 한국인의 삶에 영향을 미치는 메커니즘을 발굴하려고 노력한다. 이러한 근본적인 요인과 관계들은 쉽게 관찰할 수 없지만 이론과 추상화를 통해 밝혀질 수 있다(Wikgren 2005: 12). 우수한 과학적 접근법은 경험적으로 관찰할 수 있는 것을 식별하고 분석할 수 있을 뿐만 아니라 효과를 가져오는 영향을 미치는 숨겨진 구조와 관계를 발견할 수 있어야 한다(Bhaskar 1989). 비판적 사실주의는 또한 사회가 '개인이 재생산하거나 변형하는 구조·관행·관습의 앙상블'이라는 개인, 집단, 사회 간의 관계적 관점을 제공하고자 한다(Bhaskar 1991: 76; Dobson 2001: 203).

구조, 행위자, 사회문화, 그리고 경제 요인들 사이의 관계적 관점을 추구함에 있어, 비판적 사실주의자들은 행위자와 구조에 개별적으로 접근하는 분석적 이원론을 전개한다. 즉, 그들의 논리적 관계들과, 이것들이 허용하는 조건과 가능성에 초점을 맞춘다(Archer 1995: Ch. 5; Wikgren 2005: 15). 따라서 비판적 사실주의는 행위자와 구조의 결합을 주장하는, 즉 구조와 행위자는 매우 밀접하게 얽혀 있으며, "존재론적으로나 분석적으로 분리할 수 없다"고 보는 구조화 이론과는 다르다(Wikgren 2005: 15; Willmott 1997). 비판적 사실주의는 또한 현상학적 연구나 사회적 관계들이, 담론과 실천들에 의해 잘 표현되고 이해되는 것 이상이라고 주장하는 포스트모더니즘의 많은 조류들과도 구분된다(Reed 2001).

아처의 형태 형성(morphogenetic) 접근의 시간 주기에 기초하여(Archer 1995; 1989), 카터는 구조(또는 구조 수준에서의 문화적 체계)와 인간 행위자가 어떻게 서로 영향을 미치는지를 제시한다(Carter 2000: 86). 문화적 체계와 인간 행위자 간의 관계는 다음과 같은 두 가지 질문에 의해 드러날 수 있다. (1) 구조적 수준에서의 체계적 일관성과 불일치/모순은, 예컨대 개인 또는 사회 문제에 대한 생각과 의도를 수정하도록 개별 행위자를 성공적으로 설득함으로써 사람들에게 어떻게 영향을 미치는가? 그리고 (2) 사람들의 행동은 구조적 수준에서 체계적 일관성과 불일치/모순에 어떻게 영향을 미치는가? 즉, 사람들은 구조의 '논리적 속성'에 어떻게 기여하고 또 이를 변형시키는가? 아처의 형태 형성 시간 주기를 기초로 카터는 구조와 행위자 사이의 상호 교류를 제안하고 설명한다(Carter 2000: 86-87).

1. 인종 개념은 문화적 체계의 구성 요소이고, 그러한 모든 요소들과 마찬가지로 사회-문화적 상호 작용에서 비롯되며, 따라서 사회적 행위자들에 의해 생성된다.
2. 시간이 지남에 따라 인종 개념은 창작자의 손을 벗어나 문화적 체계 내의 거주자로서 자율성을 획득하기 때문에, 시간이 지나야 우리는 그들이 다음 세대에 어떻게 작용하는지 조사할 수 있다.
3. 사람들이 문화를 발생시키기 때문에, 우리는 새로운 항목이 어떻게 문화적 체계 속에 들어가고 오래된 항목이 어떻게 옮겨지는지를 조사할 수 있다. 예를 들어, 인구를 나누기 위한 기초로서 인종 개념이 문화적 다양성의 개념으로 대체되는 것 등을 조사할 수 있다.

아처의 형태 형성 주기는 개별 행위자가 아이디어, 사회적 행동 및 상호 교환을 생성하는 문화적 상호 작용에 선행하는 문화적 조건이 있다고 규정한다. 이러한 사회적 행동들은 결국 원래의 문화적 조건을 수정한다. 예를 들어, 개별 행위자는 (그것이 18세기에 등장하였던 것처럼) 인종에 대한 개념을 소개할 수 있으며 그 개념은 재생산되거나, 더 나아가 발전될 수 있다(Boulukos 2008). 그러나 그 개념은 문화 체계 내에서나 구조적인 차원에서 하나의 아이템으로 발전하는 것은 아니다. 배제 또는 차별적 관행을 사용하는 사람들이 바로 사회적 행위자들의 행동을 구조적 수준으로 중재하게 되는 것이다. 일단 이것들이 이루어지면, 후속 사회 행위자들은 인종차별의 관행이 구조적으로 내재되어 있다는 것을 깨닫게 될 것이다(Carter 2000: 89). 일정 기간 동안 인종 개념이나 차별적 관행은 인간 상호 작용에 대해 생각하고 그것을 다루는 지배적인 방식이 될 수 있다(Carter 2000: 90).

한국 역사의 특정 단계, 예를 들어 1990년대 초반에는 오랜 기간 동안 수많은 국가적·국제적 영향 요인(사회적, 역사적, 경제적)에 의해 형성된 문화 체계(사회적 변화와 개혁의 이전주기의 산물)가 있었다. 당시 한국에는 비교적 적은 수의 외국인들이 있었다. 또한 외국인(주로 서양인)에 대한 생각이 다양한 수많은 개별 행위자들이 있었다. 외국인에 대한 정보 부족 때문에 많은 사람들이 이들에 대해 부정적, 긍정적, 무관심한, 혼란스러운, 혹은 적대적인 감정을 갖고 있었다. 일부 사람들은 한국과 미국 사이의 역사적 연계를 토대로 한 반미 감정을 바탕으로 특정한 이익 집단을 형성하였다. 또 다른 사람들은 미국에 매우 호의적이며 양국이 우호적인 외교관계를 유지하는 데 계속해서 기여하고 있다. 그러나 한국 사회에 서구뿐 아니라 개발도상국, 특히 동남아시아 출신의 외국인이 점점 더 많이 유입되는 것을 보면서 한국의 개인들과 집단들은 미디어, 교육, 정치 지도자 및 특정 시기의 구조적 요인의 영향 아래 상호 작용하였다. 외국인에 대한 다양한 인식을 가진 수많은 개별 행위자들은 그들의 관점을 수정해야 할 설득력 있는 이유를 가지게 되었을 것이다. 다양한 집단들 간의 이러한 교류와 상호 작용은 1990년대 초반의 원래 문화 체계에 영향을 미친 사회적 행동이다. 2015년 초반 한국의 문화 체계는 1990년대 초반의 문화 체계와 크게 다를 것이다. 문화적 체계의 요소들과 문화적 상호 작용 사이의 인과적으로 영향을 미치는 관계는 외국인에 대한 개별 행위자 또는 집단의 관점을 수정한다. 이 과정에서 문화 체계는 사회적 상호 작용을 가능하게 하고 또 제한한다. 1990년대 이후 널리 보급된 특정 유형의 문화 체계는 졸부적 민족주의이다.

포슨과 틸리는 사회 현상을 이해하거나 주어진 맥락 내에서 사회 변화를 추구하는 세 가지 핵심 범주를 제안한다(Pawson and Tilley 1997). 그것들은 맥락, 메커니즘, 규칙성이다. 즉, 모든 사회 현상은 주어진 지역적·역사적 맥락에 놓여 있다. 어떠한 사회적 현상이나 사건도 주어진 맥락 아래 있지만, 그 현상의 가능성을 가능하게 한 것도 맥락이다. 메커니즘은 현상의 방향을 유도하거나 현상의 본질과 특성을 결정하는 속성이나 힘을 촉발하는 것을 의미한다. 문맥과 메커니즘 사이의 교차점의 결과로, 특정한 경향과 규칙성을 가진 현상이 발생한다. 이러한 통찰을 본 연구의 주제인 한국의 소수 민족에 대한 인종차별 현상에 적용하여 다음과 같은 현상을 이론화할 수 있었다. 이 현상의 광범위한 맥락은 문화적 동질성과 순수 혈통의 국가, 일본인 및 미국인과 교류 경험을 가진 탈식민지 사회로서의 한국, 한국에 거주하는 외국인들에 대한 일반적인 인식 부족, 한국의 일반적인 경제 발전 및 세계화에 대한 인식을 포함한다.

1970년대와 1980년대에 걸쳐 경제 발전이 지속되는 동안, 한국의 기적적인 성공, 특히 인터넷을 통한 국경 없는 미디어의 눈부신 발전, 미디어의 상품화, 외국인 노동자의 도래는 공통적으로 졸부적 민족주의/인종주의의 출현을 촉발한 메커니즘의 일부 요소였다. 이러한 사실주의적 관점은 졸부적 민족주의와 관련해 한국적 맥락으로 어떻게 해석되는가? 이 질문에 대해 논의해 보자.

3. 졸부적 민족주의/인종주의

한국에서 인종에 대한 일반적인 담론은 한국인의 동질성과 순혈 민족주의에 관한 것이다. 이러한 오랜 주장들은 유전학에 기초한 '자연적' 또는 생물학적 차이보다는 문화적·이데올로기적 우월성을 주장한다(McLelland 2008). 이 주장들은 한국인이 비한국인들과 구별되는 방식과 관련된 한국 문화 체계의 일부였다. 이 주장들이 일련의 정보에 근거한 것인지 아닌지는 한국인들에게 문제가 되지 않는다. 분명한 것은 그 주장들이 문화 체계로 들어갔고, 한국인의 정신에 깊숙이 자리 잡고 있다는 것이다. 더욱이 최근의 연구들은 '순혈주의'라는 개념이 단순히 사실이 아니며, 한국 역사상 외국인들이 정착하고 귀화했던 사례들이 많았다는 것을 확인시켜 준다(Kim 2011: xiv; 이희근 2008). 넬슨에 따르면, "2000년 동안 다양한 집단이 한반도에 들어와 발전하는 복잡한 사회의 모자이크에서 틈새를 발견하였다"는 증거가 있다(Nelson 1993: 163).

한국인의 '혈통 기반' 우월성은 귀화, 출생지, 문화적 적응이 아닌 혈통으로 얻을 수 있는 '일본성'(Japaneseness) 개념과 많은 공통점이 있는 것으로 보인다. 역사적으로 한국인의 외국인 혐오증은 일본, 중국, 미국 등 과거 식민지 국가들에 대한 질투와 증오로 구성된 것으로 여겨진다. 예를 들어, 경쟁 의식과 질투심에서 비롯된 지난 수십 년간 한국에 널리 퍼진 담론은 한국이 일본보다 30년 뒤처져 있다는 것이다. 이러한 한국인의 소속감은 1910년부터 1945년까지의 혹독하였던 일제 식민주의를 염두에 두고 이해될 필요가 있다. 인종적 열등감과 일본인에 대한 혐오감은 사회화와 교육 과정을 통해 대대로 물려받은 한국인의 마음속에 남아 있다(박노자 2002a). "한국의 학교 교과서에 비평가들이 말하는 '시대착오적인 오해'라 부르는 사실, 즉 한국이 민족적으로나 인종적으로 동질적이라는 내용이 여전히 등장한다는 사실”(*The Korea Herald* 2008. 6. 23; Kim 2011: 67에서 재인용)은 전혀 놀라운 일이 아니다. 광복 이후 한국의 경제적 지위는 크게 향상되었고, 따라서 한국인들은 자본주의적 생산 시스템을 이용하여 한국 산업의 모든 분야에서 외국인들을 착취할 뿐만 아니라 경제적으로나 그 밖의 모든 사람들을 차별할 권리가 있다고 느낄지도 모른다. 이것은 ‘졸부적 민족주의’라고 불릴 수 있다. 비록 이러한 우월감은 ‘누가 포함되었는지’ 및/또는 ‘누가 제외되었는지’와 관련하여 발전하지만, 그 감각은 한 국가의 국민들 사이에서 발전하며 국가의 경계 안에(그리고 그 너머에) 머무른다(민족·인종·민족주의에 대한 개념적 논의는 Brubaker(2009) 참조). 따라서 높은 수준의 민족주의가 표현될 때, 그것은 인종차별 – 다른 민족 국가의 사람들 또는 다른 인종에 대한 차별 – 로 나타날 수 있다. 이러한 측면에서, 졸부적 민족주의는 졸부적 인종주의와 대체하여 사용될 수 있다. 사실, ‘민족’과 ‘인종’이라는 한국말은 어원 면에서 서로 밀접하게 연관되어 있다. 민족주의 또는 민족주의에서의 ‘민족’은 19세기 후반 일본에서 만들어진 한자어이다. 그것은 영어 단어인 ‘인종’(race)과 ‘국가’(nation)를 번역하려는 시도였다. 이후 중국과 한국은 일본이 만든 단어를 채택하였다(Armstrong 2007).

이러한 졸부적 인종차별의 개념은 한국과 같이 급속하게 발전된 경제에서 흔히 관찰된다. 그러나 이 현상의 실천은 근대사 전반에 걸쳐 광범위하게 발견된다. 비(非)백인, 특히 일반적인 아시아인들과 한국인을 차별하기 위해 표현된 인종의 우월성이 그 예이다. 일본의 인터넷 게시판인 2채널(2-Channeru)은 일본의 우월성에 대한 네티즌들의 의견을 끌어모으고 있다(McLelland 2008). 일본의 인종적 편견은 자신을 제외한 모든 비백인을 경멸하지만, 백인에 대해서만큼은 존경심을 나타낸다. 20세기로 접어들면서 일본 제국주의는 일본인들이 인종적 편견을 표현한 핵심 수단이었다. 18세기 중후반부터 진행된 근대 자본주의와 식민지 제국주의의 발전은, 예를 들면 인도와 남아프리카공화국, 인도네시아의 식민지화와 같은 미국인과 유럽인의 인종차별 관행을 증언하였다(박노자 2002a: 162). 미국과 유럽의 국가들은 다른 대륙의 자원을 사용하고 식민지 사람들에 대한 인종차별을 실천하는 근대화를 '달성'하는 데 수 세기를 보냈다. 일본은 서구의 영향에 적극적으로 저항하는 조선(1392-1910)이라는 은둔 왕국보다 앞서 서방과의 경제 및 외교 관계를 개방하였다. 일본은 비교적 짧은 시간에 현대 과학 및 교육 기관을 채택하여 서구화를 달성하였다. 그리고 19세기 다른 식민지 세력에 합류하여, 비백인에 대한 인종적·민족적·국가적 차별 행동을 자행하였다.

19세기 이전, 한국인들은 외국인에 대해 다소 포용적인 태도를 보이며 환영하였다(Shin 2006). 신기욱은 순혈주의 민족주의 개념이 일본과 한국이 하나라는 것을 주장하는 일본의 내선일체 운동으로부터 자신들을 보호하기 시작하면서 발전한 개념이라고 주장한다(Shin 2006). 한국의 민족주의가 공산주의, 자본주의, 산업화, 민주주의, 권위주의, 세계화, 그리고 유교적 기반의 '우리 의식' 등 일련의 이념들과 결합되었을 때, 그 결과물은 원래의 형태와는 사뭇 달랐다는 의견이 제시되었다(Han 2007; Kim 2011; Shin 2006). 박노자(2002a)가 지적한 바와 같이, 인종에 대한 계급적 처우는 19세기에 명백해졌다. 진보적 실용주의자인 존 스튜어트 밀(John S. Mill)은 위계질서의 '과학적' 기반을 촉진하고 제공하였다. 미국 대학에서 공부를 시작하였던 윤치호와 서재필 등 한국인 지식인들은 인종적 편견에 시달렸고, 이를 인쇄매체를 통해 한국 대중들에게 무비판적으로 소개하였다(하상복 2012: 539). 예컨대, 서재필이 편집을 맡았던 한국의 최초 신문인 『독립신문』에는 "백인은 가장 지적이고, 근면하며, 용감한 인종이다"(1897. 6. 24)라는 사설이 실렸다. 한국은 또한 서구화에 필요한 시간을 단축하여 1980년대 이후 압축적 근대화를 달성하였고(Chang 1999), 졸부적 인종주의를 탄생시켰다. 1876년 근대화 과정이 시작된 이래, 오랫동안 기다려 온 그러나 수면 아래 가라앉아 있었던 서구화는 1990년대에 명백하게 나타났다. 한국의 민족주의는, 예컨대 일제 강점기와 같은 어려운 시기(프랭클 2008), 그리고 1960년대와 1970년대 국가 경제를 건설하던 시기에 한국인들의 자부심과 자신감을 유지시켜 주었다는 점에서 오히려 무해하고 순진한 것처럼 보였다(Shin 2006). 어느 나라의 학생들이든 역사 공부를 통해 끊임없이 민족의 자부심과 우월성을 일깨운다는 증거는 충분하며, 한국 교육도 예외는 아니었다. 1990년대 초부터 외국인 노동자와 외국인 신부들에 대한 수입이 증가하였고, 1996년 12월 OECD가 한국을 회원국으로 받아들인 사건은 졸부적 인종차별의 공식적인 계기가 되었다. OECD 멤버십은 졸부적 민족주의를 실행하기 위한 '권리'를 더욱 정당화한다. 외국인 노동자들은 그들의 출신 국가가 가난할수록, 더 심각한 한국인의 외국인 혐오증에 시달린다(김동률 2009). 부유한 국가에서 온 사람들은 차별보다는 '존경과 감탄'을 경험할 것이다. 또한 유럽 국가들에서 발견되는 것처럼, 외국인 노동자에 대해 특히 더 저항적일 수 있는 것은 잘 교육받지 못한 노동자, 저소득층 및 실업자들일 것이다. 물질적으로 불평등하거나 불리한 외국인 노동자들은 '검음'(blackness)이라는 부정적 의미, 상이한 혈통과 문화적 기원, 출신 국가의 경제적 기준에 근거해 합리화되는 경향이 있다. 결과적으로, '인종'에 대한 인식은, 그것이 차별 행위를 정당화하는 데 사용되면서 노동시장에서 불평등을 야기하는 것으로 보인다(Miles 1982: 172; Shin 2009: 101).

나는 하상복(2012)의 '황색 피부, 백색 가면' 비유가 나의 졸부적 민족주의 개념과 관련이 있다는 것을 발견하였다. 프란츠 파농의 '흑색 피부, 백색 가면'을 근거로 한 하상복의 한국 인종차별에 대한 분석은 한국인들이 일제 식민주의와 서구 제국주의를 경험하는 동안 '지식과 존재의 식민성'의 포로가 되었다고 주장한다(Frantz Fanon 2008; 하상복 2012: 531, 533). 즉, 한국인들은 인종적 열등감으로 심하게 고통을 받았고, 백인 인종에 대한 큰 경외감을 갖게 되었다는 것이다. 한국인들은 현재 '경제적 우위'를 달성하였기 때문에 이제는 '백인'의 역할을 하며 다른 아시아인들과 아프리카인들에 대한 차별을 행사한다(하상복 2012: 535-536). 한국인들은 하위 계급을 능력과 자질이 떨어지는 열등한 존재로 낙인찍기 위해 고안된 서구식 인종 범주를 무분별하게 채택해왔다. 한국인들은 식민지 시대부터 인종과 민족에 대한 이해와 문화적으로 다른 사람들에 대한 대우에 맹목적으로 그러한 관점을 적용하였다(하상복 2012: 536; 박노자 2002a: 163). 앞에서 지적한 바와 같이, 이러한 관점은 설득력이 있으며, 따라서 나는 이를 확장하여 한국 사회와 관련된 지역적 맥락을 탐구하고자 한다.

외국인의 귀화에 대한 한국인의 태도 담론에서 해결되지 않은 문제 중 하나는 미국인에 대한 우호적인 태도와, 중국인, 조선족, 동남아시아인 및 몽골인에 대한 비우호적인 태도이다(최현 2007: 159). 역사적으로나 계보적으로 볼 때, 한국인들은 아시아 집단과 밀접한 민족적 유대관계를 맺고 있을 수 있지만, 한국인들의 관점에서 볼 때 이들은 출신 국가의 상대적으로 낮은 성과 때문에 한국인들이 차별적인 태도를 보일 수 있는 집단이다. 여기에 가장 '잘 맞는' 사례는 남한에 있는 동족의 북한 이탈주민들이다.

4. 한국에서 차별적인 문화를 구성하는 일반적인 현상들

졸부적 민족주의는 최근 수십 년간 관찰된 비교적 새로운 현상이지만, 한국에는 이미 배타적이고 차별적인 경향이 존재한다. 한국인들이 경제적 성공의 혜택을 누리고 '상위의' 위치에 서기 시작하였을 때, 그들은 기존의 경향을 '졸부적 민족주의'로 바꾸었다. 다른 말로 하면, 한국 역사의 특정 시기에 기존의 경향이 얽혀 한국 내 중국인 후손 등 소수 민족에 대한 차별적 행동을 만들어 냈다. 한국인들은 또한 그들의 출생지와 졸업장을 근거로 서로를 차별하였다. 한국전쟁 이후, 남한에 있는 북한 출신의 사람들은 차별을 경험하였고, 이것은 많은 사람들을 미국으로 내몰았다(Kim 1981). 다시 말하지만, 한국의 경제적 성취가 이러한 배타적이거나 차별적인 경향을 부채질하여 졸부적 민족주의를 불러온 것은 지난 20-30년 동안의 일이다. 이 절의 목표는 그 본질상 이미 차별적이고 졸부적인 민족주의의 길을 닦은 한국 사회 내에 존재하는 기존의 관습과 문화는 무엇이었는가? 하는 질문에 답하는 것이다. 이론적으로 말하면, 이것은 무엇이 졸부적 민족주의를 가능하게 하였는가?에 대한 질문이다. 여기서 나의 목적은 1990년대 이전부터 한국인들의 삶에 깊숙이 자리 잡고 있었던 더 넓은 사회적 맥락과 지속적인 문화 체계를 자세히 설명하는 것이다. 이러한 맥락들이 1990년대 비교적 새로운 사회적 맥락에서 다수의 외국인들과 마주하게 되었을 때, 한국인 개개인에 의해 졸부적 민족주의가 발현되었다.

비판적 사실주의의 관점에서, 우리는 한국에서의 졸부적 민족주의의 탄생을 어떻게 이해해야 할까? 이 질문은 한국인들의 민족주의/인종주의를 촉발하거나 부추길 가능성이 높았던 한국 사회의 맥락에서 무엇이 새로운 속성을 구성하는가에 대한 것이다. 이러한 창발적 속성은 널리 퍼져 있고 깊이 배태된 사회적 요인들과 경향들을 가리킨다. 이와 관련된 수많은 한국 문헌들이 존재한다. 다음 절에서는 이러한 경향이 어떻게 발생하였는지에 초점을 두지 않고, 과거의 연구들을 바탕으로 이러한 경향이 무엇인지를 상세히 기술하여 한국 미디어에 보도된 바와 같이 현대 한국 사회에서 졸부적 민족주의가 어떻게 나타나는지에 대한 경험적 장으로 넘어가고자 한다.

국가의 영토적 경계나 주권이 있었던 만큼 민족주의 의식도 있었을 것이다. 이것은 신라, 백제, 조선왕조뿐 아니라 현대 한국을 포함해 한국 역사 전반에 걸쳐 분명하게 나타난다. 예를 들어, 신기욱은 영토 경계, 중앙집권화된 국가, 언어적으로 유사한 언어의 사용이 현대 민족주의의 토대를 마련했을 수도 있다고 지적하였다(Shin 2006). 민족주의 정서를 유지하려는 강한 열망은 국제 분쟁이나, 심지어는 전쟁의 명백한 이유 중 하나이다.

이 책에서 중요한 명제는 1990년대의 졸부적 민족주의의 노골적인 실행 이전부터 한국 사회 내에 한국인들 사이에 다양한 차별적 요소와 경향들이 있었다는 것이다. '타인을 포용하거나 배제하는 것'과 관련하여 한국의 문화적 맥락에서 졸부적 민족주의로의 길을 직접적으로 닦은 관행들은 무엇인가? 한국의 민족주의에 대한 광범위한 역사적 밑그림을 시작으로, 나는 지역 적대감, 순혈주의, 유교 중심의 한국 문화, 민족주의의 정치화 및 학벌주의 등 지속적인 창발적 속성들로 다음을 상세히 설명하겠다.

5. 역사적 측면: 민족성과 한국 민족

신기욱의 한국 민족주의 연구는 본 연구에 도움이 되는 통찰력을 제공한다(Shin 2006). 종종 기본 전제처럼 받아들여지는 한국 민족주의의 역사적 뿌리에 대한 신기욱의 탐구는 우리에게 그 주제에 대한 명확하고 설득력 있는 통찰력을 제공한다.[1] 그의 책은 2002년 국제축구연맹(FIFA) 4강전에서 일본팀과 한국팀이 시합을 벌이던 시절 한국 축구팀에 대한 한국인들의 뜨거운 성원에 대한 질문으로 시작한다. 신기욱에 따르면, 민족주의의 근간은 공통의 혈통과 조상에서 비롯된다(Shin 2006). 그는 국가 정체성의 형성은 사회적, 역사적으로 구성되어 있으며 결과적으로 국민의 행동에 중대한 영향을 미친다고 주장한다(Shin 2006: 8). 한국 국가 건설에 대한 설명에서 신기욱은 19세기 후반과 20세기 초반에 사용된 학교 교과서에 대한 내용 분석을 통해 한국 근대 초기의 지적 발전을 대표하는 배타주의와 보편주의 요소의 지배를 관찰하였다. 신기욱은 이 교과서들이 당시 대중의 관심과 성향을 반영하고 있다고 지적하였다. '시민권(citizenship), 시민의 권리(civic rights), 애국심, 덕행, 그리고 효심과 같은 도덕 및 시민교육'을 포함한 특정 요소들은 20세기 초반 학교에서 가르치는 중요한 목록을 구성하였다(Shin 2006: 121). 또한 당시 교과서에는 '과학기술(생물학, 화학, 물리학, 공학, 공중보건)과 시민 교육(국가, 정부, 권리와 의무, 애국심, 경제, 직업, 학교)'을 포용하는 보편주의적 요소나 세계적인 추세가 반영되어 있었

1 신기욱의 연구에 대한 많은 평과 더불어(예: 김경일 2006; 이지윤 2010), 그의 연구들에 대한 다양한 비평이 있다. 특히 이지윤(2010)은 신기욱이 제공한 증거에 대해 좀 더 충분한 분석이 필요하다거나 증거가 설득력이 떨어진다고 주장한다. 이지윤은 향후 추가적인 분석이나 증거를 제시할 수도 있다.

다(Shin 2006: 121). 그러나 한국의 외교 주권을 박탈하고 국가 건설 개념을 이끈 1905년 을사조약(제2차 한일협약) 이전인 1895년에는 보편주의적 주제가 한국 교과서의 65% 이상을 차지하였다(Shin 2006: 122). 이러한 보편주의적인 주제들은 교과서에서 훨씬 더디게 증가하였으며, 1907년에는 25% 미만의 장을 차지하였다. 이와는 대조적으로, 교과서의 75%에 해당하는 장들은 배타주의적 요소들을 다루었고, 교과 과정과 공공 담론을 지배하였다.

1910년 한국이 일본에 합병되면서 한국인들의 국가 건설 노력은 일시적으로 중단되었고, 이는 일본의 공식적인 한국 식민 지배를 의미하였다. 그러나 1920년대 일제는 한국의 문화적 가치와 유산을 억압하고, 한국어를 지우며, 한국인에게 일본식 이름을 강요하는 것을 의미하는 문화 제국주의를 적극적으로 시행하려고 하였다. 이러한 문화적 제국주의는 젊은 세대의 한국 지도자들에게 '자국에 대한 공론화를 재개'하도록 동기를 부여하였다(Shin 2006: 124). 신기욱은 1920년대 초에 한국의 새로운 지식인들과 지도자들이 배타주의적이고 보편주의적인 요소에 모두 참여하였다고 주장한다(Shin 2006: 125). 그들의 의도는 '한국의 국가 정체성과 문화'를 재건하는 것이었고, 이를 달성하기 위한 방법으로 서구의 새로운 아이디어와 제도를 활용하고자 하였다. 이러한 한국의 지식인들은 한국과 서양의 문화, 전통, 제도를 병치하여 한국의 전통과 유산을 재평가하였다(Shin 2006: 125). 신기욱은 1920년대 초반과 중반에 걸쳐 한국 민족을 민족화하려는 어떠한 강력한 시도도 발견하지 못하였다. 오히려 서구의 자유주의에서 비롯된 보편주의나 코스모폴리타니즘이 한국의 지적 담론의 지배적인 부분을 차지하였다(Shin 2006: 125). 예를 들어, 로빈슨은 1920년 6월 25일에 발행된 잡지 『개벽』의 창간사설인 「세계를 알라」를 분석한 결과, 당시 세계주의가 지배적 담론으로서 중요하게 기능하고 있음을 발견하였다(Robinson 1988: 58; Shin 2006: 125에서 재인용). 신기욱은 당시가 제1차 세계대전 직후였고, "평화와 화합, 따라서 크든 작든 모든 국가의 자연권을 긍정하는 시기"였다고 지적한다(Shin 2006: 125). 로빈슨은 또한 해당 사설이 "제1차 세계대전 이후 동아시아를 휩쓸었던 우드로 윌슨의 자결주의에 기반을 둔 이상주의와 관련이 있다"고 언급하였다(Robinson 1988: 58). 신기욱은 또한 이광수의 지적 탐구의 증거를 보고 다음을 관찰한다.

> 서양의 개인주의와 자유의지를 주창하였던 이광수의 국가재건론은 1920년대 초 등장한 세계 보편주의를 잘 보여 준다. 이 모든 사례들은 한국의 지식인들이 고립되어 있지 않았음을 보여 준다. 그들은 세계 추세에 익숙하였다(Shin 2006: 125).

한국의 정체성과 국가는 1920년대 후반 민족화되었다. 한국의 지도자들과 지식인들은 점차 한국의 특수한 전통과 문화에 몰두하게 되었다. 신기욱은 『동광(東光)』[2]에 실린 글에서 "각 민족은 독특한 특성을 가지고 있으며 오직 뚜렷한 조선인만이 자신의 나라를 세계 수준으로 발전시킬 수 있다. … 어떠한 형태를 취하든 모든 민족은 특수한 특성을 발전시킨다"고 주장하였다(『동광』 1927. 3: 56; Shin 2006: 125에서 재인용). 다른 많은 사람들은 "한국 고유의 문화를 특징으로 하는, 개인을 초월한 집단주의"를 옹호하였고(『동광』 1927. 3: 56), "1920년대 후반과 1930년대 한국의 지식인들이 민족사, 전통, 지식, 언어를 되살리려 하였다"(Shin 2006: 126). 신기욱은 유럽 근대성의 고양과 성숙에 기여한 잡지와 신문을 보여 주는 하버마스의 공론장 이념을 받아들여 한국 근대성이 부상하는 시기에 발간된 민족주의 사상을 대표하는 두 개의 주요 잡지인 『개

2 1923년부터 1933년까지 발행된 포괄적인 잡지이다.

벽』과 『동광』을 분석하였다(Habermas 1989). 1920년에는 '서양/근대/외국' 관련 기사가 잡지의 70% 이상을 차지하였으나, 1933년과 1934년에는 이 부분이 30% 미만으로 줄어들었다. '한국/전통/토착' 관련 기사는 1920년대에는 20%에 불과하였지만 1933년에는 70%로 늘어났다. 이것은 기사의 상당 부분이 '전통'과 '서양'이라는 혼합된 주제에 계속 관심을 가졌음에도 불구하고 그러하였다. 넓게 말해, 일제 강점기 초기에는 민족의 근본적 기반인 보편주의 담론이 지배적이었던 반면, 1920년대 후반부터는 배타주의 담론이 지배적이 되었다(Shin 2006: 128). 이 중요한 변화는 1920년대 후반부터 한국에서 나타난 식민지 인종차별주의와 국제 사회주의에 대한 한국 지식인과 지도자들의 반응이었다. 한국인들은 보편주의가 '제국이나 계급과 같은 초월적 개념'을 선호하여 잠재적으로 자국의 중요성을 경시할 것을 우려하였다(Shin 2006: 129, 132). 이 과정에서 한국 민족의 민족화가 나타나기 시작하였는데, 이광수의 보편주의적 견해를 지배하는 조선민족론이 그 사례이다(Shin 2006: 132).

신기욱은 한국의 지배적인 민족주의에 계속해서 영향을 미치고 있는 대한민국의 종족화의 유산을 관찰한다(Shin 2006). 한국의 민족주의는 한편으로는 '추상적인, 불멸의 집단(즉, 민족국가)'를 수반하였고, 이것은 사람들의 '개인적·시민적·정치적 권리'를 희생시켰다(Shin 2006: 132). 의심의 여지없이, 일본 식민주의와 같은 외국 통치 기간 동안, 집단주의적 민족주의는 국가 생존을 위해 동원되었다. 여기서, 현대 국가에서 사회에 대한 기여나 역할에 관계없이 일반적으로 존중되는 모든 개인의 기본권이 훼손되었다(Manet 1994). 이러한 맥락에서 이광수가 주장한 '우리주의와 집단주의'의 부활은 서구의 영향력 있는 개인주의와 자유주의로부터 민족주의를 선전하고 보호하려는 시도였다(Shin 2006: 132). 서구의 개인주의와 자유주의는 심지어 민족주의와 완전히 반대되는 일련의 원칙들로 뭉뚱그려졌다(박노자 2004).

일본 제국주의로부터 독립한 한국은 1945년 미국과 소련 등 강대국의 기득권 세력에 의해 남북으로 분단되었다. 민족주의는 정치 이데올로기의 근본적인 기반일 뿐만 아니라 국가 내에서 정치적으로 영향력 있는 모든 정당들의 정당성의 원천이기도 하였다. 민족주의를 준수하는 것의 중요성은 의심의 여지가 없었다(이지윤 2010: 96). 근대화나 통일을 이룩하기 전까지 개인은 국가를 위해 자신의 권리를 희생할 각오가 되어 있어야 한다는 생각이 널리 퍼졌다. 혈통을 기반으로 한 민족주의는 거의 의심의 여지가 없었고, 심지어 권위주의적 집단주의를 정당화하는 역할까지 맡았다(Shin 2006: 133). 그러한 민족주의는 남북이 엄밀히 말하면 전쟁 중이었으며, 특히 박정희 대통령이 국가 경제 발전의 목표를 세우고 한국인들이 그와 함께 국가 목표를 달성하기 위해 그에게 협력할 것을 요구하였을 때 계속 정당성을 누리고 있었다. 민족주의의 현주소는 "민주화와 세계화로 규정되는 오늘날까지도 혈통에 기반한 정체성 개념을 벗어나지 못하고 있다"는 것이다.

신기욱에 따르면, 일반적인 빈곤이나 자유주의의 빈약함은 한국의 보수주의와 급진주의의 발전에 영향을 미쳤다(Shin 2006: 133). 자유주의에 기반을 두거나 자유주의와의 대화에 참여하는 대신, 보수주의와 급진주의 모두 대중의 지지를 얻기 위해 민족주의에 눈을 돌렸다. 신기욱은 좌파와 우파, 또는 어떤 종류의 국가적 동원이나 구호도 일제 강점기 이후 민족주의와 항상 강하게 연관되어 왔다고 지적한다(Shin 2006: 133). 자유주의나 개인주의, 보편주의를 발전시키기 위한 시도나 능력이 반드시 부족하였던 것은 아니지만, '제국주의, 식민주의, 민족분단의 역사적 조건'과 같은 구조적 영향이 너무 압도적이어서 한국인들이 보편주의 요소를 건설적으로 성숙시키기에는 부족하였던 것이다(Shin 2006: 134). 이 책의 맥락을 고려할 때, 한국인들은 외국인에 대해 외향적이고 포용적이기보다는 이들에 대해 배타적이거나 내향적이고 배제적인 태도를 유지하고 있다.

6. 지역적 적대감(지역감정) 또는 지역주의

대부분의 국가에서 모든 주 또는 지방은 고유의 정체성과 문화를 유지한다. 한국에서는 각 지방에서 자란 사람들에게 부정적이거나 긍정적인 고정관념이 자리하고 있다. 이러한 고정 관념은 성과에 기반한 자격요건이 직업생활을 예측하는 핵심 척도가 아닐 정도로 기회에 상당한 영향을 미칠 수 있다. 내가 관찰한 바로는, 호주에서는 고향이 입사를 하거나 승진할 수 있는 기회에 방해가 되는 경우는 거의 없다. 이러한 점에서 호주와 한국은 확연한 차이를 보인다.[3] 한국인들은 모든 한국인들이 같은 조상을 가지고 있고, 매우 강한 '우리 의식'을 공유한다고 믿지만, 다른 한국인들을 포용하기보다는 배척하는 경향이 있다.

지역적 적대감은 한국어에서 상당히 부정적인 의미를 지닌 단어인 지역감정으로 알려져 있다. 지역감정은 한국 내 모든 지역의 불균형 발전을 초래한 끈질기고도 복잡한 문제였다. 박노자(2003: 113-114)는 조선 초기부터 이어진 지역감정을 추적한다. 귀족 계급(양반)은 정치권력의 형성 및 유지의 중심이

3 예를 들어, 한국의 지리적 크기는 100,210km^{2}로 호주 빅토리아주(237,629km^2)의 절반에도 미치지 못한다. 게다가, 한국의 인구는 5,000만 명이고, 빅토리아의 인구는 560만 명이다. 한국은 8개의 도에 5개의 특별시가 있다.

었다. 양반 네트워크는 지역 정체성 공유와 학문적 훈련에 의해 형성되었다. 또한 권력과 명성을 확립하기 위해 양반들은 일반적으로 특정 지역에 거주하였는데, 이는 지역 기반의 영향력 있는 네트워크의 회원 자격을 얻는 전제조건이었다(박노자 2003: 114). 지방에는 지식인 학파가 연계된 정파가 많았다. 이들은 수도 서울에서 중앙 정부의 직책을 놓고 경쟁하였으며 서울의 관료들은 자신의 고향에서 더 많은 관료를 끌어오기 위해 경쟁하였다.[4] 경상도와 전라도 지역의 지식인들과 정치 지도자들은 이러한 과정에 심각하게 몰입하였고, 결국 서울에서 중앙 정부에 대한 영향력과 기회를 상실하게 되었다. 즉, 경상도와 전라도의 지식인들과 정치 지도자들은 조선 시대 내내 서울에서 영향력 있는 역할을 얻거나 고위 관료로 일할 수 있는 기회의 측면에서 차별을 받았다(박노자 2003: 116). 그에 대한 필연적인 결과는 서울의 지식인들과 정치 지도자들이 계속해서 진보하는 반면, 지방의 지도자들은 계속해서 퇴보하였다는 것이다(유봉학 1995: 24-35; 박노자 2003: 116에서 재인용). 조선 북부 지역인 평안도와 함경도, 그리고 제주 지역은 상황이 더욱 좋지 않았는데 이들 지역에는 고급 지식인과 관료들, 양반이 상대적으로 더 적은 편이었다(박노자 2003: 116). 이는 지방 사람들도 서울 관료들에 의한 착취 대상이라는 것을 의미하였다(박노자 2003: 117).

따라서 지역감정은 다른 지방 권력들 사이에서뿐만 아니라 서울과 지방 사람들 사이에서도 발생하였다. 한국의 지식인 지도자들과 정치 지도자들이 신뢰할 수 있거나 함께 일할 수 있는 측면에서, 일제 식민지 시대의 독립운동

4 이러한 경쟁은 왕조에 수많은 갈등과 큰 위기를 야기하였고 파괴력이 컸으며, 이는 조선왕조가 서구 과학기술과 근대화의 문을 열지 못하게 하는 주요 원인으로 알려져 있으며, 결국 왕조는 일제의 먹잇감이 되었다.

기간 동안 이 대립의 유산은 계속되었다(박노자 2003: 121). 박노자(2003: 116)는 조선 시대의 지역감정이 일제 강점기뿐 아니라 현대 한국에서도 그 양상이 다르게 표출되고 유지되었음을 발견한다.

예를 들어, 조선왕조는 때로는 긍정적인 차별을 추구하고 지방 정부로부터 중앙 정부로 많은 관료들을 임명하였으며, 갈등은 주로 지도자들 사이에서 발생하였다. 반면에 많은 정치 지도자들은 현대 한국에서 정치적 이득을 얻기 위해 지역감정을 이용해 왔다(오수창 2002; 박노자 2003: 116에서 재인용). 즉, 지역감정의 파괴적 성격은 식민지 시대를 거쳐 한국 사회의 여러 차원으로 확산되었고, 대부분의 한국인에게 해를 끼쳐 분열을 초래하였다(박노자 2003: 122).

조선왕조와 식민지 시대의 지역감정이 어떻게 현대 한국에까지 영향을 미쳤는지는 추가 연구가 필요한 주제이다. 그러나 학자들은 과거의 지역주의가 한국 사회에 비옥한 문화와 관행들을 제공하여 한국인들이 지역감정을 계속 실천하도록 영향을 미쳤음을 발견하였다(박노자 2003: 125). 현대 한국에서 지역감정은 어느 정도 영향을 미치는가? 경상도와 전라도의 반목은 한 측면이다. 김종철(1991: 44)은 한국의 정치체제와 경제 구조를 좌우하는 가장 중요한 이념이 지역감정이라고 주장한다. 이것은 누구를 대통령으로 선출할 것인지, 어느 당이 국회를 이끌 것인지, 그리고 어떤 대기업이 한국의 지배적 경제력을 가져야 할 것인지에 관한 것이다. 한국전쟁 이후 지역감정은 박정희 대통령이 자신의 정치적 이익을 위해 그것을 이용하면서 시작되었다. 그는 군사 쿠데타를 통해 권력을 잡았고 합법성을 추구하였다. 박정희 전 대통령은 그의 고향인 경상북도에 중화학공업 공장을 건설하고 사회 기반 시설에 막대한 투자를 하였다. 그는 고등학교와 일본 육군사관학교의 많은 동창들을 정부 고위직에 임명하였다. 같은 지방 출신의 많은 보수적인 학자들 또한 그들의 학문적·정치적 업적에 대한 박정희 전 대통령의 아낌없는 지지를 누렸다. 1971년 대선은 "호남(전라도)이 나라를 다스리면 경상도가 망한다"는 구호에 맞추어 치러졌다. 이 캠페인은 장밋빛 약속으로 전라도민들을 유혹하였다. 1980년 5월 광주 학살 당시 전두환, 노태우, 정호용 등 경상도 출신과 박정희 전 대통령의 지원군이 수천 명의 민간인을 학살한 사실이 드러나면서 경상도와 전라도의 대립은 더욱 심해졌다(김종철 1991: 46). 경상도와 전라도의 긴장이 고조되는 동안 충청도·강원도·제주도 지역 사람들은 기득권을 위해 정치인들에 의해 착취당한 전라도를 적대시하게 되었다(김종철 1991: 49). 더욱이 1987년 대통령 선거와 1988년 4월 26일 총선에서 충청도를 대표하고 박정희 정부의 국무총리였던 김종필[5]은 자신의 정치적 기회를 재개하기 위한 방편으로 충청도민의 자긍심을 '되살리려' 시도하였다(김종철 1991: 46). 그 이후로 한국이 지역감정을 극복하지 않으면 통일은 물론이고 한국 정치의 민주화를 바라는 것은 의미가 없다는 생각이 팽배해졌다(김종철 1991: 46). 실제로, 지역감정의 영향은 정치적, 경제적, 그리고 사회적이다(최장집 1991; 김영용 1989; 나간채 1990; 조희연 1994).

정부 각료, 중앙정보부, 국방부, 국세청과 관세청, 육군·해군·공군 참모총장, 서울시장, 그리고 경기도지사를 포함해 정부 고위 관료의 자리는 주로 경상도 출신 인사들이 차지하고 있었다는 사실을 뒷받침하는 자료는 차고 넘친다(남영신 1991: 3장). 이 부처들은 서울이나 그 근처에 위치해 있다. 비록 서로 다른 지방 사람들 사이에 적대감이 존재하기는 하지만, 앞서 언급하였듯

5 김종필은 박정희 형의 딸과 결혼하였다.

이 또 다른 지역주의는 한국의 수도와 나머지 지방들 사이 수준의 높은 격차이다(강준만 1999: 81). 앞서 인용한 연구 외에도 한국의 지역감정이 발현되는 방식 등 더 많은 연구들이 진행되고 있다. 각 시도에서 온 한국인에 대한 고정관념이 존재하는데, 그 고정 관념은 거의 모두 부정적인 의미를 내포하고 있다. 이것들은 인간 상호 작용에 중요한 영향을 미치며, 민족주의와 지역감정의 결합은 한국이 아닌 사람들을 그들의 삶에 받아들일 여지를 거의 주지 않는다.

7. 순수 혈통주의와 혈연관계(순혈주의)

나는 한국인의 정체성이 어떻게 그리고 왜 공유된 혈통과 조상에 집중되어 왔는지에 대한 신기욱의 질문을 참고하여 한국에서의 민족주의에 대해 논의하였다. 그것은 민족주의의 역사적·정치적·지적 뿌리에 대한 논의였다. 한국 정부는 2011년 12월 23일부터 2012년 1월 25일까지 유로바로미터(Eurobarometer) 및 유럽사회조사(European Social Survey)와 같은 국제적으로 검증된 지표를 활용하여 한국 사람들이 다문화주의를 수용할 준비가 되어 있는지에 대한 설문조사를 실시하였다. 19세에서 74세 사이의 한국인 총 2,500명이 이 조사에 참여하였다. 37개국을 대상으로 한 조사에서 한국은 '혈통'을 중요하게 고려하는 국가 3위를 차지하였고(한국인의 86.5%가 그렇게 생각하고 있었다), 1위는 필리핀인(95%), 2위는 베네수엘라인(87.6%)이 차지하였다.[6] 한국의 순혈

6 「'혈통'에 목매는 대한민국」, 『노컷뉴스』 2012년 4월 19일자.

주의는 모든 한국인이 '단군'이라는 한 조상의 후손이라는 신화를 가리킨다. 그러나 이 신화는 최근 수십 년간 그 신빙성을 잃고 있다. 그 이유는 한반도가 수많은 외세의 침략을 겪었고, 발해 사람들과 같은 많은 외국인들이 한국 역사에 걸쳐 한국에 정착하였기 때문이다. 따라서 단군의 후손으로서 순수 혈통을 유지하는 것은 한마디로 불가능하였다. 신복룡(2002)은 한국인 대다수가 몽골인으로 구성되어 있지만, 중앙아시아인 등의 '혈통'도 한국인의 피를 통해 흐른다고 주장한다. 그러나 이 단군신화는 한국전쟁 이후 활발하게 홍보되었고, 1960년대와 1970년대 학교 교육 과정 내내 내가 배운 것이다. 아직도 많은 한국인들이 이를 믿고 있으며, 이러한 믿음은 국가에 대한 사랑과 애국심을 표현하는 방법으로 사용될 뿐만 아니라, '새로운 한국인'을 배제하기 위한 명분으로도 사용된다.

순혈에 가치를 부여한다는 것은 불순한 것으로 간주되는 사람들이 다문화 결혼의 자녀와 같은 차별을 받는다는 것을 의미한다. 일제 강점기에 일본인과 조선인 사이에서 태어난 자녀들이 많았다. 다만 이들은 피부색 등 외형에 있어 한국인과 다르지 않아 특별한 차별을 받지 않은 것으로 보인다. 그러나 1945년 광복 이후 미군정이 1948년까지 2만 5,000명 이상의 군인들을 주둔시키며 '침입'하였다. 1948년 8월 미군정이 공식적으로 종료된 후, 일부 미군 병사들은 한국에 영구적으로 머물렀고, 많은 수의 미국계 한국 어린이들이 태어났다. 한국인과 미국인 사이의 자녀들은 불순한 핏줄에 대한 인식과 관계에 대한 성(性)적 부정적 인식으로 인해 한국 사회에서 항상 소외되어 왔다(최강민 2006: 289). 한국전쟁 당시 한국 군인과 민간인의 죽음으로 55만 명의 과부가 생겼고, 이 중 10만여 명이 미군과 일시적 또는 장기적 관계를 형성하고 미국으로 이민을 갔다. 10만 명 이상의 한국 여성들이 1950년에서 1989년 사이 미군과 결혼하여 미국에 정착하였다(Moon 1997; Cho 2008; Yuh 2002). 소위 군인의 신부 이민은 1970년대와 1980년대에 연간 약 4,000명으로 정점을 찍었다(NAKA 2003). 그것은 종종 그 여성들의 경제적 생존 전략이었고, 국가 경제의 관점에서는 미국 달러를 벌어들이는 원천이었다. 그러나 한국의 전통적인 도덕은 여성들에게 선택의 여지가 거의 없었던 사회경제적 맥락과 관계없이 서양인과의 접촉을 한 여성들이 일탈적이고 부정하다고 여겼다. 최강민(2006: 290)은 가부장적인 한국 사회에서 남성은 여성을 자신의 소유물로 여겼다고 주장한다. 한국 여성들을 지키지 못하고 서양인들에게 여성에 대한 소유권을 빼앗겼다고 인식되었을 때, 한국 남성들은 심각한 상실감과 분노를 겪었다. 그러나 한국 남성들은 자신들이 통제할 수 없는 '강력한' 미국 남성들을 탓하는 대신 '느슨한 도덕성'과 한국인의 순수한 혈통을 유지하지 못한 여성들을 탓하였다. 그들의 자녀들은 부적절한 관계의 사생아로 간주되었다(최강민 2006: 291). 그러한 '불법한' 세대들은 경제적 기여를 하지 않는 것으로 간주되었고, 그들은 가장 소외된 한국 집단 중 하나를 형성하였다(최강민 2006: 292; 김재민 2013).

주류 미디어들은 일반적으로 소수 집단을 위한 중요한 공간을 할당하지 않고, 그들에 대한 고정 관념을 보고하는 경향이 있다(Mitra 2004). 이는 2000년대 초반까지만 해도 한국인과 외국인 부모에게서 태어난 자녀 등 '인종적·민족적' 소외 계층의 문제가 제대로 주목받지 못하였던 이유를 설명할 수 있을 것이다(윤선희 2006). 정의철·이창호(2007: 86)는 소외된 사람들에 대한 적절한 관심의 부족이 한국 사람들로 하여금 그들의 존재를 깨닫거나 그들에 대한 적절한 인식을 발전시키는 데 도움이 되지 않았다고 지적하였다. 다른 이유로는 '단일 국가'와 '순혈주의'의 지배적인 문화를 들 수 있다.

한국 문화와 '오염된' 것들에 대한 한국인의 인식의 맥락에서, 1950년대부터 오늘날까지의 한국인들은 '혼혈인'에게 둘러싸여 있다는 생각을 감당할 수 없었다. 이승만 정부는 이들을 미국으로 입양시키는 방법을 적극 추진하였다. 많은 아이들이 어머니를 한국에 남겨 둔 채 미국 백인 가정에 입양되었고, 또 다른 많은 아이들은 어머니와 함께 이민을 갔다. 한국과 미국인 사이의 자녀들이 얼마나 많이 한국을 떠났는지에 대한 정부 통계는 없다. 1950년대 이후 신문을 분석한 결과, 대다수의 한국인들이 국제결혼 자녀가 한국보다 미국이나 다른 곳에서 더 잘 산다고 생각하는 것으로 나타났다(조하나·박은혜 2013: 376). 조하나·박은혜(2013: 381)는 또한 한국인들이 국제결혼한 자녀들에게 편견을 가지고 있을 뿐만 아니라, 이러한 편견이 비한국인 부모가 태어난 나라의 경제적 지위에 근거한다는 것을 발견하였다. 한국인들이 국제결혼 자녀를 차별하는 또 다른 지속적인 요인은 부모가 백인인지, 흑인인지, 동남아시아인인지 여부이다.

8. 유교 중심의 한국 문화

유교는 다른 대부분의 동아시아 국가들에서보다 한국에서 더 큰 영향력을 발휘하고 있다(Grayson 2002). 유교, 특히 사랑, 정직, 예절, 지식, 신뢰의 다섯 가지 덕목은 한국인들에게 가족 내에서 일련의 원칙을 지키도록 가르쳤다(Wilson 1988: 1070). 전통적으로, 한국인들은 많은 아시아 국가들의 사람들처럼, 가족과 가족관계를 특히 중요하게 생각한다. 한국학 학자들은 조선왕조의 유교가 유학자들과 학식 있는 사람들에게 큰 존경을 받았지만 나머지 백성들에

계는 경시하였다는 이유로 비판해 왔다(유승국 1983). 조선왕조에서도 일반적으로 가족과 마찬가지로 인간관계는 위계적이었고, 사람에 대한 충성심과 의례적인 의무에 의해 지배되었다. 권력을 가진 정부 관료들은 부하들에게 권위주의를 행사하였고 부하들은 거기에 복종하는 모습을 보였다. 후배는 선배에게, 자녀는 부모에게, 아내는 남편에게, 노동자는 고용주에게 존경을 표할 것으로 기대하였지만, 연장자들이 후배들을 돌보며, 남편이 아내를 사랑하며, 부모는 자녀를 사랑할 필요가 있다는 것은 거의 강조되지 않았다(유승국 1983: 116). 이것들은 한국 유교의 한 측면을 나타낸다. 그러나 한국 사회가 도시화 및 근대화 과정과 함께 크게 변화하였음에도 불구하고, 유교의 원칙들은 더 강화되지는 않았지만 여전히 잘 지켜지고 있는 것으로 보인다.

유교적 원리에 따르면, 한국인들은 '내집단'의 구성원이라면 상대방을 존중하고 사랑할 가능성이 높다. 그들은 다른 사람들을 포용하고, 서로에게 충실하며, 내집단 구성원들 사이에서 '사랑'한다. 그러나 만약 상호 작용하는 사람들이 내집단의 구성원이 아니라면, 그들의 관계는 기껏해야 무관심하거나 심지어 적대적일 수도 있다(김경일 2001). 비록 그것이 근본적인 영향을 끼쳤지만, 유교가 어떻게 오늘날 한국에서 인간관계의 형성에 영향을 미쳤는지에 관한 더 많은 연구가 필요하다. 그러나 분명한 것은 가족과 더 넓은 사회에서의 인간관계가 특히 지난 수십 년 동안 계속해서 진화해 왔다는 것이다. 김동노(1990)는 전통적인 가족주의가 산업화된 한국 사회에서 어떻게 변모하였는지 설명한다.

> 산업화의 왜곡된 구조적 조건하에서, 이 사람들은 적극적으로 전통적인 가족주의를 현대적이고 비도덕적인 가족주의로 변화시켰다. 결국 산업화 과정에서 개인의 이익과 합리성의 추구는 집단적 부조리를 초래하였고, 농민 사회에서 인간

상호 작용의 전통적인 협력 메커니즘을 파괴하였다(Kim 1990: 409).

권력을 가진 자와 권력이 적거나 없는 자들 사이의 거리 수준을 나타내는 홉스테드의 권력 거리 지수에 주목할 필요가 있다(Hofstede 1991; 2001). 한국과 일본, 중국 등 동아시아 사회는 권력 거리 지수가 상대적으로 높은 것으로 알려져 있다. 한국 사회는 고도의 근대성을 포용하고도 높은 지수를 유지하거나 상승한 것으로 보인다. 예를 들어, 박노자는 조선 시대에는 귀족 계급에 속한 사람들이 존댓말을 사용하지 않아도 되었지만 오늘날 한국인들은 상호 작용하는 사람들이 얼마나 나이를 먹었는지, 그래서 그들에게 존댓말을 사용해야 하는지의 여부를 알고 싶어 한다고 지적하였다(박노자 2003: 113). 앞서 내가 배타주의와 보편주의를 언급하며 민족주의를 논한 것과 관련해서, 만약 한국인들이 보편주의의 기본 요소인 자유주의와 개인의 권리를 준수한다면, 한국인들은 서로를 얕볼 이유를 생각하기보다는 서로를 존중하는 방법을 생각할 것이다. 불행하게도, 존댓말을 사용하는 것은 오늘날 한국에서 인간 상호 작용에 종종 분쟁을 일으킨다. 권력이 거의 없거나 사회적 사다리의 맨 아래에 있는 사람들은 다른 사람들에게 어떠한 영향력도 행사할 수 없다. 외국인 노동자를 포함한 대부분의 새로운 한국인들은 확실히 이 범주에 속한다. 외국인 노동자들이 언어폭력이나 신체적 폭행을 당하는 것은 드문 일이 아니며, 이어지는 장에서 이에 대해 논할 것이다.

9. 민족주의의 정치화

최근 몇 년 동안의 연구들이 확인하였듯이, 한국은 수 세기 동안 다민족 사회였다(Kim 2011). 그러나 정당들과 국가 지도자들은 같은 혈통과 조상을 공유하는, 즉 민족주의의 한 형태인 '단일 민족' 또는 '우리 감정'의 개념을 장려해 왔다. 그리고 일부 정치 지도자들이 설정한 정치적 목표를 달성하기 위해 민족주의가 동원되었다. 예를 들어, 박정희 정부는 한국 국민이 자부심과 정체성, 역사를 공유하고 경제 발전을 위해 함께 일해야 할 한 민족이라는 선전을 만들어 냈다(사세 2013). 그러한 전략은 수십 년간 정치독재를 정당화하는 방법이었다. 흥미롭게도, 그것은 또한 한국 경제 기적의 원동력 중 하나였다. 한국 사회는 천연자원은 적지만 인적 자원이 풍부해 경쟁이 치열한 국제시장 속에서 한국 국민이 부지런히 일하고 양질의 제품을 수출할 수 있지 않는 한 밝은 미래에 대한 희망은 거의 없었다. 이러한 맥락에서 한국인들은 일본, 미국 등 부유한 나라들을 열망해 왔다. 1970년대와 1980년대에, 일본과 미국은 '협력하거나 협력할' 국가가 아니라, 기껏해야 열망하거나 부러워하거나 경쟁해야 하는 국가였다. 이 과정에서 생산되었을 법한 것은 한국인들이 경제적, 문화적으로 자신들의 이익을 보호하는 것이었다. 결과적으로, 한국인들 사이에서 민족주의 의식이 지속적으로 함양되었고, 한국인들은 지난 20년 동안 관찰된 바와 같이 '열등한 외국인', 즉 빈곤한 국가의 국민들을 포용할 수 없었다.

김동노(2010)는 정치 지도자들이 어떻게 민족주의를 이용해 왔는지를 설명한다. 그에 따르면, 1960년대 이후 산업화된 한국 이전에, 정치 지도자들은 제국주의 및 외세에 대항하여 사람들을 동원하기 위한 기본 수단으로 민족주의를 전개하였다. 예를 들어, 일제 강점기 동안 전개된 민족주의의 종류는 독립 한국이 새로운 정치 질서를 수립하는 데 결정적인 역할을 하였다(김동노 2010: 205). 그 이후 한국의 민족주의는 민족 국가 건설, 경제 발전, 통일운동, 그리고 세계화 속에서 한국의 경제적 위상을 유지하려는 목적으로 활용되어 왔다. 김동노는 일반적으로 말해서, 더 많은 원시적 요소를 가지고 있거나 가지고 있다고 인식되는 국가일수록, 정치 지도자들은 정치적·경제적 이익을 위해 더 부지런히 그 요소들을 이용할 것이라고 지적한다. 따라서 한 국가의 국민들 사이에 혈통, 언어, 역사, 문화와 같은 원시적 요소가 공유될수록 민족주의의 정치화는 더욱 효과적이다. 그러나 김동노는 광복 시기부터 한국전쟁의 여파까지, 정치적·이념적 목표를 가진 수많은 집단들이 많은 영향력 있는 민족주의 형태를 이용하였다고 주장한다. 그 결과는 많은 유형의 '매우 배타적인 민족주의'가 만연하였다는 점에서 항상 건설적이지는 않았고 오히려 파괴적이었다. 김동노는 이것이 민족주의자들이 원하는 한국의 모습과 실제 모습 사이의 괴리에 기인한다고 설명한다(김동노 2010: 209-210). 박정희 전 대통령의 독재 정권하에서, 한국 민족주의는 더욱 배타적이 되었고 내용, 형식, 그리고 목표에서 계속 수정되었다(김동노 2010: 210).

전후 한국의 몇몇 정치적으로 동기 부여된 민족주의 단체들은 통일을 위해 노력하였기 때문에 북한 사람들을 그들의 국가 정의에 포함시키려 하였다. 박정희 정부는 그들을 공산주의자로 낙인찍고 민족주의자들을 소외시키고 가혹하게 처벌하였다. 또한 박정희 전 대통령의 경제개발 5개년계획은 민족주의라는 이름으로 추진되었다. 박정희 전 대통령의 민족주의는 국가를 통제하는 것뿐만 아니라 억압적인 정치체제를 유지하기 위해 고안된 지배적 국가주의와 맞먹는 것이었다(김동노 2010: 211-212). 중요한 것은 박정희 전 대통령의 민족주의가 그의 정권을 정당화하기 위한 핵심 메커니즘이었다는 것이다(Han and Sharp 1997). 한국인(내집단)과 비한국인(외집단) 사이에 명확한 경계를 만든 다음, '우리'가 누구인지, '우리'에 속하는 사람들을 통합하는 것이 근본적인 목표였다. 예를 들어, 박정희 전 대통령은 "이 나라에서 시민으로 태어난 사람에게 평생의 희망이 있다면 그 희망은 다른 OECD 국가들처럼 조국을 현대화하고 부유한 나라를 건설하는 것"이라고 선언하였다(김동노 2010: 213). 이 문제는 단순히 개인의 열망이 아니라 국민적 열망, 즉 한국 민족주의였다. 이 과정에서 민주주의의 근본적 요소를 이루는 개인의 권리는 민족주의를 위해 희생되었다. 실제로 시민 거버넌스가 시작된 이후에도 '선(先)경제성장, 후(後)분배' 정책은 사회적·정치적 권리를 희생시키면서 계속 우선순위를 차지하였다(Chang 2011).

김동노(2010)는 박정희의 영원한 정치적 라이벌인 김대중의 민족주의 전개에 대해서도 설명한다. 야당 지도자였던 김대중에 대한 박정희 전 대통령의 정치적 탄압하에서, 김대중은 남북통일이 한국 정통 민족주의의 회복을 가져올 것이며 박정희의 독재를 근절할 수 있는 유일한 방법이라고 주장하였다. 김대중은 집권 기간 동안 통일이 민주화의 수단이 될 수 있으며 민주화가 통일의 전제조건이 될 수 있다고 주장하였다(김동노 2010: 217). 김동노는 김대중 전 대통령의 민족주의 동원이 김구, 백기완 등 과거 민족주의 지도자들이 중요시하였던 방식과는 구별되는 민족주의적 한국인 동원이라는 점을 지적한다. 예를 들어, 김대중은 햇볕정책으로 알려진 북한과의 개방 경제 무역을 시작하였는데, 이는 이념적으로 다른 정권과 국민을 포용하려는 강한 의지의 표시였다. 김대중의 민족주의는 남북한 간의 군비 경쟁의 비용을 잠재적으로 절약하고 세계화된 세계 경제에서 통일된 한국의 잠재적인 경쟁력을 지적하였기 때문에 상당한 경제적 가치를 가지고 있었다. 김대중 대통령은 일제 강점기에 대해 매우 비판적이었지만, 세계화 시대에 잠재적 이익을 위해 일본과 긴밀히 협력할 필요가 있다고 한국 사람들을 설득하였다. 이러한 측면에서 박정희 전 대통령의 민족주의는 자신의 정권을 위한 수단이었으며, 한국인과 비한국인 사이에 분명한 경계가 형성되어 배타적 민족주의가 더욱 강화되었다. 김대중 전 대통령의 민족주의는 이념적·문화적 차이가 있더라도 누가 한국인이고 누가 한국인이 아닌지에 대한 경계를 모호하게 만들지라도 북한과 남한 사람들을 하나로 묶는 데 더 중점을 두었다. 김대중 대통령이 보기에, 한국인들은 국제 시장에서 경쟁력을 유지하기를 원한다면, 심지어 그들의 적으로 인식된 일본과도 함께 일해야만 하였다(김동노 2010: 219-221).

과거를 성찰하되 다른 사람들과 조화롭게 살아가기 위해서는 적절한 전략을 구사해야 한다는 김대중 대통령의 리더십에는 적어도 선별적으로 교훈을 얻을 수 있는 유용한 통찰이 많다고 생각한다. 그러나 한국은 앞서 논의된 두 지도자의 견해에 대해 깊은 의견 차이를 보이고 있다. 한국에서 김대중 대통령은 미국 투자자들에게 한국 경제를 개방하고 일본과의 경제관계를 더욱 정상화시켰기 때문에 한국에 대한 배신자로 여겨진다. 선견지명이 있었던 김대중 대통령에 대한 이러한 악감정은 한국인들이 '누가 한국인이고 누가 아닌가'를 더욱 강조하도록 부추기는 것으로 보인다.

10. 학력 존중주의 또는 학문 자격주의(학벌주의)

학벌주의는 자신이 습득한 기술과 지식보다는 오로지 학문적 배경에만 집중하는 경향을 말한다(Suzuki 2011). 학문적 가치와 전문적 기술은 한국에서 그것을 얻은 사람들의 삶의 기회에 가치 있는 것으로 평가되고 있다. '입시 지옥'은 한국에서 익숙한 문구이다. 이는 높은 수요를 창출하는 고등교육에 대한 개인의 욕구뿐만 아니라 한국의 모든 산업이 대학 졸업자들에게 보상을 해 주는 방식 때문에 생겨난 것이다. 현대 한국의 학벌주의는 1924년 경성제국대학교(현재의 서울대학교)가 설립되고 그곳에 학생들을 보낸 고등학교들의 평판과 명성이 높아지면서 시작되었을지도 모른다(정용교·이화경 2012: 703; 이건만 2007: 67). 최근 수십 년 동안 명문대에 많은 학생을 보내는 명망 있는 고등학교 중 일부는 서울에서 가장 부유한 지역인 강남구에 있었다(홍성태 2002: 237). 대학에 입학하는 것이 반드시 경쟁이 높은 것은 아니지만, 몇몇 명문대학들의 경쟁은 여전히 치열하다. 학문을 중시하는 유교 문화는 한국전쟁 이후 한국 산업화와 경제 발전의 핵심이었다(Han 1997). 그러나 일류 대학을 졸업하는 특권은 다른 대학 졸업생들이 기대할 수 있는 특권을 훨씬 능가한다. 사실 이것은 한국 청년들을 사회생활 초기에 양극화시킨다. 서울에 있는 1등급 대학들 및 몇몇 지역들에 이어 나머지 서울에 위치한 대학들은 2등급 집단으로 알려져 있다. 한국 지역의 나머지 대학 졸업생들은 음악, 예술, 또는 공연 기반 작업과 같은 일부 산업을 제외하고는 전문기술과 지식에 관계없이 직업 기회 측면에서 크게 제한된다. 반면에, 엘리트 대학 졸업생들은 전문적인 기회를 거의 확실하게 보장받는다.[7] 특권층의 경우 자신의 동문들로 새로운 직책을 채울 가능성이 높다. 이러한 관행으로 가장 악명 높은 고용주 중 하나는 2007년 9월에 학계의 90.9%(1,752명 중 1,593명)가 자체 졸업생이었던 서울

7 최근 몇 년간 전반적으로 청년 실업률이 크게 증가하였다.

대학교이다.[8] 대부분의 화이트칼라 직장에서 다른 대학 출신의 소수 노동자들이 미묘하지만 심각한 방식으로 지배 집단에서 배제되고 있다. 이러한 요소들은 수십 년 동안 '교육열'을 지속시키고, 한국의 교육 정책 입안자들을 어려운 상황에 있게 한 요소들이다.

김동춘(2001: 199)은 한국의 학벌주의를 현대적인 계급 체계로 간주한다. 한국에서 사회적으로 인정받는 수단으로 학벌이 부상함에 따라 자격을 갖춘 사람들에게 미치는 영향은 평생 지속된다. 이러한 맥락에서 교육의 목적은 지적 개발을 추구하거나 공익에 기여하는 법을 배우기 위한 것이 아니다. 대신, 정규교육의 목표는 오로지 계급과 지위의 달성에만 맞추어져 있고, 교육은 사회경제적 성공의 통로를 얻는 매개체가 된다(정용교·이화경 2012: 700). 따라서 부모의 전폭적인 지원을 받는 고등학생들은 명문대학 진학에 대한 우위권을 갖게 된다. 이것이 함의하는 것은 한국의 지방 대학에서 공부하는 학생들은 엄청나게 부정적인 영향을 감수하게 된다는 것이다. 정용교·이화경(2012: 709-715)은 지방 대학 학생들의 경험을 조사하여 세 가지 주요 결과를 보고하였다. 첫째, 학생들은 졸업생들이 '가고 싶은' 일자리를 찾는 데 어려움을 겪음으로써 사회에 널리 퍼져 있는 엘리트주의를 인지한다. 많은 학생들은 미래의 전망에 대해 우울해할 뿐만 아니라, 학업적으로 동기부여를 받는 것이 어렵다는 것을 알게 된다. 둘째, 학벌주의는 너무나 파괴적이어서 학생들이 '패자의 정체성'을 발달시키고 자신의 개인적 장점을 인식하기를 꺼려하게 만든다. 그들은 명문대학의 학생들이 능력과 바람직한 인성 및 성실성을 갖춘 사람들이라는 점에서 학벌주의를 통해 세상을 본다. 지역 대학생들의

---

8 「서울대 교수 10명 중 9명 자교출신」, 『한국일보』 2007년 9월 29일자.

정체성은 주변화되어 있다. 셋째, 한국의 대학에는 여러 개의 계층이 존재한다. 학벌주의는 중위권 대학 학생들이 명문대학 학생들에 대해서는 종속적인 태도를 가지지만 하위권 대학 학생들에 대해서는 지배적인 태도를 갖는다는 사고방식을 만든다. 정용교·이화경(2012: 715)은 학벌주의의 실천이 합리적인 사고를 기반으로 하는 시민 사회에 부정적인 영향을 미친다고 주장한다. 김석수(2008)는 한국에서의 학벌주의는 서울을 번영하게 하지만, 한국의 지역들을 황폐화시킨다고 주장한다. 더욱이 졸업장에 기반한 계층 구조는 인간관계가 전투적이고 분열적인 사회를 만들어 사회적 긴장과 갈등으로 이어질 가능성이 높다. 정용교·이화경(2012: 715)도 이러한 사회에 차별 의식이 만연할 것이라고 지적한다. 이들은 21세기 한국 시민 사회가 극복해야 할 문제가 바로 학벌주의라고 주장한다.

김석수(2008)는 한국의 경제 생산이 단순히 경제 구조를 재생산하는 데 그치지 않고, 한국의 문화 영역 안에서 계급 제도를 만들고 재창조하는 일, 즉 누가 어떤 종류의 문화에 접근할 수 있느냐의 문제라고 주장한다. 그리고 학벌주의는 그것의 촉매제이며 한국 문화권 내에서 계급 제도를 재창조하는 데 중요한 역할을 한다. 학벌주의는 또한 다양한 문화 상품에 대한 사람들의 접근 측면에서 계급 동원을 점점 더 어렵게 만든다. 김석수는 한국인의 근대성에 바탕을 둔 학벌주의가 친족이나 가까운 지인을 절대적으로 아끼지만 혈통이나 기득권을 공유하지 않는 사람들에 대해서는 거의 고려하지 않는 '전통적 가족주의'와 얽혀 있다고 주장한다. 학벌주의와 가족주의가 결합하면서 '학벌 공동체'가 형성되어 한국 사회의 갈등 수위가 계속 깊어지고 있다(김석수 2008). 김석수에 따르면, 학벌주의의 효과는 상징적으로 폭력적이며 학벌주의를 극복하지 않으면 한국인의 삶은 인도적이 될 수 없다. 홍성태(2002)는 학벌주의가 현대 교육이라는 이름으로 가린 원칙으로 투영되기 때문에 지역적 적대감보다 훨씬 심각하다고 덧붙인다. 현실에서, 학벌주의는 특정 집단의 사람들이 타당한 근거 없이 특권이나 차별을 받는 것을 당연하게 여긴다. 그러므로 학벌주의는 완전히 전근대적이다(홍성태 2002: 234).

학벌주의는 또한 블루칼라 직업에 필요한 직업 훈련을 무시하는 경향을 낳는다. 이것은 블루칼라 노동력이 크게 부족한 이유 중 하나이다. 대부분의 한국 젊은이들은 그들이 선택한 직업생활을 하고 싶어 하기 때문에 대학교육을 받았다. 예를 들어, 1980년에 80%의 중고등학교 학생들이 대학에 진학하였다. 화이트칼라 일자리를 확보하기 위한 경쟁은 치열하지만 블루칼라 일자리를 얕잡아 본다(이병욱 2005). 이것은 부분적으로 1990년대 이후 외국인 노동자가 대거 유입된 이유이다. 이러한 맥락에서, 외국인들은 그들이 원하는 종류의 환대를 받지 못한다.

11. 졸부적 민족주의/인종주의 촉발

앞서 논의한 구조적 특성은 한국 사회의 과도기적 요인으로 자리 잡았다. 이러한 핵심 요소들이 계속해서 한국 사회의 폭넓은 문화를 구성하고 있다. 둘 이상의 핵심 요소들이 결합되면, 예를 들어 차별과 같은 시너지 효과를 발생시킨다. 그동안 사람들이나 사회 행위자들은 주어진 맥락을 최대한 활용하려고 노력한다. 이러한 구조적 특성들은 한국 사회의 다른 분야와 한국 사회의 다른 역사적 시점에 따라 배태되어 있으며 계속해서 다르게 변형되고 표현된다. 일부 개별 행위자는 자신의 관심을 추구하거나 표현하는데 더 적극적으로 참여하지만, 다른 행위자는 그렇지 않다. 분석적으로 말하자면, 주어진 맥락이나 과도기적인 요소들은 차별의 행사를 가능하게 한다. 최근 몇 년 동안, 이러한 맥락은 만연한 자본주의와 부유하지 않은 국가 출신의 외국인들에 대한 초청과 결합되었다. 따라서 차별의 징후는 주목할 만한 비율의 한국인들에 의해 촉발되었다. 한국에서의 민족주의가 잠재적으로 갖는 부정적 또는 긍정적인 기여에 대해 신기욱이 주장하는 바와 같이(Shin 2006), 나는 한국 사회의 특정한 맥락과 더 넓은 국제적 맥락에서 두 차원을 모두 이해할 필요가 있다는 것을 발견하였다. 의심할 여지없이, 한국 민족주의는 특히 1997년 아시아 경제 위기와 같은 어려운 시기에, 한국인들이 그들의 나라를 돕기 위해 금모으기를 통하여, 한국의 국가 정체성을 강하게 강화해 왔다.[9] 다만 이 책의 초점인 한국의 민족관계에서 민족주의가 파괴적으로 나타난 것도 사실이다.

한국의 사회·경제·문화적 맥락의 구조적 특성이 개인과 국가의 자본주의 이익과 결합할 때 졸부적 민족주의가 촉발되고 발현될 수 있다. 앞서 설명하였듯이, 사회문화적 시스템은 한국 사회에서 작동하고 있으며, 수십 년 동안 그리고 심지어 1990년대 이전까지 한국인들 사이에 긍정적이거나 부정적인 차별이나 대우에 상당한 영향을 미쳤다. 그러나 한국이 외국인 유입을 경험하고 국내외를 막론하고 차별적 대우를 한 것은 1988년 서울올림픽 이후부터 1990년대를 맞이하면서이다. 앞서 간략히 지적하였듯이, 조하나·박은혜(2013)는 한국인들이 외국인을 대할 때 사용하는 중요한 기준 중 하나는 외국인 출신국의 경제력 수준이라는 연구 결과를 보여 주고 있다. 이 과정에서 경

9 "Koreans Give up Their Gold to Help Their Country," *BBC News* 1998년 1월 14일자.

제협력개발기구(OECD) 출신에 대한 한국인의 동경은 과도하며, 개발도상국 출신에 대한 차별과 경멸도 극심하다(유승무·이태정 2006). 강지영(2007)과 오미영(2009)은 또한 한국인들이 백인들에게 매우 호의적이고, 덜 부유한 나라에서 온 부모들의 자녀들에 대해 차별적이라는 것을 발견하였다. 즉, 한국인들은 OECD 국가들의 사람들은 존경하지만, 부유하지 않은 나라들의 사람들은 얕잡아 본다는 것이다(정현숙 2004).

왜 1990년대 이후 졸부적 민족주의가 활발하게 촉발되었는가? 산업화 및 현대화와 더불어 한정된 자원을 가진 한국 경제는 점점 더 경쟁력을 갖추게 되었고, 한국인들은 미디어를 통해 세계 다른 지역에 대해 잘 알게 되었다. 한국인들은 그 어느 때보다도 더 자주 여행할 수 있다. 그들은 이제 더 저렴한 노동력이나 구체적인 지식을 제공하는 외국인을 고용할 수 있다. 따라서 1990년대 이전까지 한국인들은 외국인과 결혼한 여성들의 자녀를 포함하여 한국인 자신들끼리 차별을 하곤 하였다. 다만, 한국인들은 외국인 유입에 직면하지 않았기 때문에 그들의 차별은 국경 내에 머물렀다. 하지만 외국인에 대한 차별을 뒷받침할 수 있는 새로운 특성들이 분명히 존재하였다. 한국인들이 해외, 특히 아시아의 다른 지역으로 여행을 다니고 많은 외국인 노동자들을 만나면서, 졸부적 민족주의/인종주의는 분명해지고 명백해졌다.

[그림 2-1]은 T^1부터 T^4까지의 기간 동안 차별적 문화의 재생산에 대한 사실주의적 이해를 나타낸 것이다. 과거 혹은 T^2 이전 한국 사회와 역사의 맥락에서 구조적 수준의 창발적 속성이 있었다. 나는 이 책에서 T^2가 1990년대를 가리킨다고 제안한다. 한국적 맥락에서 발생하는 속성은 T^2부터 T^3까지의 시대를 살아가는 한국인 또는 행위자가 이미 존재하였으며, 창발적 속성은 행위자가 무엇을 하고, 행위자가 새로 입국한 외국인, 즉 '새로운 한국인'이 하

그림 2-1 한국의 차별적 문화의 재생산

구조적 맥락과 사회문화적 및 역사적 맥락

(역사적 요인들: 순혈주의;
지역감정; 학벌주의;
사회문화적 요인들: 민족주의의 정치화)
T^1

사회적 상호 작용

(외국인에 대한 차별;
졸부적 민족주의의 작동)
T^2 T^3

구조적 정교화

(차별적 문화들의 재생산;
문화들에 대한 몇 가지 수정)
T^4

자료: Archer(1995) 참조.

는 일뿐만 아니라 이들과 어떻게 교류하는지를 제한할 수 있다. 개별 행위 주체는 주어진 상황, 즉 결정이 아닌 조건 속에서 최선을 다하거나 자신의 길을 나아간다.

다만 개별 행위자들은 한국인으로서의 권리 또는 정체성을 행사하는지 여부와 외국인과 어떻게 상호 작용하는지와 관련해 자신의 자율권을 갖는다. 일부 개인은 사회적 맥락에 포함된 구조적 요인에 의해 완전히 영향을 받을 수 있는데, 그렇게 하는 것이 유익하거나 다수와의 제휴를 도울 수 있기 때문이다. 다른 사람들은 부분적으로 또는 완전히 다른 행동을 취하기로 결정할 수 있다. 결과적으로, 한국 사회는 개별 행위자들이 사회 구조에 변화를 줌으로써 T^2에서 T^3으로 변화를 겪게 된다. 변화를 겪기 시작한 한국 사회는 변모하였고, T^4의 정점에 있는 한국 사회는 T^2와 다르다. 즉, T^4는 T^1과 T^3의 조합의 결과이다. 한국 사회는 과거의 (차별적으로 남아 있는) 구조적 맥락을 재현하거나 (포용적으로 되는) 더 나은 방향으로 수정하거나 그 사이에 어딘가에 머물러 있다. 그리하여 한국 사회의 새로운 사회 구조가 새로운 시대를 향해 정교화되고 있다.

제3장

한국의 인종차별금지법 제정 투쟁: 반체제적인 민중의 시각

우연한 국제 경제 맥락과 함께, 한국의 적극적인 개방 경제 정책은 지난 수십 년 동안 전례 없는 경제 성공 스토리를 위한 기반을 닦았다. 한국은 글로벌 세계에서 개방적인 정치적·문화적 참여를 지속하며 재정적 이익과 영향력을 극대화하고 있다. 국제적으로 또 재정적으로 이득이 되는 모험에 참여하려는 한국의 노력은 전략적이며 세계적으로 훈련된 두뇌 권력(brain power)과 한국 산업에 힘을 실어 주는 수입 노동자들에 의해 뒷받침된다. 2011년 9월 현재 한국에 거주하는 외국인은 141만 8,000명으로, 한국 인구의 3%를 차지한다.[1] 그들은 그 이후로 매년 11%씩 증가해 왔다. 외국인들은 한국인들이 기피하는 일자리에 값싼 노동력을 제공하는데, 여기에는 외국인 여성과 결혼한 농촌 남성들도 포함되어 있다. 이는 부분적으로 한국 여성들이 농촌 사회에 정착하기를 꺼리기 때문이다. 또한 많은 수의 영어 사용자들이 원어민들로부터 영어 배우기를 열망하는 한국인들에게 영어를 가르친다.[2]

그러나 한국인들이 한국 내에서 이민자들과 외국인 노동자들을 윤리적으로 그리고 적절하게 대우해 왔는지에 대한 의문은 지난 수십 년 동안 한국 번영의 어두운 측면으로 밝혀졌다. 한국에 거주하는 외국인 3,547명을 대상으로 한 조사 결과에 따르면, 한국 국적을 취득한 외국인 504명 중 67%가 한국인들이 한국에 사는 '외국인'에게 차별적이라고 답하였다.[3] 백인과 비백인에 대한 한국인의 이중 잣대가 눈에 띈다. 예를 들어, 파키스탄인과 결혼한 한국

1 숫자는 2014년 4월까지 164만 명, 즉 대한민국 인구의 3%로 증가하였다. 란코프(2014)를 참조하시오.

2 "South Koreans Struggle with Race," *The New York Times* 2009년 11월 1일자; 「한국외국인력지원센터 이하룡 센터장 "反다문화주의, 아직은 불평 수준 이민청 같은 정부기관 만들어야"」, 『국민일보』 2011년 12월 1일자.

3 「횡설수설 박성원: 외국인 차별」, 『동아일보』 2009년 10월 31일자; 「국외 출생 이중 국적자 95% 이상 '한미 이중 국적'」, 『아시아경제』 2009년 10월 31일자.

여성은 자신이 '일탈자'인 것처럼 느껴져 남편과 함께 여행할 때 대중교통을 이용하지 않는다. 그리고 버스 안에서 잠이 든 동남아 남성은 버스 기사가 허벅지를 걷어차는 바람에 버스터미널에서 깨어났다. 반면 학원에서 영어를 가르치고 있는 한 미국인은 매일 저녁 학생들에게서 받은 넥타이, 지갑, 속옷, 인삼 등 많은 종류의 선물을 받았다(김동률 2009).

대부분 문헌 연구에 기반한 선행 연구들은 한국의 인종차별에 대한 현재의 입장에 대한 설득력 있는 설명을 제공해 왔다. 본 연구는 심층 면접을 통해 대중을 직접적으로 연구에 참여시키지는 않지만, 다양한 매체를 통해 표출되는 다문화주의에 반대하는 여론을 살펴봄으로써 이를 이해하고자 한다. 이 분석은 특히 인종차별 금지 법안이 뒷받침하고 있는 다문화주의의 진전에 어려움을 느끼는 사람들이나 고민하는 사람들의 입장에서 다문화주의에 대한 우려를 드러낼 것이다. 한국 사회가 다문화 사회로 발전하면서 외국인 노동자 대책 시민연대, 다문화 정책 반대 등 시민운동가들의 운동과 인터넷 토론 포럼을 통해 표출되는 저항이 확산되고 있다.[4] 인터넷은 이러한 단체들이 그들의 합법성에 상관없이 그들의 의견을 말하는 데 가치가 있는 것으로 입증되었다.

이 장의 목적은 (1) 인종차별금지법 제정에 반대하는 목소리를 분석하는 것이며, (2) 반대 목소리를 만들어 내는 한국 사회의 사회경제적 맥락의 배경을 제공하는 것이다. 이 장의 배경을 설명하기 전에 먼저 한국의 다문화주의, 즉 다문화주의 개념에 대해 간략히 짚어 볼 필요가 있다. 다문화주의는 원래 타인을 '주류' 문화로 동화시켜 정치적·경제적 기회를 공유하기보다는 인종

4 「"왜 우리 밥그릇·일자리 빼앗나" 온라인에서 오프라인으로 … 反다문화주의자들의 역습」, 『국민일보』 2011년 12월 1일자.

적·문화적 차이를 포용하는 이데올로기를 의미하였다. 다문화는 문자 그대로 '많은 문화'를 의미한다. 다문화주의가 서양 일부 지역의 일부 집단에 대해 약간 부정적인 의미를 내포하고 있는 것처럼, 다문화주의는 한국에서 잘 이해되지 않고 종종 부정적으로 이해된다. 이는 한국 다문화의 발달 초기 단계와 밀접한 관련이 있다. 또한 이민자 관리의 세 가지 모델 중 한국 정부는 '동화주의자'와 '다문화주의자' 모델을 피하고 이민자들이 고용 시장과 같은 선택된 영역에 접근할 수는 있지만 복지와 시민권과 같은 권리에 '공정한' 접근을 하지 못하게 하는 '차별적 배제 모델'을 채택하였다(Castles and Miller 2003: 249-252; 고숙희 2009).

1. 배경

몇몇 사건들이 인종차별 정도에 대한 심각한 우려를 불러일으키며, 인종차별금지법의 입법 필요성에 대한 논쟁에 불을 지폈다. 첫째, 시민운동단체인 '아시아의 친구들'은 2009년 7월 서울에서 '아시아 결혼 이주자의 법적 지위와 현실'에 관한 국제회의를 준비하고 있었다. 홍콩에 초대된 필리핀 가정부가 홍콩 주재 한국 영사관을 통해 비자를 신청하였지만, 이미 한국에 있는 필리핀인 중 불법체류자가 많다는 이유로 신청이 반려되었다. 영사관 직원은 개인의 공과에 따라 결정하기보다는 비자 발급에 대한 고정 관념을 강요할 수 있는 완전한 권리를 가진 것처럼 행동하였다.[5]

5 「욕설 봉변당한 인도인, 불법체류자 취급한 경찰」, 『오마이뉴스』 2009년 7월 16일자.

둘째, 2009년 7월 10일, 한국의 한 대학교(성공회대)에서 연구원으로 일하고 있는 28세의 인도 학자인 보노짓 후세인(Bonojit Hussain) 씨가 부천에서 한국인 시민운동가 한 씨와 함께 버스를 타고 여행을 하고 있었다(『오마이뉴스』 2009. 7. 16). '잘 차려입었지만 술에 취한 한국인 남성' 박 모 씨(31세)는 후세인 씨의 냄새가 싫다는 이유로 인도 학자에게 폭행을 가하였다. 후세인과 시민운동가 한 씨는 박 씨를 경찰서로 데려갔다. 하지만 오히려 후세인의 신분증은 그가 학자가 되기에는 너무 어리다고 여겨져 압수되었다. 유교 전통이 오래된 한국 사회에서 대학 교수 자리에 있던 한 젊은 인도인이 박 씨와 경찰관에게 질투심을 불러일으켰을 수도 있다. 경찰은 경찰이 신분을 확인하는 동안 후세인 씨를 계속 폭행한 박 씨와 그를 물리적으로 분리하지도 않았다(*The New York Times* 2009. 11. 1).

이경태는 이 두 사건을 보도하면서 앞서 언급한 국제회의의 한국 코디네이터인 이안지영의 말을 인용하며, 한국 정부의 인종차별에 대한 접근 방식이 "돈이 많은 외국 기업인은 환영하고 돈이 없는 외국인 가사 노동자는 출입을 거부하는 꼴"이라고 주장한다. 이것은 졸부적 민족주의의 본질적 특징이다. 버스 폭행 사건은 한국인의 차별적 언행에 대한 혐의가 적용된 국내 첫 사례였다. 그러나 그 혐의가 경미하고, 박 씨의 행동이 사전 계획된 것이 아니며 인종차별을 처벌할 수 있는 한국법이 없었기 때문에, 미화 1,000달러의 벌금이 부과된 것에 그쳤다.[6] 하지만 이 사건을 계기로 인종차별금지법 제정의 필요성이 대두되었다.[7] 이 법안은 각계의 반체제 인사들의 반발로 입법이 완성

6 원고 전체에 걸쳐 있는 달러 단위는 미국 달러이다. 공교롭게도 2012년부터 2014년까지 원고의 상당 부분이 준비되었던 그 기간 중에, 미국 1달러는 호주 1달러에 육박하였다.

7 「'외국인에 인종차별 발언' 첫 기소」, 『한겨레』 2009년 9월 7일자.

되지 못하였지만, "백인과 비백인을 차별하는 한국인의 이중적 잣대는 인종에 대한 선입견과 편견이 얼마나 심각한지를 잘 보여 준다"는 후세인의 말에 많은 국민이 공감하고 있다.[8] 이것은 다시 졸부적 민족주의를 특징짓는다.

셋째, 귀화한 한국인 신부는 2011년 9월 25일 한국에서 두 번째로 큰 도시인 부산의 공중목욕탕 출입을 거부당하였다. 구수진 씨는 2002년 우즈베키스탄에서 이민을 와 한국인과 결혼하여 2009년 대한민국 국민이 되었다. 외관상 한국인이 아니라는 이유로 공중목욕탕 입장을 거부당하였기 때문에, 구수진 씨는 그녀의 한국 국적을 증명하기 위해 신분증을 제시하였다. 목욕탕 주인은 어쨌든 "구수진 씨가 한국인처럼 보이지 않았고 한국인 고객들은 공중목욕탕을 외국인들과 공유하는 것을 좋아하지 않으며 에이즈에 걸릴 위험이 있다"고 대답하였다. 이 사건은 한국에 거주하는 외국인에 대한 한국 대중의 인식이 널리 퍼져 있음을 보여 주며, 이 법안의 필요성을 다시 한번 강조한다.[9]

2. 문헌 고찰

한국의 민족학(ethnic studies) 역사는 선교사 등 외국인에 대한 선행 연구가 적지 않지만 1990년대 이후 외국인 노동자의 주요 유입의 역사만큼 짧은 편이다. 그러나 정부 정책과 특히 외국인 노동자 차별이 만연한 문화에 비판적인 경향이 있는 몇 가지 통찰력 있는 연구들이 존재한다. 나는 이 섹션에서 세

8 「인종차별금지 법제화 시급하다」, 『경향신문』 2009년 9월 7일자.
9 「"AIDS 우려" … 사우나 거부당한 우즈베크女」, 『문화일보』 2011년 10월 13일자.

가지 중요한 연구에 대해 논의할 것이다. 그리고 나서 인종차별 연구에 대한 비판적 사실주의 관점을 설명하기 위해 그들의 통찰력을 사용할 것이다.

박노자(2002a: 166-168)는 현대 한국 인종차별의 역사적 기원을 추적한다. 박노자는 1876년 강화도조약 이전에는 '인종'이나 '인종차별'과 같은 단어가 존재하지 않았다고 주장한다. 한국의 정권과 지식인들은 외세와의 교류와 해외에서의 만남을 통해 인종차별 개념에 노출되었지만 반드시 가해자를 비난하지는 않았다. 예를 들어, 윤치호는 1880년대 후반에 미국에서 유학한 최초의 한국 근대 지식인이었다. 그는 인종적 배경 때문에 매일 차별을 당하였고, 신체적 상처뿐 아니라 많은 심리적 상처를 입었다. 그러나 윤치호는 차별의 희생자들을 비난하고 아프리카계 미국인들의 민족 문화와 인종적 열등감을 받아들이는 사회적 다윈주의의 정당성을 받아들였다. 서재필은 미국에서 의학을 공부하고, 인종차별을 겪은 또 다른 근대 지식인이었다. 그는 일제로부터 한국의 독립운동에 많은 노력을 기울였다. 서재필은 1898년 4월 7일 한국 최초의 신문 『독립신문』을 창간하였다. 윤치호와 서재필은 『독립신문』의 발행인으로서, 조선 인종의 우월성과 중국인의 열등함을 주장하였으나, 서재필은 훗날 인종차별의 부적절함을 인정하였다(박노자 2002a: 170). 박노자(2002a: 168-169)는 이러한 인종 간 질적 격차에 대한 수용이 오늘날 한국에서 동남아시아 노동자들에 대한 명백한 인종차별의 길을 열었다고 주장한다.

이희은 외(2007)는 한국의 TV 광고가 '달갑지 않은/내키지 않는 토큰주의'로서 다양한 민족적 배경을 가진 사람들을 포함하지만, 그 광고에 참여하는 비(非)한국인들은 주변적인 역할을 수행한다는 설득력 있는 주장을 제공한다(Green 1999; Kim and Chung 2005; O'Boyle 2006; Taylor et al. 1995: 608). 이러한 견해는 때때로 다문화주의가 힘과 돈을 나누기보다는 민족 음식과 의상을 공유하는 것에 지나지 않는다는 주장과 맥을 같이한다(Hage 2000; Stratton 1998). '달갑지 않은 토큰주의'와 유사하게 '전략적 다문화주의'는 소수자 집단이 다문화주의의 이상적인 목표를 달성하겠다는 의지 없이 민족 공동체에 '립서비스' 뿐만 아니라 상업적 가치를 제공할 때에만 이들이 광고하는 것을 환영한다(O'Boyle 2006). 이희은 외(2007)는 이것이 한국 TV 광고에서 널리 행해지고 있음을 발견하였다. 이들은 한국 대중이 다문화주의의 개념에 대해 거의 이해하지 못하고 있다고 주장한다. 정부 문건들은 다문화주의가 민족중심주의에 반대한다는 것을 인정하지만, 피상적인 종류의 다문화주의만 옹호된다. 이러한 피상적 다문화주의는 국가 정체성이 다문화주의에 의해 전혀 영향을 받지 않는 선에서 허용된다. 즉, 한국 국민들은 한국의 국가 정체성에 어떠한 변화도 기대하지 않으며, 그들이 외국인 노동자들에게 기대하는 것은 단순히 한국 자본주의의 번영에 기여할 수 있는 그들의 노동력뿐이다.

박경태(1999)는 한국의 외국인 노동자, 중국인 이민자, 혼혈인에 대한 차별의 체계적인 집행을 정치적, 문화적으로 분석하였다. 예를 들어, 정부 규제는 오랫동안 토지와 재산의 소유에 대한 다양한 법적 제한을 두어 왔다. 중국인 거주자들은 근본적으로 모든 종류의 사회적 및 전문적 네트워크를 개발할 수 있는 기회를 차단당하였다. 한국은 중국인들이 제한된 범위의 요리를 준비할 수 있는 중식당 운영 외에 사업을 키울 수 없는 유일한 국가라고 알려져 있다(국백령 1991).

중요한 것은 박경태의 연구가 현대 한국의 인종차별을 이해할 수 있는 통찰력 있는 시각을 제공한다는 점이다. 박경태(1999: 202-203)에 따르면, 식민주의와 자본주의의 세계적 팽창주의는 전형적으로 인종차별을 수반한다. 자본주의는 개방 경쟁과 적자생존을 통해 끊임없이 정당화되는 불평등한 시스템이다. 이 과정에서, 승자들은 권력과 돈, 또는 '가장 중요한 것으로 간주되는 그 무엇'을 받고, 패자는 배제되고 처벌된다. 그러나 지배 계급에게 정치적으로 부담이 되는 민주적 자본주의 사회하에서 경제적 기회의 패자(불이익자)들을 강탈하는 것은 부당한 것으로 간주된다. 이러한 맥락에서, 불우한 집단이나 '가지지 못한 자들'이 국가나 인종의 이름으로 그들의 계급과 지위에 대해 비난받을 수 있다면, 그것은 지배 계급에게 엄청난 안도가 된다. 따라서 인종차별은 자본주의하에서 불평등을 정당화하고 합법화하는 이데올로기로 작용한다.

한국인이 '한국적 정체성'을 가지기 위해 어떤 자질이 필요하다고 생각하는지를 측정하여 소수자에 대한 한국인의 태도를 조사한 경험적 연구는 몇 차례 있었다. 연구 결과의 공통점은 정치적 소속감/시민권, 한국어 사용, 한국어 감정, 문화 적응이 한국인 부모에게서 태어나는 것만큼이나 중요하다는 것이다(최현 2007: 165; 강원택 2007; 윤인진 외 2010b; 윤인진·송영호 2011). 최현(2007)과 윤인진 외(2010b)는 또한 한국인 정체성의 민족 계보 요소가 일반적으로 일본인, 필리핀인, 폴란드인, 아일랜드인 또는 남아프리카인의 정체성보다 강하지 않다고 보고하였다. 그러나 최현(2007)은 한국 계보보다 정치적 소속감/시민권이 한국인의 정체성을 구성한다는 확실한 증거는 없다고 지적한다. 이는 한국인의 '타인' 수용 의지의 수준이 상대적으로 높다는 뜻으로 해석되는데, 나는 이것이 완전히 설득력이 있는 것은 아니라고 사려된다. 이러한 연구들은 '다문화 수용'과 '국민 동질성의 자부심 수준' 등 변수 간의 상관관계를 찾아내는 등 가치가 있다. 황정미(2010: 180)는 발전된 연구 결과를 제시하며 소수민족(외국인)에게 '시민권과 포용'을 부여하는 것을 옹호하는 한국인들은, 외국인들은 외국인 수의 증가로 인한 잠재적인 부정적 측면에 대해 우려하지 않을 것이라고 주장하지만, 그들이 외국인들에게 내국인이 누리는 기회와 동등한 기회를 제공하기 위한 차별 철폐 조치를 반드시 지지한다는 것을 보여주지도 않는다고 주장한다(최현 2007: 165). 하지만 대다수의 한국인들은 한국에서 태어난 사람들이 한국 시민권을 받아야 한다는 생각에 동의한다. 최현(2007: 159)은 또한 한국인들은 유럽인들을 기꺼이 받아들이지만 개발도상국 사람들은 받아들이기를 꺼린다고 지적한다.

그러나 현재 문헌들의 주요 신조는 한국인 부모에게서 태어나 한국어를 구사하는 것보다 '한국인으로서의 느낌'과 '한국 국적 보유'가 '한국인으로 인정받기 위해 필요한 것'이라고 생각하는 것으로, 이는 한국인들이 다문화주의를 받아들일 준비가 비교적 잘 되어 있다는 의미로 해석된다(최현 2007). 이러한 실증적 제안은 박경태(1999)와 이희은 외(2007)의 연구 결과와 극명한 대조를 이룬다. 이러한 '긍정적'인 연구 결과는 오랜 기간 동안 한국 민족을 특징지었던 단일문화주의와 민족적 동질성을 고려할 때 다소 놀라운 것이다(황정미 2010: 160-161).[10] 최현(2007)은 그 이유에 대한 추가 연구를 제안한다. 이러한 대비에 대해서는 몇 가지 설명이 있을 수 있다.

첫째, "한국인으로 인정받기 위해서"라는 설문 문항은 주어가 없지만, 여기서 주어는 한국인이 아닌 외국인을 가리킨다. 태생적 한국인들은 한국인 부모가 있기 때문에 이 질문의 대상이 될 수 없다. 즉, 이 질문은 '외국인이 한국인으로 인정받기 위해 필요한 것은 무엇인가?'를 의미하는 듯 보인다. 외국인은 어떠한 경우에도 한국인 부모를 가질 수 없지만 정치적 시민권 그리고/또는 한국에 대한 문화적 적응을 추구할 수 있다. 연구 참가자들(한국인)은 한

10 한국인들이 실제로 민족적 동질성을 유지해 왔는지 여부는 추가적인 연구가 필요한 별개의 문제이다.

국 계보를 취득하는 것과 같은 비자발적 선택보다는 정치적 시민권 및/또는 문화 적응 같은 자발적인 선택을 하게 된다.

둘째, 연구 참가자들이 응답하는 방식에 사회적 바람직성에 대한 편견이 중요한 역할을 하였을 가능성이 있다. 이러한 유형의 담론 분석은 사회경제적 구조를 뒷받침할 여지가 거의 없다. 즉, 실증주의 경험론은 사건과 관련해 인과관계를 찾는 반면, 사실주의적 접근은 생성 메커니즘 내에서 그것들을 찾는다.

셋째, 그들이 옳다고 생각하는 일과 실제로 일어나고 있는 일(즉, 그들이 실제로 하는 일) 사이에 격차가 있을 수 있다. 이는 주어진 사회 구조에 의해 뒷받침되는 실제 경험보다는 가설적인 질문을 하는 설문 조사 연구의 한계를 제기한다. 한국인뿐만 아니라 외국인들의 경험에 대한 미디어 리포트에 내재된 내러티브 분석은 외국인에 대한 한국인의 태도를 확인하는 방법이 될 수 있다. 이것이 이 장에서 다룰 과제이다.

3. 다른 OECD 국가들과 한국의 인종차별금지법

'자국이 아닌 다른 국가에 고용된 노동자의 이익을 보호하는 것'은 국제노동기구(ILO)의 헌법적 의무이다. ILO의 고용 이주 지부는 특히 '이주자의 기회와 대우의 평등과 권리와 존엄의 보호'를 높이는 데 관심이 있다(Ventura 1995: iv). 많은 국가들이 ILO 협약을 비준하였다. 미국은 1964년 시민권법(Civil Rights Act)을 제정하였다. 호주에서 인종과 관련된 법률은 1975년 인종차별법과 1986년 인권 및 기회균등위원회법을 포함한다. 1982년 4월 17일 캐나다 인권 및 자유 헌장은 인종차별금지법을 제정하였다. 독일은 2006년에 일반평등법을 제정하였다. 홍콩의 인종차별 조례는 2008년 7월에 제정되어 2009년 7월 10일부터 시행되고 있다.[11] 홍콩은 반세기 이상 다문화 사회였지만, 외국인 노동자들은 인종과 국적 때문에 차별을 받는 경우가 많다. 한국의 한 온라인 뉴스 사이트 『오마이뉴스』는 홍콩은 적어도 두 가지 다른 얼굴을 가지고 있다고 보도하지만,[12] 나는 한국도 차별 문화와 관련하여 같은 비판을 피할 수 없다고 생각한다.

그러나 ILO 협약 비준이나 각 수용국의 인종차별 금지 법안과 관계없이 인종차별에 대한 우려는 계속되고 있다. 예를 들어, 온타리오 인권위원회가 작성한 1977년 보고서는 명백하고 은밀하며 폭력적이고 미묘한 형태의 인종차별과 적대감을 실제로 보고하였다(OHRC 1977). 1980년대 후반까지, 캐나다인들은 민족적 다양성에 대해 매우 우려하게 되었다. 캐나다인의 4분의 3은 이민자들이 자신들에게 차별을 가하였다고 믿으며 인종적 편협함의 희생자들을 비난하였다(Ventura 1995; White 1991: 82). 불행하게도, 이러한 캐나다인들의 경험은 고립된 경우가 아니다. 오히려, 인종차별은 국가마다 어느 정도의 차이가 있지만, 전 세계적으로 널리 퍼져 있다. 성공적인 다문화주의를 가진 또 다른 국가인 호주는 2005년 크로눌라(Cronulla) 폭동과 2007년 언론 매체의 수단 청소년 비방(아프리카 이민자를 호주 정부가 잠정적으로 제한한 것과 관계된) 같은 거리나 직장에서의 편협한 사례를 수시로 제시하고 있다. 2007년 노블 파크(Noble Park) 기차역에서 백인 인종차별주의자 2명이 19세의 립 고니(Liep Gony)

---

11 "Race Discrimination Ordinance (Cap. 602)," Equal Opportunities Commission 웹사이트(2015. 1. 15 접속).

12 「"백인? 오케이" "인도인? 오 노~"」, 『오마이뉴스』 2009년 3월 24일자.

를 살해하였다. 이러한 점에서 다문화주의 개념이 비교적 새로운 한국에서 인종적 편견에 대한 보고를 자주 듣는 것은 놀라운 일이 아니다. 그러나 이것은 결코 편견을 정당화하지 않는다. 오히려, 인종적 편견의 널리 퍼진 표현의 형태를 감시하고 인종적 평등을 촉진하기 위한 공동의 노력에서 도전 과제를 식별하는 것이 중요하다.

1965년 12월 21일, 156개국이 '모든 형태의 인종차별 철폐'에 관한 유엔 협약을 채택하였다.[13] 대한민국은 1978년 12월 5일 이 협약에 가입하였다(OHCHR 1991). 외국인 노동자들을 통제하기 위한 새로운 법안들은 한국의 짧은 다문화주의의 역사에서 빠르게 입법되고 시행되었다. 예를 들어, 2010년 4월 21일에 개정된 출입국 및 세관 규정에는 "외국인이 비자를 갱신할 때 지문과 얼굴 정보를 수집할 수 있다"(정용찬 2010: 45)는 중요한 변화가 있었다. 이것은 순수하게 얼굴·언어·신체적 특성을 근거로 이들을 '잠재적 범죄자'로 의심하고 꼬리표를 붙이는 것인데, 이는 대한민국 국민에게는 부과되지 않는다.[14] 이 행위는 사실상 차별이다. 새로 제정된 이 법안은 국가 이미지에 악영향을 미칠 수 있다는 우려로 2003년 외국인 지문 채취 규정을 포기한 것을 뒤집기 위해 마련되었다(정용찬 2010: 46). 이번 외국인 지문 채취 복원은 출입국·세관 규정의 시계를 거꾸로 돌려, 지문 채취를 거부하는 사람들에게 재입국을 금지하거나 심각한 불이익을 주는 것이 분명하였다. 2010년 규제의 결과는 (1) 미등록 노동자의 범죄자화, (2) 외국인에 대한 경찰 순찰의 합법화, (3) 민족 공동체의 해체를 포함한다. 이 규정의 가장 근본적인 결함은 행정요건

13 당시 한민족 인구가 단일 민족이라는 평가를 받던 시절 한국이 이 위원회에 참여하기 위해 가장 급박한 이슈는 무엇이었는지 궁금하다.

14 생체 인식을 적용하는 다른 나라로는 호주, 뉴질랜드, 영국, 미국, 노르웨이, 이탈리아, 네덜란드, 이스라엘, 이라크, 인도, 캐나다 등이 있다.

위반을 형사범죄와 동일시하는 것이다.

2007년 한국 국회에서 인종차별금지법을 처음 제정하려는 시도는, 비록 헛수고였지만, 유엔 인종차별철폐위원회의 권고에 따른 반작용이었다.[15] 정부나 산업계 모두 인종차별금지법과 관련된 법률의 개혁을 꺼리고 있기 때문에 인종적 편견의 확인에 변화를 가져오기 위한 진지한 이니셔티브를 보이지 않고 있다. 아마도 그들은 지난 수십 년간 한국의 번영을 지탱해 온 자본주의 체제의 내재된 문제점들을 드러내고 싶어 하지 않을 것이다. 외국인 노동자가 겪는 문제를 진지하고 효과적으로 다룬다면 근로조건과 노동자에 대한 보상이 개선될 가능성이 높다. 이는 산업체를 위한 '노동자 예비군'의 축소를 의미하기도 하기 때문에, 아마도 외국인 노동자와 한국 출신의 혜택 받지 못한 노동자 사이의 긴장을 그대로 두는 것이 낫다고 생각할 수도 있다. 한국 정부는 국민 대다수가 반대하는 개혁안으로부터 가시적인 이익을 기대하지 않는다. 이는 타자에 대한 기존의 차별 문화가 한국 문화 시스템에 남아 있게 되는 결과를 낳는다. 2009년에는 전병헌 의원이 국회에 인종차별금지법안을 상정하겠다는 계획을 밝힌 바 있다. 그러나 이 계획은 일부 산업 분야와 보수적인 기독교 단체들로부터 강한 반대에 부딪혔다(이재산 2013). 김재연·김한길·최원식 의원은 이 법 제정에 적극 나섰지만, 김한길·최원식 의원은 성소수자를 인정하는 것을 우려하는 기독교 단체의 강한 반대로 2013년 4월 21일 계획을 철회하였다(Jeong 2013). 그 법은 지금까지 의회에 상정되지 않고 있다.

15 「인종차별금지 법제화 시급하다」, 『경향신문』 2009년 9월 7일자.

4. 연구방법

인종차별금지법을 제정하고 대중과 언론의 관심을 끌기 위한 초기 관심이 발표된 이후, 소수의 시민들이 이 발안권을 지지하기 위한 탄원서를 조직하였다. 예를 들어, 경상남도의 한 단체는 이명박 대통령에게 그들의 견해를 전달하기 위해 200명의 서명을 받았다.[16] 인권운동사랑방은 입법을 지지하는 활동가 단체로 입법이 무산될 가능성을 우려하였다. 이 단체는 청원운동을 주도하였고 310명의 서명을 받았다.[17] 이 청원들은 아무런 코멘트도 모으지 못하였기 때문에 분석할 가치가 없다. 지지서명을 모으려는 몇 가지 진지한 시도는 대중의 관심을 거의 끌지 못하였다. 그럼에도 불구하고, 상당수의 한국인들, 적어도 '반체제 인사들'만큼의 한국인들이 새로운 한국인들에 대한 차별적인 대우에 강하게 반대하고 있다. 이는 한국이 차별적인 국가인지 비차별적인 국가인지를 가늠할 수 있는 절대적인 지표가 아니다. 이 원칙은 모든 다문화 국가에 적용된다. 이 장은 법안에 반대하는 반체제 인사들의 관점에 초점을 맞추고 있다.

상대적으로 인종차별금지법 제정을 위한 서명운동의 반응이 저조하였던 것과 달리, 온라인에서는 법제화에 반대하는 청원이 올라와 훨씬 더 많은 국

16 「이주민센터 '인종차별 금지 특별법' 건의서 전달」, 『경남도민일보』 2011년 10월 20일자.

17 인권운동사랑방 웹사이트(2013. 9. 25 접속). 인종차별 반대 취지보다 훨씬 광범위한 차별금지법안에 대한 전국적인 청원이 1,000만 명을 목표로 하였으나 10만 명의 서명을 얻어 의회에 제출되었다. 목표 숫자에 도달할 때까지 계속해 달라는 청원이다. 200명의 기독교인과 다른 단체들이 이 청원에 참여하고 있다. 광범위한 법률은 인종, 성별, 종교, 성적 지향, 장애 및 연령에 대한 차별에 관한 것이다(「200여 교계·시민단체 "동성애·동성혼 조장 차별금지법안 4월 임시국회서 폐기를"」, 『국민일보』 2013년 4월 9일자). 「차별 금지법안 즉각 폐기하라」, 다음 블로그 게시글(2013. 4. 9 접속). 홍콩은 차별금지법을 제정한 유일한 아시아 지역인 것으로 보인다(「차별금지법 철회, 세계 각국의 입법사례는?」, 『스포츠서울』 2013년 4월 22일자).

민적 관심을 불러일으켰다. 다음은 한국인들이 온라인 청원에 관심을 갖고 응답할 수 있었던 한국의 인터넷 환경에 대한 간략한 설명이다. 한국의 가장 인기 있는 두 인터넷 포털 사이트인 다음(DAUM)과 네이버(NAVER)는 뉴스, 주식 정보, 스포츠, 예술, 교육과 같은 포괄적인 온라인 서비스를 제공한다. 그들은 또한 기본 템플릿으로 구축할 수 있는 온라인 포럼 공간도 제공하는데, 이 공간은 유지비가 미미하다. 예를 들어, 네이버는 2013년 현재 거의 700만 개에 가까운 온라인 포럼을 유지하고 있는데, 한국인들은 이것을 인터넷 카페라고 부른다. 각 인터넷 카페에 가입하려면 가입자의 실명과 주민등록번호가 필요하지만, 회원들은 닉네임을 사용한다. 이러한 익명성은 외국인 노동자들에 대한 온라인 포럼이 혐오 사이트의 특징을 보여 주면서, 다른 사람들에 대한 솔직한 견해 표현과 공격적인 비방을 조장한다.

2011년 10월 18일부터 인종차별금지법에 반대하는 온라인 청원이 실시되었으며, 이 장에서는 이 중 203건을 분석한다. 이 청원은 외국인을 상대로 한 온라인 포럼 중 하나에 의해 시작되었으며, '인종차별금지법'이라는 검색어나 주요 온라인 신문에 제공된 링크를 통해 공개적으로 이용할 수 있다.[18] 2012년 4월 대한민국 총선 전까지 전자서명 1만 건을 모으는 것을 목표로 하였다. 그러나 2012년 3월 6일 현재 1,836명의 서명에 그쳤으며, 2013년 9월 26일 현재 2,051명으로 증가하였다. 그들의 관점에서 의견을 이해하고 해석하는 것이 분석의 목표이다. 즉, 왜 그들은 이 법안이 많은 한국인들에게 불이익을 주고 한국 경제와 국가 정체성을 손상시킬 것이라고 느낄까? 그러한 해석은 그들의 개인적인 경험, 그들의 특정한 삶의 상태, 그리고 더 넓은 한국 사회에

18 「망국적인 "인종차별금지법"을 타도하자」, 다음 아고라(2013. 9. 26 접속).

서 일어나는 변화들을 고려해야 한다.

댓글을 통한 반체제 인사들의 목소리를 분석해 인종차별 수준을 조사하는 데는 방법론적인 어려움이 있다. 그들이 한국 국민을 대표하는 것을 의미하지 않는다는 것이다. 그럼에도 불구하고 이 논평은 주요 관심사가 무엇인지 밝힐 것으로 보인다. 청원 댓글 분석은 한국언론진흥재단이 2011년 12월 16일자로 제공한 KINDS(한국 통합 신문 데이터베이스 시스템)에서 '인종차별금지법'이라는 문구를 사용해 내려받은 미디어 보도 60여 건에 대한 추가 분석을 통해 보완 및 삼각측량을 진행할 예정이다. 반체제 인사들은 '골드엠프'와 같은 식별 불가능한 별명들을 사용해 왔다. 나는 그들의 사생활을 한 번 더 보호하기 위해 그들의 닉네임을 다시 바꿨다.

5. 결과

이 청원은 1면에 엠블럼을 달았다. 엠블럼에 따르면, '인종차별금지법안은 다문화주의를 장려하고 결과적으로 내국인에 대한 억압을 정당화하기 위한 것이며, 다문화주의와 외국인에 대한 국민들의 불만을 사전에 차단하기 위한 것'으로, 한국인들의 불평하는 입을 '잠가'버리기를 바라고 있다(다음 아고라, 2013. 9. 26 접속). '다문화주의'라는 단어는 외국인 노동자들에게는 호의적이지만 한국 시민들에게는 억압적인 것으로 이해되고 있는데, 이는 세계 대부분 다른 지역에서의 일반적인 의미와는 거리가 멀다. 청원의 댓글 분석 결과, (1) 외국인 노동자를 지지하지만 내국인을 파괴하는 것, (2) 다문화(다문화주의)의 문제에 무지한 것, (3) 한국인의 민족적 동질성과 우월성, (4) 외국인 노동자의 범죄자화 등 네 가지 주요 관심 주제가 나타났다. 다음 절에서는 이 네 가지 공통 주제를 참조하여 연구 결과를 서술할 것이다. 각 절에는 2011년 12월 16일자를 끝으로 5년간 발간된 다문화주의 관련 미디어 표상 분석을 바탕으로 관련 배경과 주석, 해석을 제시한다.

1) 외국인 노동자를 지지하지만 한국인을 파괴하는 것

신문과 TV를 통한 일반적인 미디어 표현에 대한 분석은 다문화가족협회 정혜실 공동이사의 말을 확인시켜 준다.

다문화 사회 등 담론은 넓게 퍼졌지만, 아직 우리 사회는 인간을 존중하는 마음이 부족하다. 우리는 백인, 즉 서구인을 닮아야 하고 백인이 아닌 사람은 사람이 아니라는 인식이 암암리에 체화되고 각인되어 있다.[19]

한국 대중들의 이러한 마음 상태는 종종 다문화에 대한 일련의 잘못된 인식을 만들어 낼 수 있는 가능성을 갖는다.

한국에서 다문화에 반대하는 사람들과 국민청원에 서명한 사람들의 반체제적인 목소리는 다문화와 인종차별금지법이 내국인이 아닌 외국인을 지원하기 위해 고안된 것이라고 주장한다. 그들은 다문화의 혜택을 받을 수 있는 소수의 한국인들이 가진 자들과 산업체 소유주들이라고 생각한다. 그 결과 평범한 사람들이 고통받고 있다고 주장한다.

반체제 네티즌들에 따르면 역차별은 흔한 일이다. 그들은 또한 인종차별금지법안이 전적으로 외국인의 이익을 위한 것이며, 따라서 역차별로부터 한

19 「국제결혼은 하였지만, 혼혈은 받아들일 수 없다?」, 『오마이뉴스』 2009년 9월 29일자.

국인의 권리를 보호할 대항 법안의 입법을 수반해야 한다고 주장한다. 반체제 인사들은 내국인이 외국인을 차별한 혐의를 받으면 내국인이 무죄임을 입증해야 하는데, 이는 쉽지 않은 일이라고 우려한다(10rm - 네티즌).[20] 이러한 사회정치적 환경에서 "외국인들은 무임승차를 하고, 전혀 힘들이지 않고 잔치에 참여하고 있다"(edol)고 한다. 예를 들어, "외국인들은 한국 여성과 가정을 이루고자 노력하며, 이는 훨씬 더 부유한 국가로의 귀화를 촉진할 수 있다"(ohrevlis)고 말한다. 그러므로 "한국인들은 결국 한국 내 외국인의 안전을 보장하는 결과를 제공하는 징병제를 거부해야 한다"(dsa). 반체제 인사들은 외국인이 한국인과 결혼하는 것을 막고 싶을 뿐만 아니라, 한국에 있는 외국인 거주자들에게 혜택을 줄 수도 있기 때문에 국가 안보를 돌보고 싶어 하지 않는다. 반체제 인사들은 다음과 같은 더 많은 우려의 목소리를 낸다. "다문화 가정은 국제결혼을 부추기는 최저금리에 접근할 수 있어 부러움을 사고 있다. 외국인 노동자들은 물과 식사를 무료로 제공받는 것에 대해 비난받는데, 이 모든 것은 반체제 인사들의 노동에서 나온 세금 덕분에 가능한 것이다"(ykiw). "외국인 노동자는 연간 최대 3만 달러의 의료 서비스를 제공받는데, 이로 인해 연간 9억 달러의 손실이 발생해 매년 8%씩 의료보험료가 인상된다"(ki).

외국인 노동자 수가 지속적으로 증가하고 있는 상황에서 "한국인들은 대체로 외국인이 점차 한국인의 고용 기회를 차지하고 있으며 외국인 노동자를 지원하는 데 드는 사회적 비용이 크다는 인식을 갖게 되었다."[21] 2008년 글로벌 금융 위기를 극복하기 위한 방안으로, 정부는 외국인 노동자의 기숙사비 및 식대 분담을 제외하고, 외국인 노동자에 대해 최저임금제 감액 적용 수습

20 이러한 종류의 저자 노트는 다음부터는 생략한다.
21 「"우리 회사에 불법체류자 있어요, 잡아가세요"」, 『오마이뉴스』 2009년 9월 28일자.

기간을 3개월 확대하며, 정부합동단속을 통해 불법체류 외국인 노동자를 줄이기 위한 정책을 신속하게 시행하였다. 이것들은 중소기업을 지원하고 사회적 비용을 절감하기 위해 마련되었다. 그러나 정영섭 외국인노동자협회 사무차장은 외국인 노동자를 줄이면 내국인 일자리가 생긴다는 생각에는 근거가 없다고 주장한다. 정 씨는 "한국인들은 외국인 노동자의 대다수가 고용되어 있는 3D(더럽고, 어렵고, 위험한) 직업을 원하지 않는다"고 덧붙인다(『오마이뉴스』 2009. 9. 28). 이러한 정부 정책의 의도하지 않은 결과는, 외국인 노동자가 한국인으로부터 취업 기회를 빼앗는다는 대중의 인식을 형성해 외국인에 대한 한국인의 편견을 조장한다는 것이다.

외국인노동자협회가 2009년 8월 외국인 533명을 대상으로 실시한 설문조사에 따르면, 상당수가 외국인이라는 이유로 저임금을 받고(37.5%), 언어폭력(29.7%)과 신체적 폭행(10.8%)을 당하였다. 이들은 상대적으로 낮은 임금을 위해 일할 준비가 되어 있었는데, 한국 국민들은 그렇지 않았다(변광수 2007).

반체제 인사들은 다문화가 단순히 한국인들에게 불리하다고 주장한다. 한국 정부는 10년 전 한국인들에게 제공되었던 직업훈련 기회를 폐지하고 외국인 노동자들에게 "훈련을 마치면 한국에 정착하도록 권장한다"는 등의 기회를 제공하였다는 비난을 받고 있다(Ki). "인종차별금지법이 완성되는 대로 이명박 대통령은 최근 노인을 폭행한 흑인으로부터 폭행을 당해야 한다"(nuj)는 의견이 나왔다. 한 반체제 인사는 "한국 정부가 자국민도 보호할 수 없으면서 인종차별금지법을 제정하자고 한다"며 불평하고, "한국 국회의원을 이해할 수 없으며 한국 국적을 포기하고 싶다"(tdkrsks)고 불만을 토로한다. "다문화는 일반적으로 빈곤층 전반의 저임금을 유지하는 데 도움이 되기 때문에 재정적으로 부유한 계층과 사업주들에게만 이익이 된다"는 비판을 받고 있다(ihc).

청원자들의 주장처럼 고용주들이 외국인 노동자들의 노동으로부터 이익을 얻는 집단 중 하나라는 것은 아이러니하다. 이것은 특히 고용주들이 노동자들을 '쉽게' 통제할 수 있을 때 더욱 그랬을 것이다. 그러나 외국인의 근로조건과 인권을 어떻게 보호할 것인가에 대한 논의가 시작되자 고용주들은 '역차별'을 호소하기 시작하였고, 이는 한국 국민들을 경악하게 하였다. 한 예로 회사 구조조정이 시작될 때 내국인 직원이 사내 이주 노동자를 '불법체류자'라고 허위로 신고를 하는 경우도 있다(『오마이뉴스』 2009. 9. 28). 외국인 노동자에 반대하는 시민운동가인 박완석 씨는 건설현장의 노동자들은 종종 중국인 노동자들이며, 값싼 노동력의 가용성은 저임금 일자리를 유지한다고 지적한다. 박완석 씨와 아름 씨(인터넷포럼 운영자)는 산업체에 첨단 시설을 갖추기 위한 정부 보조금이 한국인 노동자를 유치할 수 있을 것이며, 즉 외국인 노동자가 필요하지 않을 것이라고 제안하였다.[22] 기업의 재정적 이익보다 한국 노동자를 위해 기술을 포용하는 것은 자본주의의 본질과 맞지 않는다. 심지어, 기업의 기술 장비가 정부의 책임인지 아닌지는 또 다른 문제이다.

반체제 인사들은 다문화 정책을 추진한 결과 "서민들이 고통받고 있다"고 주장한다. 한 청원인은 인도네시아로부터 대량의 석탄을 확보하려는 정부 계획에 대한 뉴스 보도를 인용해 "외국인 노동자들은 한국으로 수입되고 한국인들은 석탄 채굴을 위해 해외로 보내진다"(ldkvfg)고 지적한다. 또 다른 사람은 "일부 외국인 노동자들은 한국이 외국인 노동자들에게 가장 좋은 곳이며 정부가 서민들의 요구를 신경 쓰지 않을 수 없다고 말한다"(fldhx)고 주장한

22 「일부 시민단체 저임금 구조 고착화 등 대책 마련 촉구」, 『한국일보』 2009년 9월 29일자.

다. 그러나 관련 미디어 보도에 따르면 그렇지 않다. 정부가 인도네시아에 한국인을 파견하는 계획에는 각각 60대 남성 1명과 20-30대 남성 2명으로 구성된 10개의 전문 컨설팅 팀을 설립하는 것이 포함된다. 나이가 많은 남자는 젊은 남자들을 필요한 기준에 맞게 훈련시켜야 한다.[23] 미디어 보도의 제목은 마치 파견이 강제적인 것처럼 쓰여졌지만, 사실 그것은 완전히 자발적인 것이다. 2012년 3월 6일 현재 미디어 보도에는 793개의 댓글이 달렸으며, 서로의 댓글에 대해 토론하고 정정하였다. 한국 국민들은 경험적 현상을 자신들에게 유리하게 논할 준비가 되어 있는 듯 보이며 때로는 미디어 보도를 왜곡하기도 하지만, 사회 현상의 실제적이고 실질적인 근본 요소에 대해서는 조사하기를 꺼린다.

2) 다문화 문제에 대한 무지

청원서는 "한국 국민은 보호받아야 하며, 그것이 그토록 많은 한국인들이 외국의 침략과 일본 제국주의, 그리고 최근의 아시아 경제 위기 등에 맞서 자신의 삶과 부를 희생한 이유이다"(orez)라고 주장한다. 또 다른 반체제 인사는 다음과 같이 썼다.

> 지금은 국회의원, 교수, 언론인, 지식인, 지도자들이 불법체류 외국인 노동자와 범죄자들과 맞서 싸워야 할 때이지만 침묵을 지키고 있다. 대신 힘없는 풀뿌리가 유일한 걱정꾼이고 외국인 노동자와 범죄자들로부터 대한민국 땅을 지키기 위해 투쟁한다(hj8).

23 「(단독)정부, 퇴직자·청년백수 묶어 해외 석탄 캐러 보낸다」, 『뉴스토마토』 2011년 10월 31일자. 네이트 뉴스 웹페이지로 접속.

그리고 또 다른 반체제 인사들은 다문화를 옹호하는 사람들은 "자동총에 의해 죽임을 당해야 한다"(rladnij)고 주장한다.

자료 분석 결과, "다문화를 받아들이는 것은 한국의 국가 개념을 버리고 한국인의 정체성을 망치는 것으로 간주되고 있다"(hsj). "청원자들은 정치인과 지식인들이 무지하고 대부분의 일반인들도 다문화의 함정에 대해 답답할 정도로 무지하다"고 한탄한다(801hffpaltka). "청원인들이 시사매체를 통한 수많은 논쟁에 적극적으로 참여하지 않는 한, 한국에서 다문화의 진행을 막을 희망은 거의 없다"(kin)고 한다.

폭력적인 언어와 폭력적인 태도는 앞서 언급한 청원서에서 볼 수 있듯이 익명성에 기댄 혐오 사이트 회원들이 자신의 견해를 표현하는 방식의 특징이다. 이들의 주장대로, 반체제 인사들의 적극적이면서 건설적인 공론화 참여는 한국의 다문화주의 발전에 기여할 수 있을 것이다. 하지만 한국에서 다문화를 해체하겠다는 그들의 목표도 허사가 될 수 있다. 모든 사회에는 목표를 달성하기 위해 언어 및 신체적 학대를 사용하는 소수의 사람들이 있다. 젊은 다문화 한국 사회가 반체제 목소리를 담아내는 것은 중요한 과제로 남아 있다. 특히 일부 비정부기구(NGO)들은 다문화주의에 대한 혐오의 목소리를 계속 내고 있으며, 일부 엇갈린 결과를 불러오고 있다.

3) 한국인의 민족적 동질성과 우월성

다문화에 반대하는 중요한 이유는, 한국인의 피가 순수하고 한국인의 우월성은 훼손될 수 없기 때문이라고 청원인들은 주장한다. 이들은 다문화가 "검은 피부의 혼혈인과 많은 사상들의 융합"(ldkvfpg)으로 가득 찬 나라를 만들어 내고 이로써 순수한 한국 문화를 잃게 될 것을 우려하고 있다. 그런 맥락에서 "순수한 한국인은 차별받을 것이다"(keatvolk). "한국의 5천년 역사는 촘촘하고 세심한 네트워크로 가득 차 있으며, 각 한국 가정에는 올바른 전통이 깃들어 있다"(hs)는 주장이다. "한국은 이제 부를 누리고 인권을 지키는데, 이는 외국인 노동자들에게 부러움의 대상이다"(ohrevlis). 다른 '열등한 인종들'과 함께 살아가는 것에 대한 불편함을 표현하고, "이들이 건강에 위험이 될 수 있을 만큼 목욕을 거의 하지 않기 때문에 식당에서 외국인을 보고 싶어 하지 않는다"(cegnaj)고 주장한다.

대부분의 한국 남성들은 외국인 아내가 주로 가정주부로 지내면서 아이를 낳기를 기대할 정도로 성평등에 대한 이해가 부족하다. 그러나 국제결혼은 허용될 수 있지만 혼혈아들은 문제가 있다.[24] 정혜실에 따르면, 일부 한국인들 사이에서는 다문화 가정이 정상이 아니라는 관념이 있으며, 외국인 여성과 결혼한 한국인 남성에게는 비웃음과 같은 실제 불이익이 직장 내에 존재한다고 한다(『오마이뉴스』 2009. 9. 29).

정부는 특히 2008년 다문화 가정 외국인 신부들의[25] 필요(예: 한국어)를 지원하는 등 정책을 도입하였지만, 지원 정책에는 외국인 노동자 가족이나 난민 가족은 포함되지 않았다. 박경태는 "이러한 배타적인 성격이 정책을 다문화적이지 않고 완전히 비정상적으로 만든다"고 주장한다(『오마이뉴스』 2009. 9. 29).

청원자들은 한국인들이 한때 타인을 배려하고 사랑하였지만, 경제적으로 더 나은 삶을 살고 인권을 준수할 수 있게 되면서 변화하여 국제 환경 속

24 「국제결혼은 하였지만, 혼혈은 받아들일 수 없다?」, 『오마이뉴스』 2009년 9월 29일자.

25 그들은 한국에서 태어난 외국인 거주자의 약 10%를 차지한다.

에서 과거의 긍정적인 문화를 이어 갈 수 없게 되었다고 주장한다. 설동훈은 "한국인들의 인종차별은 유교 문화의 위계적인 신분제 사고방식에 뿌리를 두고 있다"며, 한국인들에게 그들의 인종적 우월성이 단순히 잘못되었다는 것을 교육할 필요가 있다고 지적한다.[26] 인종적 우월성은 한국 사회에 깊이 박혀 있고, 많은 한국인들은 아마도 인종적 평등을 받아들일 준비가 되어 있지 않다. 설동훈은 이를 '순혈 민족주의'라고 부른다. 그러나 한국인을 전반적으로 교육하는 정부의 노력은 제한적이라고 다문화가족협회 공동이사인 정혜실은 주장한다.[27]

배기철 한국국제가족협회장은 '튀기'라는 단어는 동물의 잡종에서 나온 새로운 종을 의미하며, 다른 인종적 배경을 가진 사람들로부터 태어난 인간을 지칭하기 위해 이 단어를 사용하는 것은 모욕적이라고 말한다. 배 씨는 경찰서에서 한국인 어머니와 아프리카인 아버지를 둔 남성을 '튀기'라고 부르고, 그의 어머니를 '갈보'라고 부른 사건을 언급한다. 그리고 나서 그 남자는 경찰관을 폭행하였다. 배 씨는 "어머니가 그렇게 모욕을 당하는데 누가 참을 수 있겠느냐"고 반문한다.[28]

4) 외국인 노동자의 범죄자화

한국 정부, 정치인, 지식인, 부유층에게 크게 좌절한 반체제 청원자들은 종종 아무런 근거 없이 외국인 노동자들을 범죄자로 만드는 경향이 있다. 한

26 「법은 멀고 편견은 가깝다」, 『서울신문』 2009년 9월 8일자.
27 「동남아인에 비겁한 '우월의식'」, 『경향신문』 2009년 9월 7일자.
28 「인종차별금지법 첫 공청회 … 찬반 고성 오가」, 『오마이뉴스』 2009년 9월 30일자.

반체제 인사는 "사람들이 한국어로 '외국인 범죄'라는 단어로 인터넷 검색을 해 보면 문제의 심각성을 깨닫게 될 것"이라고 제안한다. 그는 "외국인 조직 폭력배가 한국인 조직폭력배보다 더 많은데, 이는 한국에서 외국인 인권을 옹호하는 결과"(sss)라고 언급한다. 다른 반체제 인사는 "오후 7시쯤 안산 기차역에 외국인 노동자가 많은데 이들 중 너무 많은 수가 범죄자가 되어 강간·강도·살인 등에 연루되고 조직폭력배를 결성해 서로 싸우고 있다"(ykiw)고 주장한다. 또 다른 반체제 인사에 따르면, "다문화 정책은 이러한 문제들을 은폐하는 경향이 있다"고 한다(yip).

2010년 한국 법무부 통계에 따르면, 경찰은 한국인 180만 명(한국인 4,800만 명 중 3.8%)과 외국인 3만 3,586명(외국인 126만 명 중 2.7%)을 입건하였다.[29] 청원인들의 지적처럼 상당수의 외국인이 거주하는 특정 지역이 있어 범죄 발생이 상대적으로 높을 것으로 보인다. 특정 지역의 범죄에 대한 언론의 잦은 보도는 대중들로 하여금 전반적으로 '외국인 범죄'의 수가 증가하고 있다고 생각하게 할 수 있다. 많은 수의 외국인들이 지난 수십 년 동안 한국에 정착하였다는 것을 고려할 때, 외국인 범죄는 여전히 많은 한국인들에게 분명히 용인되지 않을 수 있다. 많은 수의 외국인들의 존재는 일부 한국인들에게 도저히 받아들일 수 없는 것처럼 보인다.

경찰관들은 그들이 쉽고 합법적으로 외국인들에게 접근하여 여권을 제시하도록 요구할 수 있는 것을 당연하게 여기는 것 같다. 외국인들은 이것이 "외국인들을 잠재적 범죄자로 간주하여 심리적 압박을 가한다"고 말한다(『서울신문』 2009. 9. 8). 외국인 노동자에 의한 여고생 살인사건이 인종차별금지법

29 "Foreigner Crime in South Korea: The Data," *The Wall Street Journal* 2011년 8월 23일자.

제정에 반대하는 이들에 의해 자주 언급되고 있다. 그러나 이것은 외국인 노동자 또는 피고인의 인종적 배경을 차별하는 것을 정당화하지 않는다(유정아 2009). 다문화에 반대하는 반체제적인 목소리들과 일부 온라인 토론 포럼들은 외국인들의 범죄에 대한 그들의 우려를 표명한다. 그러나 "'외국인'을 상대로 한 범죄는 때로 경시되는 경우가 있다"는 우려도 있는데, 이 같은 범죄는 외국인에 의한 범죄 못지않게 심각하다(손용석 2011).

6. 논의 및 결론

다문화주의가 국가적으로 장려된 다른 나라들에서도 반체제 목소리들이 많았다. 분명히, 국경을 넘는 반체제 인사들의 목소리에는 많은 유사점이 있다. 그러나 미디어 표현들은 한국 문화와 사회 풍토가 '비(非)한국인', 특히 유럽인/미국인이 아닌 외국인들에 대한 잘못된 행동을 무시하는 경향이 있다는 데 널리 동의한다. 따라서 내가 '반체제 인사'라고 부르는 것은 외국인 노동자에 대한 한국 국민의 태도 면에서 상당한 부분을 대변하는 것으로 보인다. 반체제 인사들이 특히 외국인 노동자들에게 적대적이었다는 점을 고려하여, 한국이 급속한 고령화 사회이고 출산율이 2010년 여성 1인당 1.2명으로 세계에서 가장 낮다는 점에서, 한국 사회에 대한 외국인 거주자들의 성공적인 적응이 한국의 가장 큰 이익이 된다고 주장한다.[30]

반체제 목소리는 현상 유지를 원하는 마음 상태를 나타낸다(이재산 2013).

30 World Bank Open Data, "Fertility Rate, Total (births per woman)."

이 목소리들은 최근 한국의 경제적 번영에 의해 정당화되고 주로 기반하는 민족주의적 정서에 강하게 초점을 맞추고 있다. 불행하게도, 이러한 경제적 번영은 모든 한국인의 삶에 똑같이 혜택을 주지는 못하였다. 교육 수준에 관계없이 신자유주의의 맥락에서 만연한 자본주의의 영향을 받는 빈곤한 한국인들은 최근에 한국에 도착하였거나 정착한 새로운 한국인에 대한 불만을 표출할 가능성이 높다. 특정 종류의 정부 복지 지원을 받는 사람들은 특히 비난의 대상이 된다. 다문화를 증진하고자 하는 정책, 정치 지도자, 지식인들에게는 모두 무지하다는 꼬리표가 붙는다. 어떤 맥락에서 지식인과 학자들은 대중보다 외국인 혐오 정서와 차별적인 언행으로 더 두드러졌을 수 있다(Hsu 1973: 5). 수(Hsu)의 주장은 한국 사회에는 적용되지 않는 것 같다. 민족 또는 '순혈' 민족주의는 다문화에 맞서기 위한 공허한 구호처럼 들린다. 최근 한국의 경제적 번영은 아이러니하게도 '순혈 한국인'들이 앵글로 켈트족을 제외한 모든 비(非)한국인을 차별할 수 있는 모든 정당성을 제공한다. 이러한 졸부적 인종차별은 명분도 없이 쉽게 범죄화될 정도로 비(非)한국인들에게 불리하게 작용한다.

인종차별금지법이 제정된다고 해서 단기간에 모든 차별 행위가 사라지지는 않을 것이다. 다만 '타인'을 대할 때 사람들의 언행 중 어떤 것이 용납될 수 있는지 없는지에 대한 원칙을 명확히 세울 것이라는 점에서 입법의 의의가 있다. 인도의 연구자 후세인이 버스에서 학대를 당하였을 때, 피고는 '인격모독죄'로 기소되었다. 현재 한국의 법은 다른 방법으로 그 사람을 기소할 수 없다. 현재의 사회 풍토는 한국인들이 다른 사람들을 차별하는 것은 어느 정도 '괜찮다'거나 최소한 완전히 받아들일 수 없는 것은 아니라는 것이다. 이 법안은 인종차별이 용납될 수 없는 다른 사회적 분위기를 조성하기 시작할 것이다. 경직되고 뿌리 깊은 문화였던 것을 존중과 관용의 문화로 전환하려는 시도로, 고용주와 정부 관료들도 '타인'을 적절하게 대할 것으로 기대된다. 프랑스와 덴마크에서 일어났던 것처럼, 국회의원들은 다문화에 반대하는 극단주의자들의 마음을 '방해'하지 않는 방법을 점점 더 의식하게 될 수 있다.[31] 이 문제에 대한 정치적 리더십이 절실히 요구된다.

비교적 광범위한 차별에도 불구하고 차별 문화가 지속될 수 없다는 우려와 공감대도 팽배하다. 외국인 신부들은 농촌 사회에 새로운 희망을 불어넣었기 때문에 귀중한 인적 자본으로 여겨진다. 외국인 노동자들은 힘들고 더럽고 위험한 일을 기꺼이 맡아 왔기 때문에 한국 산업에 활력을 불어넣는 노동자 집단이었다(손용석 2011). 이민자와 외국인을 지원하기 위해 관련 정부 부처를 신설하려는 정치인들의 시도는 중요한 발걸음이 될 것이다. 조화로운 사회 환경 조성을 위한 인종차별금지법 제정도 필요하다.

차별적인 언행은 신자유주의의 원칙에 따라 운영되는 극도로 경쟁적인 한국 사회에서 살아가면서 드러나는 것으로 볼 수 있다. 한국 사회의 문화적 인식이 상대적으로 적고 한국인들이 다른 사람들을 포용하기를 꺼리는 것은 한국 사회가 여전히 과도기에 있다는 것을 보여 준다. 문화적 인식의 현재 상태를 '빠르게 진전'시키기 위해 어떤 조치를 취할 수 있을지는 여전히 중요한 문제로 남아 있다.

31 「"왜 우리 밥그릇·일자리 빼앗나" 온라인에서 오프라인으로 … 反다문화주의자들의 역습」, 『국민일보』 2011년 12월 1일자.

정책적 함의

외국인의 상당수는 손님, 직장 동료, 그리고 이웃이다(변광수 2007). 변광수는 적절한 언어 능력이 일상적 의사소통에 필수적이며 정부의 재정적 지원 아래 한국어를 배울 기회를 주어야 한다고 제안한다. 직업 훈련 또한 필수적이다. 한국보건복지연구원과 한국이민학회가 외국인 신부를 둔 7만 3,000가구를 대상으로 조사한 결과, 전체 가구의 38.4%가 월 1,000-2,000달러를 버는 것으로 나타났다. 직업 훈련 참여율은 10.4%에 불과하였지만 72.8%가 직업 훈련에 참여하는 데 관심이 있었다.[32] 이민자들에게 유리할 수 있는 많은 통찰력 있고 실용적인 아이디어들이 축적되기 시작하고 있으며, 그 아이디어를 행동으로 옮겨야 할 시기가 무르익고 있다.

1990년대 중반부터 2009년 5월 현재까지 다문화 가정에서 태어난 아동은 10만 3,484명이다.[33] 아이들이 부모의 문화와 언어 모두에서 성장할 수 있도록 지원하는 방법을 찾는 것이 중요하며, 세계화 맥락에서 효과적으로 기여할 수 있는 기회를 제공할 것이다(『세계일보』 2010. 3. 31). 좀 더 넓게는, 한국의 아동들이 차별 없는 문화를 받아들이고 다문화 아동들에게 양질의 교육을 받을 수 있는 동등한 기회를 제공할 수 있도록 교육하는 것이 매우 중요하다.

한국 사회는 매우 짧은 시간 안에 다문화 사회로 나아갔고, 한국인들은 모든 사회문화적 변화와 그들에 대한 인식의 필요성에 대해 거의 이해하지 못하였다. 이러한 변화에 대처할 수 있는 적절한 교육이 필요하다(이영; 『오마

32 「희망 2010 업그레이드 코리아 2부 글로벌 마인드를 키우자 3: 다문화 가정도 우리 이웃」, 『세계일보』 2010년 3월 31일자.

33 「다문화 가족에 대한 이해와 문제점」, 글로컬다문화복지협회 웹사이트(2013. 7. 3 게시).

이뉴스』 2009 9. 28에서 재인용). 이들에게 외국인 거주자를 유치할 경우 얻을 수 있는 혜택과 필요성에 대해 알려야 한다.[34] 더욱이 공교육은 '타인을 한국 사회에 어떻게 편입시킬 것인가'에서 한국인의 정체성을 재고하고 국가에 미칠 잠재적인 결과를 지적하는 것으로의 근본적인 변화의 필요성을 수용할 필요가 있다. 이 새로운 패러다임은 피부색과 출신 국가에 관계없이 외국인의 보편적인 인권을 기꺼이 인정하는 것으로 시작될 수 있다(최현 2007: 170; 황정미 2010: 155).

한국 공익변호사단체 회원인 황필규 씨는 "한국 법의 근간이 외국인을 극도로 차별하고 있다"고 주장한다.[35] 하지만 한국에서 새로운 이민자들을 지원하기 위한 새로운 법을 제정하는 것은 급하게 이루어질 수 없다. 예를 들어, 특정 국가 출신의 민족 집단을 위한 학교를 짓는 것은 장기적으로 그들을 삶의 기회에서 제외하는 결과를 초래할 수 있다. 외교통상부 인권국의 김세원 사무관은 또한 새로운 법을 제정하려면 법무부와 노동부, 사회복지부 등 다른 정부 부처들 간의 긴밀한 협력이 필요하다고 경고한다(『오마이뉴스』 2009. 9. 30).

34 「인구 3% 이주민 위한 대책 손봐야」, 『국민일보』 2011년 12월 16일자.
35 「인종차별금지법 첫 공청회 … 찬반 고성 오가」, 『오마이뉴스』 2009년 9월 30일자.

제4장

이주 노동자들: 현대판 노예

한국 정부 통계에 따르면, 2012년 현재 한국에는 141만 명의 외국인 거주자가 있으며, 그중 59만 명이 이주 노동자이다.[1] 외국인 노동자가 없으면 한국 제조업은 문을 닫을 것이라는 인식이 일반적이다.[2] 외국인 노동자를 고용하는 방법에는 두 가지가 있다. 산업연수생제도(1994-2006년)와 고용허가제(2004년 8월 이후)가 그것이다. 산업연수생제도의 경우 중소기업중앙회가 공급 국가에서 노동자를 모집한다. 노동자들은 첫해에 교육생으로 일하다가 정식 이주 노동자로 전환하는데, 이 과정이 지켜지지 않고 고용주들에 의해 악용되고 있다. 채용 과정에 뇌물과 비리가 개입되는 것으로 드러났다. '고용허가제'는 정부가 관리하며 이주 노동자가 3년간 '근로자' 신분으로 일할 수 있도록 하고 추가 고용을 위해 사업주와 협상할 수 있도록 한다.[3] 이 새로운 방법은 앞서 설명한 것처럼 계속해서 문제를 일으키고 있다.

2006년 이주 노동자에 대한 '산업연수생' 처우가 폐지되기 전까지는 10% 미만이 '이주 노동자'로서의 적정한 대우와 보상을 받았다. 나머지 10%는 '산업연수생'으로 취급되었고, 나머지 80%는 '미등록 이주 노동자'로 취급되었다. 후자는 한국 산업에 착취적이고 값싼 노동력의 중요한 원천을 제공하였다. 법원의 판결에 따라, 2000년에 한국 고용노동부는 산업재해 보상, 공휴일 근무에 대한 벌금 및 최저 임금과 관련하여 앞서 언급한 모든 이주 노동자 집단을 대다수의 한국인 노동자와 동일한 방식으로 보상하는 정책을 도입하였다. 그러나 이 정책은 시행되지 않고 부처 내에 머물렀다(설동훈 2002: 347-348). 설동훈(2002: 347)은 한국 정부가 "미등록 이주 노동자에게 정문을 닫았지만,

1 「외국인 근로자 관련 통계 바로 보기」, Smart Safety, 네이버 블로그(2013. 8. 27 게시).
2 「2007 개천절 특집–세계와 함께하는 한국인: 국내 외국인 100萬 … 다민족 사회 다가온다」, 『문화일보』 2007년 10월 2일자.
3 「산업연수생제도 폐지하고 고용허가제 개선해야」, 『대학신문』 2006년 3월 11일자.

그들을 환영하기 위한 옆문과 뒷문이 활짝 열려 있다"고 주장해 한국 산업에 의한 의도적 착취에 노출되어 있다고 주장한다.

미등록 이주 노동자들은 특히 고용주가 이들의 미등록 신분을 악용하기 때문에 고용주의 신고나 출입국관리소 직원이 발견하면 언제든 국외 추방으로 이어질 수 있어 임금 체불 전술에 취약하다. 1999년 외국인 근로자 상담소에는 전국에서 4,782건의 임금 체불 민원이 접수되었다(설동훈 2000: 23). 이주 노동자들이 경험하는 다른 유형의 차별과 문제에는 산업 상해 및 그에 대한 치료, 폭력, 살인, 여권 몰수, 그리고 그들의 사생활에 대한 엄격한 감시가 포함된다. 사회적 수준에서 '인종차별'은 일상적으로 경험되고 있고, '외국인'의 취업과 교육 기회의 부족도 경험하고 있다. 게다가, 국가 정책과 관련하여 이주 노동자들은 제한된 사회복지 지원을 받으며, 추방되기 전 불법체류 신분으로 무거운 처벌을 받는다. 설동훈(2002: 350)은 한국에서 이주 노동자에 대한 인권 유린이 심각하고 근본적으로는 '잘못된 정책의 실행'에서 비롯된다고 주장하며, 현재 한국의 외국인 노동력 수입 및 고용 정책은 '현대판 노예제'라고 주장한다. 비슷한 착취 정책이 시행되는 나라는 극소수에 불과하다.

1. 문헌 고찰과 배경

1999년 재외동포법에 근거해 중국(조선족)이나 구소련(고려인) 출신 동포 등 새로 입국한 일부 한국인은 '건강보험, 연금, 재산권, 무제한 경제 활동, 광범위한 고용 기회'에 대한 접근권을 부여받고 있다(Park and Chang 2005; Chung

2010: 681에서 재인용). 제1차 이민 정책 기본계획(2008-2012)도 있다. 이 계획은 새로운 거주자와 외국인의 사회통합을 유도하고 그들의 인권을 보호하겠다는 야심찬 목표와 함께 대규모 예산(6,127억 원)이 투입되었다(법무부 출입국·외국인정책본부 2008). 실제로 정애란은 제1차 기본계획에서 외국인에 대해 특히 '차별에 대한 국가 차원의 보호'가 필요하다는 점을 인정하고 있다고 지적하였다(Chung 2010: 683). 정부 정책은 '결혼 이민자에 대한 사회통합, 동족 이민자에 대한 우선입국 및 고용권, 이주 노동자에 대한 인권 보호'를 달성하기 위한 구체적인 목표를 가지고 있었다(Chung 2010: 683). 나는 이러한 다양한 집단에 대한 모순된 정책에 대해 배우는 것이 흥미로웠다. 이것은 단순히 한국이 겪고 있던 다문화 발전의 특정한 단계를 반영하는 것일까? 분명히 다문화주의를 발전시킨다는 명목으로 충분히 많은 정책이 추진되고 있는 것으로 보인다(Ahn 2013). 내 견해로는, 충분하다 못해 심지어 너무 많다. 그렇다면 외국인 노동자들이 정부의 다문화 정책뿐만 아니라 언론에서 대변되는 일상에 어느 정도까지 편입되었는가?

나는 한국 정부의 정책 의도가 집행되고 실천된 범위를 보고 크게 당황하였다. 정부는 반복적으로 그리고 의도적으로 약속과 정책을 이행하지 않았다(Lim 2002: 18; 오경석 2009). 예를 들어, 이와 관련해 상당수 외국인 노동자는 '노동조합, 단체교섭, 단체행동' 등 3대 노동기본권이 금지되어 있다(Seol 2000; Chung 2010: 681에서 재인용). 나는 이러한 엄격한 노동 통제가 외국인 노동자의 노동 성과를 극대화하기 위한 정부의 계산된 접근 방식임과 동시에, 그들을 다른 사람들과 동일한 기본권을 누릴 자격이 있는 노동자로 취급할 필요성을 무시하는 것으로 이해되어야 할 필요가 있다고 주장한다. 실제로, 이선옥은 한국 정부의 다문화 정책이 2005년까지 외국인 노동자에 대한 정부의 중심 담론이 그들의 노동이나 노동권에 관련된 것이었기 때문에 외국인 노동자를 정책의 필수적인 대상으로 진지하게 받아들인 적이 없다고 주장한다(Lee 2009; Ahn 2013: 35에서 재인용). 노동력 부족이 사실상 정부가 외국인 노동자의 노동과 노동권에 집착하는 이유인 듯하다. 이러한 정부 정책이 만연한 상황에서 외국인 노동자들에 대한 부당대우와 인종차별 경험은 불가피하였다. 안지현은 외국인 노동자들이 "인간이라기보다는 단순한 노동력[일하는 기계]으로 취급받는다"고 지적하였다(Ahn 2013: 39).

이주 노동자들에 대한 서구 사회 대중들의 일반적 오해는 그들이 지역 일자리를 빼앗는다는 것이다. 이 개념은 한국에서도 개인과 단체의 정치적·경제적 이익을 위해 고도로 정치화되어 있다(Goot 2005). 그러나 서구에서도 증명되었듯이, 설동훈은 "한국의 이주 노동자들은 내국인 노동자들의 일자리를 빼앗지 않고 있다"고 주장한다(Seol 2000: 17). 오히려 그들은 한국인 노동자들이 고려하지 않는 일자리를 받아들임으로써 한국 경제를 돕고 있다는 것이다. 외국인 노동자들의 한국 경제에 대한 큰 기여에도 불구하고, 왜 한국 정부, 산업계, 그리고 대다수의 한국인들은 외국인 노동자들을 차별하는 것으로 알려져 있는가? 이러한 차별과 관련하여 설동훈은 다음과 같은 중요한 관찰을 한다.

> 직장 내 이주 노동자에 대한 차별은 **업무 할당**[원문 강조] 과정에서 드러난다. '영원한 초보자'로서, 그들은 원치 않는 일을 맡는다. 하층민으로서, 대부분의 이주 노동자들은 한국에 차별이 만연해 있다고 믿는다. 그들의 차별 감정은 개인의 구체적인 경험에서 비롯되는 것이 아니라 일반적인 직장생활에서 비롯된 것이다. 재외동포 노동자는 다른 이주 노동자에 비해 높은 임금을 받지만, 그들의 준거 집단이 이주 노동자가 아니라 토착 한국인 노동자이기 때문에 차별을 더 많이 느낀다(Seol 2000: 23-24).

설동훈의 이러한 관측에도 여러 의문이 제기된다. 첫째, 이주민들은 그들의 기술 수준에 상관없이 '영원한 초보자'라는 유리천장 아래 갇혀 있다. 둘째, 이주 경험에 대한 개인의 만족도는 전반적인 직장생활과 분리되기보다는 아주 밀접하게 연관되어 있다. 특정 개인의 경험이 업무 전반에 영향을 받는 방식이나 이주 노동자가 경험하는 광범위한 행정 관행이 어떻게 이루어지는지 탐구해 볼 만하다. 셋째, 이주 노동자, 조선족 노동자, 토종 한국인 노동자에 대한 임금 차별을 어떻게 이해할 것인가? 실제로 설동훈은 정부와 기업이 국내 이주 노동자를 '현대판 노예 노동'으로 취급하는 것에 대해 비판적이다(Seol 2000: 8). 설동훈은 또한 다음과 같은 사실을 발견하였다.

> 지금도 교육생들은 차별적인 저임금, 강제적인 연장 근무와 휴일 근무, 잦은 산재 발생, 대행업체의 중간착취, 여권압류, 회사 외부 출입금지, 폭력, 폭언 등 기본적인 인권침해로 고통받고 있다(Seol 2000: 26).

일본, 싱가포르, 대만, 한국과 같은 많은 아시아 국가들에서 외국인 노동자들은 최소한의 노동권을 제공받지만, '영구적 정착, 건강관리, 자녀 교육에 대한 권리'는 주어지지 않는다(Lim 2002: 17). 이 장의 목표는 개선이 가능한 분야에 초점을 맞추는 것이지만 이주 노동자의 삶을 개선하기 위한 긍정적인 변화를 무시하지 않는다. 이러한 변화를 주장하는 한국의 비정부기구에는 이주노동자공동대책위원회(JCMK), 민주 사회를 위한 변호사모임(민변), 경제정의실천시민연합(CCEJ), 대교구 노동목회위원회, 외국인노동자협회 등이 있다(Lim 2002: 18). 티머시 림은 2002년 "더디지만 진전이 있었다"고 말하였다(Lim 2002: 18). 2014년에 나는 같은 것을 관찰하였다. "진전이 있었지만 더뎠다." 담론과 현실 간 격차는 점점 더 커지고 있는 것으로 보인다(오경석 2009). 많은 풀

뿌리 운동과 NGO들과 함께, 티머시 림은 한국이 규범을 깨고 “진보적 변화의 최선봉에 서야 한다”고 요구하고 있다(Lim 2002: 17). 한국 사회는 그러한 가능성에 대해 어떻게 반응하고 있는가? 미래의 전망은 어떠한가?

한국은 이주 노동자들을 어떻게 대우할지에 대한 선택권이 있다. 왜 진보적이지 않은 길을 선택하였을까? 티머시 림의 대답은 분명하다(Lim 2002: 17-18). 답은 “돈과 고객의 정치”이다. 예를 들어, 림은 외국인을 데려와 중소기업 분야의 비숙련 노동자로 지정하는 산업연수생제도를 지적한다. 중소기업중앙회는 매달 2만 4,000원의 수수료를 받고 채용 대행업체로부터 ‘계약보증금’을 받는다. 보증금은 연수생들이 지불하는 돈에서 나온다(Lim 2002: 19). 이주 노동자들은 주로 대다수의 한국인들의 이익을 위해 고용되는 것처럼 보인다. 이것은 부유한 사람들이 가장 혜택받지 못한 사람들을 위해 행사하기를 바라는 노예 제도에 대한 절대적인 지배의 관행이 아닌가?(오경석 2009)

2. 현대 한국 사회의 졸부적 민족주의

한국인이 외국인 노동자를 차별하는 문화적 혹은 경제적 이유는 무엇인가? 이 질문에 대한 답을 얻기 위해 한국에서 가장 호의적인 대우를 받고 있는 외국인들의 배경이 무엇인지 묻는다면, 답은 명백히 ‘[백인] 미국인과 [기타] 백인’이 될 것이다(조성수 2009a: 85). 한국전쟁 중과 전쟁 후에 미군의 지원과 원조는 한국인들이 생존하고 삶을 재건하는 데 매우 중요하였다. 현대 한국에서, 영어는 한국인들이 세계화에 대처하고 그들의 삶에서 성공하기 위한 필수적인 도구로 이해된다. 따라서 한국인들은 여전히 미국인들에게 매우 호의적이다. 전영평(2008: 12)에 따르면, 한국전쟁 이후, 한국에는 많은 일본인들이 거주하고 있었다. 한국인들은 미국과 일본의 문화를 본받아야 할 선진 문화로 여겼다. 이것은 당시에는 존재하지 않았던 용어인 '다문화주의'에 대한 우려를 제기하지 않았다. 개발도상국에서 외국인 노동자들이 유입되면서 '다문화주의'라는 용어가 등장한 것은 1990년대부터이다. 나는 한국에서 다문화라는 용어의 사용이 독특하다고 해도 과언이 아니라고 주장한다. 이 용어는 일반적으로 다른 사람들의 차이점을 포용하고 그들이 토착 인구와 동등한 권리를 누릴 수 있는 공간을 창출하자는 의미로 고안되었다. 하지만 한국에서 이 용어의 초점은 소수 민족 집단을 수용국 인구 및 다른 '바람직한' 집단과 구별하고, 개발도상국에서 온 소수 민족들을 통제하는 데 있는 것처럼 보인다. 이는 다문화주의가 주류 인구와 외국인, 그리고 다양한 배경을 가진 외국인 노동자들 사이의 일상적인 상호 작용으로 어떻게 번역되는지 보여 준다. 한마디로 이것은 졸부적 민족주의의 실천이다. 이 장에서는 이주 노동자들이 이전부터 이미 사회역사적 맥락에서 차별받고 있었던 이주 노동자에 대해 언급하며 후자가 입증되는 방법을 탐구한다(제2장 참조).

3. 연구방법

이 연구는 KINDS(한국 통합 신문 데이터베이스 시스템)에 의하여 수집된 뉴스 리포트들을 자료 출처로 활용한다. 2013년 1월 1일부터 12월 31일까지 12개월 동안 '외국인 근로자 이주 노동자 차별' 검색어를 입력하였다. 검색 결과 2개의 사설을 포함해 265쪽에 달하는 142개의 뉴스가 도출되었다. 나는 개방적 코딩, 축 코딩 및 선택적 코딩을 포함한 근거이론 방법론의 기본 원칙들에 기초하여 질적 자료 분석 소프트웨어 패키지인 NVivo9를 사용해 데이터를 분석하였다. 앞 절에서 살펴본 문헌 고찰 및 배경 정보는 대부분 오래된 정보에 기반을 두고 있다. 2013년의 최근 표현들에 대한 분석은 다문화 정책에 대한 주목할 만한 진전을 확인하는 것이었다.

4. 연구 결과

한국의 미디어 수용자들은 많은 수의 이주 노동자들의 이동이 국제적인 추세라는 것을 알고 있다. 한국 내에서는 한국 여성들의 결혼 지연, 저출산, 고령화 등으로 인해 한국이 경제적 생산성을 지속하지 못할 수도 있다는 우려가 나오고 있다. 한 가지 해결책은 불가피하게 상당수의 이주 노동자들을 데려오는 것이었다. 지식인들과 언론인들은 건강한 다문화주의가 한국을 국제 시장에서의 경쟁력을 높일 것이라고 사람들을 교육하려 시도한다.[4] 한국의 전체 외국인 거주자 비율은 현재 2.3%이며 곧 경제협력개발기구(OECD) 국가 평균인 5.5%에 이를 것이다(한달우 2013). 한국 사회의 인구 구조는 확실히 다민족·다문화 공동체로 이동하였지만 문화적 다양성에 대한 한국인의 수용 능력은 국제적으로 용인되는 기준과는 거리가 멀다.[5]

이주 노동자들의 경험에서 흔치 않은 사례가 여기에 있다. 캄보디아에서

4 「"다문화학교 따로 만들면 차별 심해져 통합 방해"」, 『동아일보』 2013년 5월 30일자에 인용된 설동훈의 논의.

5 「글로벌 인재포럼 2013: "女性대통령 탄생하였지만 여성 사회진출 장벽 여전"」, 『한국경제』 2013년 9월 9일자.

온 이주 노동자 탄 소픈(Ttan Sopun) 씨는 2012년 6월 한국에 입국해 1년간 딸기 농장에서 일하였다. 그의 근무 시간은 계약에 따라 한 달에 226시간이었지만, 초과 근무 수당 없이 320시간을 일하였다. 즉, 그는 일 주일 내내 매일 10시간에서 12시간 이상 일하였지만 한 달에 90만 원을 받았다. 이는 그의 시간당 임금이 2,700원으로, 2012년 책정된 최저 임금인 4,580원의 60%에도 못 미치는 것이었음을 의미한다. 탄 씨는 이 사건을 광주지방고용노동청에 진정하였지만, 법정 초과 근로 수당의 10분의 1도 되지 않는 40만 원가량을 받았다. 정부는 이 사건에 대한 조사 과정에서 탄 씨가 작성한 근로일지와 사진 증거들을 무시하였다. 다른 사업장으로 옮겨달라는 그의 요청은 처음에는 거절되었다가 광주노동청에 대한 국정감사 시작을 하루 앞두고 사업장 변경에 대한 승인이 이루어졌다. 탄 씨는 "한국 공무원들은 눈이 없다. 눈앞에 증거를 보여줘도 믿어 주지 않았다"고 말하였다. 『국민일보』에 따르면, 이는 한국에서 이주 노동자의 인권이 관습적으로 어떻게 처리되고 있는지를 보여 준다.[6]

1) 인권 유린과 차별

(1) 이주 노동자를 보호하기 위한 정책의 부재

법학자인 이재승에 따르면, 한국 미디어에 대한 그의 분석 결과는 한국 사회가 근본적으로 '반인권'적이라는 것을 보여 준다.[7] 이는 한국이 여전히 사회 시스템을 현대화하는 연장된 과정에 있음을 시사한다. 상황이 이렇다면,

6 「이주노동자의 호소 "한국 공무원은 눈이 없다"」, 『국민일보』 2013년 10월 28일자.

7 「'일베 현상'에서 한국 사회를 본다: "일베가 세력화하기엔 통일된 이념이 없다, 그들은 배설을 할 뿐"」, 『경향신문』 2013년 6월 7일자.

그리고 아직 내국인이 인권 보호의 수혜자가 되지 못하고 있다면 외국인 인권을 보호할 수 있는 여력이 부족할지도 모른다. 한국 사회의 인구 구성은 지난 25년 동안 빠르게 변화하였지만, 이에 대처하기 위한 적절한 법적 틀이 수반되지 않았다. 예를 들어, 인종차별적 행동을 다룰 수 있는 법적 규정은 없다.[8] 2009년부터 한국 국회에서는 차별금지법 제정 논의가 진행 중인데, 수많은 운동권 단체의 적극적인 반대로 진척되지 못하고 있다(제3장 참조). 때때로 논의되는 협소하게 구성된 법안의 성격을 넓혀야 할 필요성에 더해,[9] 그러한 법이 존재하지 않는다는 사실은 개발도상국 출신의 이주 노동자들을 취약한 처지에 놓이게 한다. 게다가, 임시 이주 노동자 또는 불법체류 노동자의 자녀들은 그들의 삶의 기회를 보호할 법적·재정적 지원이 없기 때문에 계속해서 소외되고 있다(『해럴드경제』 2013. 9. 3).

현재의 이민 정책은 주로 한국 남성과 동남아시아 여성 사이의 국제결혼으로 형성된 다문화 가정을 지원하는 데 중점을 두고 있다. 한국인 및 그들의 자녀들과 결혼한 사람은 26만 명인 반면, 외국인 출생자는 150만 명에 달한다. 이주 노동자, 한국계 중국인(1910-1945년 일제 강점기 시절 중국에 정착한 조선족) 및 유학생은 이민 정책의 지원 대상에서 제외된다(『해럴드경제』 2013. 9. 3). 예를 들어, 상대적으로 이주 노동자 비율이 높은 2012년 경기도 이민 정책에 따르면, 이주민을 위한 예산의 70%가 다문화 가정에 할당된다.[10] 정책과 재정을 통한 이주민 지원에 대한 국민적 이해는 종종 겉치레를 위한 것이며, 외국인에 대한 인식의 변화 등 근본적인 변화가 필요한데, 이는 갈수록 부정적으로 변하

8 「피부색: 인종 선입견 갇힌 사회」, 『한겨레』 2013년 4월 15일자.
9 「행복한 완득이를 위하여: 전문가 좌담회 "진통없는 다문화 사회란 없다"」, 『해럴드경제』 2013년 9월 3일자.
10 「창간 68주년: 다문화를 말하다」, 『경인일보』 2013년 9월 4일자.

고 있다.[11] 2010년 유엔 인종차별철폐위원회는 한국 내에 만연해 있는 인종적 편견을 지적하며 학교 교육 과정에 다문화 한국이 반영되고 이주 노동자와 '결혼 이민자'들의 권리를 보호해 줄 것을 요청하였다(후홍염 2013). 나는 차별 금지법이나 다양한 범위의 이주민들에 대한 적절한 지원 정책이 없다는 것은 정부 차원의 리더십이 부족하다는 것을 의미하며, 적절한 이민 정책을 제정하거나 기존 정책을 수정할 필요가 없다는 대중의 인식을 간접적으로 조장할 가능성이 있다고 생각한다.

(2) 남용과 차별: '노동력을 공급하기 위한 외국산 기계'

이주 노동자들은 어떤 종류의 학대와 차별을 겪는가? 20여 년간 이주민 운동을 해 온 박천응은 "한국 다문화의 중심 담론은 힘없는 이주 노동자들이 관리·통제되어 온 산업의 경쟁력 강화에 있다"고 지적한다. 그렇기 때문에 한국 다문화주의의 특징으로 차별과 배제를 들 수 있다.[12] 이러한 사회적 맥락은 많은 이주 노동자들의 불행을 뒷받침한다.

우선, 노동자들의 안전이 걱정이다. 안전한 작업 환경과 산업재해 예방은 모든 노동자의 관심사이다. 부상의 세 가지 일반적 원인은 '떨어지고, 넘어지고, 당겨지거나 빨려 들어가는 것'이다.[13] 사고는 이주 노동자들이 한국어를 잘 사용하지 못하거나 위험으로부터 자신을 보호할 수 있는 방법을 모르는 첫 6개월 동안 자주 발생한다(『강원일보』 2013. 7. 22). 산업안전보건에 대한 교육 부족이 특히 문제이다. 예를 들어, 상당수의 조선족이 중국 내 소수 민족에게

11 「충남지역 다문화 가정 지원 태부족」, 『충청투데이』 2013년 1월 4일자.
12 「이주노동자 대부 박천응 목사 '다문화'로 박사학위」, 『경향신문』 2013년 2월 18일자.
13 「외국인 근로자, 눈높이에 맞는 지원 시스템을」, 『강원일보』 2013년 7월 22일자.

영향을 미치는 불이익을 극복하기 위해 한국에 와서 방문객/노동자로 남아 있는데, 2009년 현재 그 수는 37만 7,000명에 달한다. 그들은 보통 건설 및 주방일 같은 수작업이나 평범한 일에 고용된다.[14] 여타의 그룹과 달리 조선족이 직장에 가져다주는 중요한 특성 중 하나는 한국어 능력으로, 이는 '고용주의 노동력 사용'을 용이하게 한다.[15] 일반적으로 의험도가 높은 업무에 종사하지만 적절한 안전교육이 부족한 실정이다(『경향신문』 2013. 8. 1). 조선족에 대한 일반적인 학대가 그들을 '불이익과 학대'의 민족으로 바라보는 고정 관념의 형성으로 이어진 것으로 보인다. 많은 한국 영화들은 종종 그들을 성(性) 관련 살인, 폭력, 노골적인 차별의 희생자로 묘사한다(『부산일보』 2013. 9. 7).

둘째, 또 하나 우려되는 점은 임금 체불과 저임금 및 임금 차별과 같은 관행에 관한 것이다. 경상남도 외국인근로자지원센터는 2013년 이주 노동자 415명을 대상으로 설문조사를 실시하였다. 그 결과에 따르면, 이들의 평균 근로 시간은 하루 11.07시간이었으며, 응답자의 33%가 주 6일 늦게까지 일하였다. 월평균 소득은 1,778.492달러로 2012년 1,601.500달러보다 11.1% 증가하였다. 조사 결과 응답자의 29.2%가 매달 생활비로 310달러에서 500달러를 썼고, 월평균 집으로 송금한 금액은 1,138.500달러였다. 전체 응답자의 25.5%는 한국인 동료와 같은 일을 하고 있음에도 불구하고 차별적인 임금을 받는 것에 대처하는 것이 가장 견디기 힘들다고 생각하였다. 월평균 임금의 차이는 267.421달러였다. 이들이 채용업체에 평균 4,705.085달러를 지불하고 실제 한국에 진출하는 데까지 14년 6개월이 걸렸다는 점에서 이들의 좌절감은 이해

---

14 「백태현의 영화 속 동아시아 19. 황해(黃海)」, 『부산일보』 2013년 9월 7일자.

15 「"중국동포면 얕보고 강압적 지시 … 위험한 일 도맡아도 대우 못 받아"」, 『경향신문』 2013년 8월 1일자.

할 만하다.[16]

임금 체불은 흔히 이주 노동자와 고용주 사이에 긴장을 유발한다. 예를 들어, 두 명의 캄보디아 이주 노동자인 친 사완(Chin Sawan)과 민 피에룬(Min Pierun)은 농장에 고용되어 3개월 동안 일하였고 각각 1,800달러를 받았다. 고용주는 그들이 받아야 할 나머지 임금을 챙겼다. 고용주의 아내는 그들의 작업 수준에 만족하지 못하였기 때문에 8일 동안 일하지 못하게 하였다. 수습기간에는 하루에 50달러의 공제가 포함되어 있었는데, 이주 노동자들은 이를 미지급 임금을 충당하기 위한 전술로 간주하였다. 어느 날 이들이 방에서 쉬고 있을 때, 고용주의 아내는 그들에게 인분 한 삽을 던졌다. 친 씨와 민 씨는 상담 서비스를 요청하였지만 도움이 되지 않았다. 고용주 부부는 이들의 여권과 신분증을 빼앗고 이들을 계속 괴롭혔다. 이러한 종류의 갈등은 많은 이주 노동자들이 그들이 배정받은 일터를 떠나도록 강요하고, 이로 인해 강제추방의 대상이 되는 불법체류 노동자가 되고 있다. 이러한 맥락에서 이주 노동자들은 고용주의 부당한 대우에도 불구하고 인내해야 하는 경우가 많다.[17]

셋째, 직장에 변화의 조짐이 거의 없다. 모든 이주 노동자와 그 가족의 권리 보호에 관한 국제협약에 따르면(국가인권위원회 2009), 이주 노동자는 노동조건, 임금, 여가, 보건안전 조치, 고용계약 측면에서 차별을 받지 않아야 한다. 하지만 한국은 여전히 이 협약에 무관심하다. 한국 정부의 취업허가 정책은 외국인 노동자를 고용할 수 있는 권리를 정부가 아닌 고용주에게 부여하여 외국인 노동자가 국내에서 일할 수 있도록 하고 있다. 최초 근로계약 기간

---

16 「동일노동 차별임금에 … 이주노동자 불만 커져」, 『한겨레』 2013년 12월 19일자.

17 「농장주인, 외국인 노동자 일 못한다고 "너희들은 X이야" 폭언하고 인분 뿌려」, 『경향신문』 2013년 9월 25일자.

은 3년으로 고용주는 1년 단위로 재계약할 수 있는 권리가 있는데, 이는 고용주의 이익을 위해 제정된 것이다(최은진·김의준 2011: 86). 따라서 이주 노동자들이 그들의 첫 3년 계약을 마치면, 새로운 고용주를 찾을 수 있어야 한다. 그러나 고용주가 미지급 임금 정산을 미루기 때문에 그들은 종종 현 직장에 '묶여 있게' 된다. 이들 중 일부는 다른 고용주를 구할 의향이 있지만 고용노동부는 2012년 8월 새로운 일자리를 찾고 있는 이주 노동자에게는 구인광고를 내지 않겠다고 발표하였다.[18] 새로운 고용주를 찾고 있는 이주민들은 비자를 초과 체류하여 불법체류자가 될 위험이 있다. 이러한 이주 노동자에 대한 처우는 4년 10개월 내에 고용주를 세 번 바꿀 수 있어야 한다는 거명된 계약에 반하는 것이다. 대전이주노동자연대 대표인 서민식 씨는 이 '현대판 노예제'가 폐지되어야 한다고 주장한다.[19]

인도네시아 무슬림 노동자인 마르티(Martti) 씨는 2012년 2월 한 식품 제조업체에서 일하기로 근로계약을 맺었다. 그가 도착하였을 때, 그는 그 회사가 선지, 찹쌀, 각종 야채와 같은 많은 재료로 채워진 돼지 창자를 찐 한국 음식인 순대를 생산한다는 것을 발견하였다. 그는 사업장을 옮기는 데 큰 어려움을 겪었다. 그가 국가인권위원회에 요청을 한 뒤에야 변화가 가능하였다. 알라레(Allare)는 방글라데시 노동자로 2년 전 한국에 왔다. 그는 선천적으로 폐가 좋지 않았지만 철강회사에서 일하게 되었다. 그의 폐 상태는 빠르게 악화되었지만, 그는 3년 계약 때문에 다른 고용주를 찾을 수 없었다. 그는 회사와 갈등을 빚어 한 달간 정직 처분을 받았고, 이 기간 동안 매일 행방을 보고해야 하였다. 회사 측은 매일 신고하지 않으면 불법체류자로 만들겠다고 협박하였

---

18 「이주노동자 돈 떼여도 이직못해」, 『충청투데이』 2013년 12월 18일자.
19 「다문화 기획 1편: 외국인이 일하기 힘든 나라」, 『헤럴드경제』 2013년 7월 30일자.

다(『헤럴드경제』 2013. 7. 30).

넷째, 신체 폭력과 언어폭력, 성폭력이 계속되고 있다. 2004년 스리랑카 이주 노동자 복장을 한 한국인 개그맨이 TV에서 연달아 코미디 쇼를 선보였는데, 그 주제와 관련해 "사장님 나빠요"라는 말이 유행하기도 하였다. 여기에는 신체적·언어적 폭행 등 이주 노동자에 대한 비인간적 처우가 반영되었다. 이 이야기를 상기하면서, 『헤럴드경제』는 한국 뉴스에서 제시된 증거와 상반되는 학대 수준이 수정되었다고 주장한다(『헤럴드경제』 2013. 7. 30). 그러나 『헤럴드경제』는 다른 문화에 대한 이해 부족이 외국인 노동자와 한국인 노동자의 갈등을 계속 일으키고 있으며, 이주 노동자는 자신이 원하는 직업을 선택할 자유가 없다고 주장한다.

국가인권위원회는 해양 산업 이주 노동자의 93.5%가 폭언의 피해자일 정도로 이주 노동자에 대한 인권침해 우려와 학대 수준이 심각하다는 점을 인지하고 있다. 이주 노동자들은 한국어 능력이 부족하기 때문에 이러한 학대로부터 자신들을 보호할 수 없다. 위원회는 이들을 지원하는 정책 개발이 필요하다는 점에 주목하고 있지만, 이를 위한 적극적인 움직임은 보이지 않고 있다.[20] 경상남도 이주노동자복지센터의 2013년 보고서에 따르면, 응답자 415명 중 13.3%가 신체적 폭력을 경험한 것으로 나타났다. 보고서는 가해자 중 41.7%가 한국인이었고, 폭행의 이유로는 '외국인이어서'(30.8%)와 '한국어를 이해하지 못해서'(21.5%)가 가장 많았다고 밝혔다(『한겨레』 2013. 12. 19). '외국인인 것'은 모든 외국인을 지칭하는 것이 아니라 대부분 경제적 상황이 좋지 않은 사람들을 지칭하는 것이다. 어떻게 외국인이 그들의 국적이나 한국말을

20 「인권위, 외국인 선원 인권개선 방안마련 권고」, 『문화일보』 2013년 1월 2일자.

할 줄 모른다는 이유로 폭행을 당해도 마땅한가?

아마도 폭행에 가장 취약한 이들은 여성 이주 노동자일 것이다. 세계경제 포럼(WEF)이 발간한 『2013 세계 성 격차 보고서』에 따르면 한국은 여성 평등권에서 136개국 중 111위를 차지하였다(World Economic Forum 2013). 이는 한국 여성의 삶이 본질적으로 어렵다는 것을 의미한다(Kim et al. 2012). 여성 이주 노동자들의 삶은 의심의 여지없이 더 나쁘다. 2013년 6월 대전에서는 고용주로부터 수차례 성폭행을 당한 여성 이주 노동자와 관련한 법정 소송이 있었다. 추방에 대한 두려움이 그녀를 다시 일터로 돌아오게 하였다. 폭행이 이어지자 피해자는 건물에서 뛰어내렸고, 그녀는 장애인이 되었다. 1심에서 고용주는 무죄 판결을 받아 풀려났다. 그러나 2심에서는 유죄가 인정되어 징역 3년 6개월을 선고받았다(손정아 2013). 성직자이자 이주 노동자 운동가인 김철수 씨는 이주 노동자가 범죄의 피해자가 되었을 때 그에 대한 법적 보호는 거의 없다고 주장한다. 그는 다음과 같이 주장한다.

> 한국이 1997년 아시아 경제 위기에서 벗어났을 때 이주 노동자들의 기여에 대한 어떠한 인정도 없었다. 오히려 그들은 불법체류자이거나 범죄자이거나 착취할 수 있는 값싼 중고 기계쯤으로 여겨졌다. 그들에게는 어떠한 인권이나 노동권도 부여되지 않았다(김철수 2013; Entman 1994; 김세은·김수아 2008 참조).

(3) 졸부적 민족주의: '출신국과 피부색 때문에 …'

이주 노동자들은 그들의 출신 국가 때문에 판단되고 차별받는다. 서울대학교 다문화교육센터가 2011년에 설문조사를 실시하면서 외국인 신부들에게 던진 질문 중 하나는 "외국인들이 한국에서 차별을 받는 주요 근거는 무엇인가?"였다. 101명의 참가자 중 36.6%가 '출신국'이라고 응답하였다. 2008년 한국에 입국한 베트남 이주 노동자 응위옌 바 탄(Nguyen Ba Thanh) 씨는 "단순히 동남아 출신이라는 이유로 학대를 받을 때면 제2의 고국인 한국을 떠나고 싶은 마음이 든다"고 말하였다.[21] 한국계 중국인인 허 씨와 그의 아내는 2007년 서울에 도착하였다. 그는 목공소와 식물원에서 일하였고, 그녀는 모텔에서 청소부로 일하였다. 그러나 그들은 '한국인'으로 간주되지 않는다. 그는 중국 출신이라는 이유로 자신을 퉁명스럽게 대하는 한국인들에 대처하는 것이 가장 어려웠다. 예를 들어, 허 씨는 200개의 묘목을 따로 떼어 놓은 적이 있다. 그러자 그의 상사는 직설적이고 격렬하게 그에게 숫자를 확인해 줄 것을 요구하였다. 허 씨의 재검을 통해 정확한 숫자임이 증명되었다. 상사는 사과 한 마디 없이 자리를 떠났다. 허 씨에 따르면, "조선족은 중국 출신이라는 이유로 무조건 불신받고 멸시받는다."[22] 조선족은 한국인들과 '혈통'과 역사문화적 뿌리를 공유하고 있지만, 오늘날 중요한 것은 허 씨가 온 중국보다 한국 경제가 더 발전하였다는 점이다.

여기 인도계 한국인의 증언이 있다. 무쿨 바수(Mukul Basu)는 인도에서 왔고 2000년에 한국 국적을 취득하였다. 그는 학원 영어 선생님이다. 바수 씨에 따르면, "한국인들은 인도인들처럼 마음이 착하지만, 이중적인 마음을 가지고 있다. 그들은 그들 사이에서, 그리고 서양인들에게 친절하다. 하지만 한국인들은 유색인종을 쉽게 차별하고 무례하다." 그 역시 피부가 검다는 이유로 여러 차례 신체적·언어적 학대를 받았다. 바수 씨는 한국인의 친절한 마음이 그들 자신들만을 위한 것이라고 생각하며, 이주 노동자와 같은 가난한 사람

21 「창간 68주년: 다문화를 말하다」, 『경인일보』 2013년 9월 4일자.

22 「"중국동포면 얕보고 강압적 지시 … 위험한 일 도맡아도 대우 못 받아"」, 『경향신문』 2013년 8월 1일자.

들과도 이를 나눌 수 있기를 바란다.[23]

앞서 언급하였듯이, 여성 이주 노동자들의 상처는 특히 더 고통스럽다. 손정아 인권상담사는 여성 이주 노동자에 대한 한국인들의 편견과 차별에 대해 침묵하거나 아무것도 하지 않는 것이 부끄럽다. 손 씨는 여성 이주 노동자가 낮은 임금과 안전하지 못한 근무 환경, 남성 동료와 고용주의 성폭행 등에 노출되어 있다는 사실을 발견하였다. 고용주에게 폭행을 당해도 추방의 두려움 때문에 여성 근로자들은 직장에 복귀한다. 피해자의 복귀는 법적 분쟁에서 피고인에게 유리하게 작용한다. 게다가, 손 씨는 동남아시아에서 온 많은 여성 노동자들이 한국 남성과 결혼하고 싶어 결혼 중개업체에 접근하고 있다고 이야기한다. 강제적인 동의에 따라, 결혼 중개인들은 옷을 벗은 여성들을 관찰하였다. 손 씨는 이들 여성들이 한국에 와서 일하기 위해 고액의 수수료를 지불하는 경우가 많기 때문에 추방이 이들에게 가장 큰 두려움이라고 주장한다. 이 여성들과 결혼 중개인 사이에는 극도로 불평등한 권리가 존재하기 때문에 어떠한 형태의 동의도 의미가 없다. 손 씨는 이러한 사건들이 보도된 것보다 더 자주 발생한다고 안타까워한다(손정아 2013). 나는 여성들이 폭행을 당한 가장 핵심적인 이유가 가난한 환경에서 자란 그들이 쉬운 먹잇감으로 보였기 때문이라고 주장한다. 동남아시아 출신 여성이라는 것은 그녀를 매우 취약한 지위에 올려놓는다(조성수 2009b: 116). 반면에, 결혼 중개인들은 상대적으로 부유한 국가의 일원이며 여성들에게 나쁘게 행동할 자격이 있다고 느끼기 때문에 우월 콤플렉스를 가지고 있는 것처럼 보일 것이다. 다시 한번 말하지만, 한국 여성들이 남성과 동등한 권리를 누리지 못하는 상황이라면,

23 「"외국인 노동자도 우리 이웃 … 한국의 情 나눠 주세요"」, 『광주일보』 2013년 10월 31일자.

여성 이주 노동자들의 권리는 더욱더 제한될 수밖에 없다.

그렇다면 졸부적 민족주의의 실행이 끼치게 될 영향은 무엇일까? 한국 미디어는 때때로 다른 나라의 민족관계에 대해 보도한다. 『충청투데이』는 프랑스와 독일의 차별적 배제 또는 일방적인 동화 정책이 문제가 되고 있으며, 결과적으로 2005년 프랑스에서의 무슬림 폭동으로 이어졌다고 보도하였다. 이 신문은 한국이 이 같은 해외 사례를 교훈으로 삼아야 한다고 주장하였다.[24] 또한 프랑스 사례에 대한 체계적인 분석도 보도되었다. 부족한 노동력을 공급하기 위한 이민 정책은 이주 노동자와 기존의 한국인 육체노동자 간의 공학적 경쟁으로 인해 높은 사회적 비용을 발생시킨다. 이것이 1940년대부터 21세기까지 프랑스에서 일어난 일이다. 1940년대에 프랑스 경제는 이주 노동력 덕분에 기하급수적으로 성장하였다. 1973년 석유 파동 이후 사회적 비용이 경제적 이익을 초과하였고 결국 2005년 프랑스 폭동으로 이어졌다. 이 분석은 외국인 노동력의 사용 및 이들이 한국 사회의 구성원으로 정착할 수 있게 돕는 적절한 정책을 주장한다. 그리고 한국인들이 프랑스인들의 전철을 밟고 있다고 경고한다. 예를 들어, 외국인 노동자가 범죄에 연루되면 차별과 배제의 폭언이 폭발적으로 발생한다. 조선족, 동남아시아 및 아프리카 노동자들이 인터넷 사이트에서 벌어지는 공격의 주된 대상이다. 이것은 프랑스에서 일어난 일과 비슷하다.[25]

다문화주의 옹호론자인 장순미 씨도 이주 노동자에 대한 차별과 배제가 그들을 더욱 궁핍하게 만들고 사회적 갈등을 촉발시킬 것이라고 보고하였다(장순미 2013). 『이투데이』는 이주 노동자를 잠재적 범죄자로 취급하는 것은 그

24 「건강한 다문화 사회를 위한 제언」, 『충청투데이』 2013년 1월 9일자.
25 「국가 시스템 개조하자: 한국도 다문화 갈등 전초 단계 진입」, 『서울경제』 2013년 6월 25일자.

들의 삶의 기회를 제한하고, 그들은 경쟁적인 한국에서 '새롭게 만들어진 빈곤층'의 범주에 속하게 될 것이며, 이는 사회 갈등의 씨앗이 될 것이라고 주장하였다.[26] 대부분의 이주 노동자들이 한국을 떠날 때 부정적인 이미지를 유지하는 것은 놀라운 일이 아니다.[27] 이는 소프트 파워의 중요성으로부터 얻을 수 있는 잠재적 이익을 무시한다(Nye 2004).

2) 이주 노동자들의 자녀들

여성 이주 노동자만큼 취약한 또 다른 집단은 불법체류 노동자의 자녀들이다. 한국 법무부 통계에 따르면, 2012년 11월 기준 불법체류 외국인 노동자는 18만 794명이다(이주 노동자의 30% 이상). 그들의 19세 이하의 자녀 수는 대략 2만 명 정도로 추정된다. 유엔아동권리협약에 따르면, 보호자의 법적 지위에 관계없이, 어떤 아동도 교육받을 권리에서 차별받을 수 없다. 한국은 1990년 이 협약을 비준한 서명국이지만 협약을 지키지 않고 있다.[28] 예를 들어, 스리랑카인 부모의 여섯 살 난 아이인 하영광은 2006년 6월 어느 날 그의 어머니가 하교하던 그를 마중하러 가려던 중 출입국관리소의 단속에 걸려 추방될 위기에 처하였다. 이 사건은 한국 정부 차원에서 많은 정책적 논란을 불러일으켰다. 한 가지 결과는 자신의 불법체류 상태를 자발적으로 보고한 사람들의 경우 초등학생 자녀의 추방이 2008년 2월까지 연기될 수 있게 되었다는 것이다. 하 씨 가족은 그 전에 한국을 떠났고, 그 소년은 스리랑카 사회에 적응

26 「기자수첩: '철학' 필요한 다문화 정책」, 『이투데이』 2013년 3월 29일자.
27 「이름600·개항130 인천을 본다 6: 제2의 개항을 꿈꾸다 ③ - 인천 속 세계 (하)」, 『경인일보』 2013년 11월 7일자.
28 「민우 같은 아이들 2만 명 … 최고 선처는 '방관'」, 『한겨레』 2013년 1월 12일자.

하는 데 극심한 어려움을 겪었다. 『한겨레』는 ‘어떤 정책이 개발되었는가’에 의문을 제기하며 정책 틀 안에서 아무런 변화가 없었다고 보도한다. 즉, “불법체류 노동자는 배제와 추방이라는 동일한 원칙하에 통제되며, 그들의 자녀에게는 방관과 ‘묵인’의 원칙이 적용된다”는 것이다. 이러한 맥락에서 그 아이들의 사회·교육·건강상의 권리는 완전히 무시된다(『한겨레』 2013. 1. 12).

3) 외국인을 혐오하는 한국인?

조선왕조의 역사를 보면 중국인, 일본인, 만주 여진족과 무슬림 일원들이 한국에 와서 다문화 가정을 형성하였음을 알 수 있다. 그들 중 일부는 정부 관료가 되었다. 생물학과 김욱 교수는 한국인의 DNA를 분석한 결과 60%의 북방 DNA와 40%의 남방 DNA로 이루어져 있다고 보고하였다(후홍염 2013). 많은 한국인들이 순혈주의를 극복하지 못하는 것과 달리 일상 속에서 다문화주의를 실천하고 있는 외국인들이 있다. 일부 이주 노동자들은 한국 교민으로 정착하여 한인 사회에 긍정적으로 기여하고 있다. 방글라데시계 한국인인 알람(Alam)은 1996년 한국에 이주 노동자로 입국하였다. 처음 3년 동안, 그는 매달 500달러를 벌어 그의 부모에게 450달러를 송금하였다. 1999년에 그는 불법체류자가 되었다. 2002년, 그는 한국 여성과 결혼하였다. 알람은 지역 사회 안전을 위한 자발적인 감시 봉사자로, 이주 노동자들의 산업재해 피해자들을 위한 병원 도우미이자, 지역 신문인 『국경 없는 공동체』(*The Community without Border*)의 기자이다. 지네시 리살(Ginesi Rizal)은 수완 좋은 인도/네팔 음식점을 운영하는 네팔계 한국인이다. 그는 한 달에 한 번 50-60명의 가난한 노인 주민들을 초대하여 음식을 대접한다. 이것이 그가 그를 지지하는 한국인들에게

보답하는 방법이다.[29]

그러나 외국인 혐오적 태도는 정부 정책에서부터 개인 차원의 일상적인 상호 작용에 이르기까지 한국 사회의 구석구석에 여전히 만연해 있다. 난민 신청자에 대한 한국의 처우가 적절한 사례이다. 한국은 1992년 난민 지위에 관한 협약(1951년)에 가입하였다. 한국은 이 협약에 가입한 6개 아시아 국가들 중 하나이며, 난민에 대한 자체 법률을 보유한 유일한 아시아 국가이다. 이러한 사실들은 국제 사회의 눈에 한국을 '모범적인' 국가로 보이게 만든다. 그러나 1994년 이후 5,069건의 난민 신청들 중 300건, 즉 6%만이 승인되어 세계 평균인 38%와는 큰 차이를 보였다. 한국의 급속한 경제 발전과 한류의 영향으로 2011년부터 2012년까지 1,143건의 신청이 있었다. 그들 중 오직 60명만이 승인되었다(서창록 2013). 서창록 국제관계학 교수는 난민에 대한 부정적 반응에 대해 다음과 같은 가설적 이유를 제시한다. "첫째, 난민 수용은 '한국인'의 일자리를 빼앗는다. 둘째, 성폭력 등의 범죄가 증가할 것이다. 셋째, 난민들은 한국인들을 위한 복지 예산을 낭비할 것이다." 서 교수는 난민을 잠재적 범죄자로 보는 것은 잘못되고 무지한 인식이라고 주장한다(서창록 2013; 주혜연·노광우 2013: 340 참조).

일베저장소는 매일의 인기 있는 게시물을 모아놓은 인기 웹사이트로 유명하다. 일베가 한국에 있는 외국인에 대해 부정적이고 공격적인 태도를 유지하는 것은 외국인 노동자를 포함한 외국인의 유입으로 인해 자신들의 권리를 박탈당하였다고 느끼기 때문이다. 천상진 박사는 상대적 박탈감의 근본적 원인은 한국 사회 자체의 사회적 불평등이 심화되고 있기 때문이라고 주장한

29 「창간 67주년 특집 – 우리 안의 우리: "학생·노인들 안전 귀가 때 보람 느껴 … 제2의 고향 밤길 지켜요"」, 『경향신문』 2013년 10월 4일자.

다. 임재성 평화연구원은 일베저장소의 게시물들은 한국 대중들이 마음속에 품고 있지만 공개적으로 말하기를 꺼려하는 메시지를 반영하고 있다고 주장한다.[30] 이진로 미디어학부 교수에 따르면, 일베저장소와 같은 인터넷 공간에서 벌어지는 이주 노동자들에 대한 지속적이고 공격적인 차별은 '개인의 좌절, 불안, 무력감'에 기인하며, 이는 사회 복지의 부재와 극심한 경쟁에 대처하지 못하기 때문이다.[31] 이는 한국인, 특히 약자들이 스스로 겪는 문제를 말한다. 나는 인터넷 공간에서 나타나는 이러한 공격성은 혜택받지 못한 한국인들과 이주 노동자들 사이의 일상적 상호 작용에 대한 긴장을 반영한다고 덧붙이고 싶다.

4) 무관심하고 무신경한 정부 정책

(1) 무신경한 정책들

한국의 이민 정책은 이제 20년을 넘겼다. 배제가 정부의 민족주의 이민 정책의 핵심 원칙이라는 데 대부분이 의견을 같이한다. 예외적으로 '한국인'으로 받아들여지는 것은 한국인 남성과 결혼해 '한국인'이 순혈주의를 재생산하도록 돕는 외국인 신부들이지만(하상복 2012: 545),[32] 체계적으로 배제되고 억압되는 이들은 이주 노동자들이다.[33] 『영남일보』는 이는 명백한 차별이라

30 「'일베 현상'에서 한국 사회를 본다: "일탈적 놀이 즐기는 누리꾼일 뿐이냐, 세력화 가능한 여론 집단이냐"」, 『경향신문』 2013년 6월 5일자.

31 「"일베 · '쿵푸팬더 보이콧' · 넷우익 공통점이 있다"」, 『한겨레』 2013년 11월 22일자.

32 외국인 신부들을 위한 공적 자금은 그들이 한국인 남편과 함께 하는 것에 달려 있다(하상복 2012).

33 「더불어 사는 경북, 프라이드 다문화 10. 한국(경북)다문화 정책 돌아보기」, 『영남일보』 2013년 10월 15일자.

고 지적한다(『영남일보』 2013. 10. 15). 실제로, 이주 노동자나 유학생 등 외국인에 대한 우려의 폭이 커지고 있는 것에 대해 중앙 정부의 지도력이 전무한데다 지방 정부의 인적·물적 자원 부족도 심각하다.[34]

정부의 조치나 정책이 있을 때는 무관심하거나 무신경한 경우가 많다. 예를 들어, 한국 정부는 난민에 대한 지원 조치를 취하는 제스처로 난민지원센터를 건립하였다. 실제로는 '지원' 센터라기보다는 주로 행정 편의를 위한 구금 센터였다. 이 장소는 헬기장과 하수처리장 옆에 있었다(토나·박진숙 2013).[35] 인천시의회는 이에 반대하며 소음과 악취, 고립이 난민들에게 명백한 문제라고 지적하였지만 중앙 정부는 이 같은 우려를 무시하였다(인천광역시의회 2013). 그 건물은 현재 개방되어 있다. 한국의 다문화 지원과 정책이 '외국인'보다는 다문화 관료와 공무원을 위한 경우가 많은 것은 아닌지 큰 관심사이다.

(2) 수많은 논쟁들

이주 노동자의 임금 체불이나 인권 유린 문제는 노동자의 기본권인 '노동조합'과 '노동권'을 근거로 제기될 수 있다. 다수의 법원 판례에서 서울지방법원과 대법원은 이주 노동자들이 국내 노동자들과 동일한 노조 활동 권리를 갖는다고 판결하였다. 그러나 한국 고용노동부는 이 판결에 항소하였다. 한국 고등법원은 6년 4개월 동안 답변을 미루었다. 그동안 항소심을 보았던, 임기가 6년인 대법관들은 모두 다른 곳으로 이동하였다.[36] 유엔의 요청에도 불구하고, 한국은 현재 '모든 이주 노동자와 가족의 권리 보호에 관한 국제 협

34 「충남지역 다문화 가정 지원 태부족」, 『충청투데이』 2013년 1월 4일자.
35 「한국 난민 되기까지 6년이나 걸렸다오」, 『서울신문』 2013년 1월 5일자.
36 「"보호소서 잠시 풀어줘야 밀린 임금·방 보증금 받을텐데 …"」, 『한겨레』 2013년 7월 1일자.

약'을 지키지 않고 있다. 난민 신청 절차와 복지, 교육, 직업 훈련 등을 보호하기 위해 제정된 새 난민법은 2013년 7월 1일자로 시행될 예정이었다. 그러나 이 법안에 필요한 자금이 부족하였으며 적절한 집행이 없었다. 한편, 영종도의 난민지원센터는 인근 지역 주민들과 분쟁을 겪고 있어 사실상 운영되지 않고 있다.[37]

새로운 한국인들을 위한 것으로 추정되는 많은 정부 정책들이 있지만, 성과는 거의 없다. 다문화주의 활동가인 박천응 박사는 "정부의 다문화 정책은 잘 꾸며져 있지만 그 내용은 차별과 배제로 가득 차 있다"고 주장하였다.[38] 충청남도의 한 정부 관료는 정부 지원이 이주민 수요를 충족시키는 것과는 거리가 멀고, 정부 부처 간 중복이 많다는 점을 인정하고 있다. 이주 서비스의 간소화가 필요하다(『충청투데이』 2013. 1. 4).

(3) 인권위원회의 권고사항

누구를 위해 이민 정책을 제정하고 시행하는지 궁금할 수도 있다. 최희순 경기도 사회개발연구위원에 따르면, 이주민 정책은 빈곤층이 아닌 중앙 정부를 중심으로 집행되고 있어 이주민들의 만족도가 거의 없는 실정이다.[39] 예를 들어, 매년 1만 8,000명의 불법체류 노동자가 추방된다. 법무부와 노동부는 임금분쟁과 인권 유린 사례를 처리하기 위해 '서로 책임을 떠넘기는' 경향이 있다. 『한겨레』는 "정부 정책은 이주 노동자들의 권리 회복을 돕는 데 초점이

37 「한국땅의 이주민들, 안녕들하십니까」, 『헤럴드경제』 2013년 12월 18일자.

38 「다문화박사 1호 박천응 목사 "관(官)주도 다문화주의 경계해야"」, 『이투데이』 2013년 3월 11일자.

39 「국가 시스템 개조하자 8부. 선진화된 사회체계 구축 3: 다문화를 껴안아라」, 『서울경제』 2013년 6월 25일자; 「한국형 이민모델 만들자 ⑤ 이민자 선별해 받고 문화장벽 낮춰 낙오자 줄여라」, 『매일경제』 2013년 6월 21일자에 보도된 이참의 주장.

맞춰져 있지 않고 추방하는 데 초점을 맞추고 있다"고 보도하였다(『한겨레』 2013. 7. 1). '지방 정부가 이주민을 다루는 데 창의적이지 못하고 중앙 정부에 의존하는 것'은 이주민들을 더 큰 어려움에 처하게 한다. 국가인권위원회는 이주 노동자들을 다루는 책임을 놓고 부서 간 분쟁을 일으키는 근본적인 문제들을 잘 알고 있다. 문제는 이주 노동자를 모집하는 과정과 국내 및 이주 노동자의 다른 처우와 임금을 포함한다. 위원회는 이러한 우려를 해소하기 위한 정책의 입법을 명령하였다.[40] 그 변화들은 아직 보고되지 않았다. 정책을 집행할 의지가 있을지는 또 다른 문제이다.

5. 논의 및 결론

한국의 외국인 근로자는 호주와 다른 지역의 한국인을 포함한 수백만 명의 이주 노동자가 누리는 것처럼 노동과 인권 보호를 받을 자격이 있다(Lim 2002: 21). 이주 노동자들은 한국 정부에 의해 제도적으로 차별받고, 고용주에 의해 경제적으로 차별받고, 한국인들에 의해 사회적으로 차별받고 있다(강수돌 2004: 245-246). 권력과 부를 가진 많은 한국인들은 변화를 위한 주된 행위자이거나 변화를 위한 기업 행위자의 일부이기 때문에 그들이 있는 곳에서 변화를 시작할 수 있다(Archer 1995). 그러나 어떤 각도에서든 변화를 동원하려는 시도는 상대적으로 적어 보인다.

값싼 노동력을 위해 외국인 노동자를 데려오는 것은 한국만의 일이 아니

40 「뉴스 브리핑: 인권위 "외국인 선원, 내국인과 차별금지 위한 정책 마련 필요" 외」, 『세계일보』 2013년 1월 3일자.

라 호주, 싱가포르, 말레이시아와 같은 선진국과 신흥 개발도상국 전역에서 일어나고 있다. 호주의 인기 일간지 『헤럴드 썬』은 인도네시아의 한 싱크탱크가 제안한 대로 시간당 4달러를 받는 인도네시아 보모를 수입할 가능성에 대해 보도하였다.[41] 제안된 4달러는 2014년 6월 기준 시간당 최저임금인 16.87달러에 훨씬 못 미치는 금액이다(AGDE 2014). 특정한 관행이 널리 퍼지는 것과 그것의 적절성은 완전히 별개의 것이다. 재고 없이 용인되는 이러한 관행들은 종종 적법하게 제도화되어 위법 행위에 대한 비판적 평가가 이루어지지 않는 경향이 있다.

조미영·서정민(2013)은 "마치 '대기업'으로서 한국이 다문화주의를 운영하거나 외국인이 기업에 이익을 가져다주는 방식으로 외국인을 통제하고 있다"며 적절한 주장을 한다.[42] 값싼 노동력으로 이익을 극대화하는 것이 그 대기업에게 중요한 것이다. 이주 노동자들의 다문화적 만남은 졸부적 민족주의와 순혈주의가 강화되고 실행되는 방식을 가장 생생하게 보여 주는 듯하다. 여성 이주 노동자들은 특히 취약하다. 여성 이주 노동자들의 상품화는 한국 남성들에게 '쉬운' 결혼 상대로 여겨지기 때문에 지속적인 문제가 되어 왔다.[43] 그들은 새로운 한국인으로서 좋은 평가를 받고 있지만, 그들의 오명은 여전히 남아 있다. 이주 노동자들은 한국에 어떤 기여를 하든 환영받지 못하고 있다.

2014년 국제노동조합총연맹(ITUC)은 한국을 '5조(5번째 하위그룹)'로 분류해 '권리보장이 없다'고 지적하였다. 즉, 노동자의 권리에 관한 법률이 있지

---

41 "Should We Import Asian Nannies?," *Herald Sun* 2014년 2월 15일자.
42 「거대기업이 된 한국, 다문화 카스트사회 만든다」, 『경남도민일보』 2013년 12월 20일자.
43 「'피부색' 사회편견 여전 … 저임·체불–의료 사각지대」, 『문화일보』 2007년 10월 2일자.

만 노동자들이 그 혜택을 누리지 못한다는 것이다. 5조에는 중국, 인도, 나이지리아, 방글라데시, 이집트, 그리스, 과테말라, 라오스, 말레이시아, 필리핀, 스와질랜드, 터키, 잠비아, 짐바브웨 등 24개국이 속해 있다.[44] 한국은 의심할 여지없이 지난 20년 동안 복지 지원을 개선해 왔다. 그러나 OECD의 '진정한' 회원국이 되려면 여전히 개선이 필요한 분야이다. 즉, 번영의 혜택을 많은 수의 노동자와 고용주에게 돌려주는 것이 옳다. 한국의 산업들이 다른 많은 OECD 국가의 노동자들이 일반적으로 누리는 것과 같은 권리를 한국 노동자들에게 제공할 수 없을 때, 그들이 이주 노동자들에게 한국인들이 누리는 것과 비슷한 권리를 제공할 수 있다는 희망은 거의 없다.

이주 노동자에 대한 부정적인 대우에 대한 모든 비판에도 불구하고, 한국 사회에 어떤 변화가 일어나고 있는가? 파키스탄계 한국인 성직자인 아킬 칸(Akil Khan)은 이주 노동자 출신으로 한국인과 결혼해 두 자녀를 두고 있다. 칸은 "공장에서의 나의 차별 경험은 내가 표현할 수 있는 범위를 넘어선다"고 회상한다. 하지만 인천은 변하고 있다. 인천은 진정한 다문화 도시가 되어 가고 있다. 한국이 20-30년 안에 외국인 출신 대통령을 갖는 것도 어쩌면 가능할 것이다.[45] 가까운 시일 내에 이와 같은 경험을 이야기할 수 있는 '새로운 한국인'이 더 많아졌으면 좋겠다.

권이종은 1960년대에 독일에서 광부로 일하였고 그곳에서 대학원 과정을 마쳤다. 권이종은 후에 한국의 한 대학에서 교수로 근무하였으며, 인터뷰에서 자신의 경험을 다음과 같이 이야기하였다.

---

44 「"한국 노동자 권리보장, 세계 최하위 등급" 〈국제노조총연맹〉」, 『연합뉴스』 2014년 5월 22일자.
45 「이름600·개항130 인천을 본다 6: 제2의 개항을 꿈꾸다 ③ – 인천 속 세계 (하)」, 『경인일보』 2013년 11월 7일자.

권 교수는 자신이 독일에서 '외국인 노동자'로 살았던 과거를 회상하며 국내에서 일하는 외국인 노동자들에 대한 인식과 처우도 개선해야 한다고 강조하였다. 광산 일을 시작하고 공부를 마치고 귀국할 때까지 독일인들은 모든 면에서 그를 인격적으로 대해 주었으며 임금착취, 인격모독, 인종차별 등의 불합리한 대우를 받아본 적이 없다고 말하였다. 그는 "때리지 마세요. 월급 주세요. 우리는 노예가 아닙니다"라는 국내 외국인 노동자들의 절규가 더 이상 나오지 않게 그들에게 차별 없는 근로조건과 인권을 보장해 주어야 한다고 힘주어 말하였다.[46]

21세기에 한국은 독일과 같은 다른 나라들로부터의 긍정적이거나 부정적인 교훈을 외면할 수 있다. 하지만 만약 한국이 기꺼이 그 교훈을 받아들인다면, 여러 가지 면에서 이익을 얻고 국가로서 계속 번영할 수 있을 것이다.

46 「연합인터뷰: 파독광부 출신 권이종 교수」, 『연합뉴스』 2004년 6월 8일자.

제5장

한국의 민족주의와 외국 출신 전문인

저숙련 이주 노동자의 증가와 함께 전문직 이주 노동자의 수도 2000년 이후 꾸준히 증가하고 있다. 2009년 기준 한국 내 이주 노동자 577,861명 중 90% 이상이 저숙련 노동자였다. 총 5만 2,073명의 이주 노동자들은 한국에서 3개월 이상 근무하기 위해 계약한 경험이 있는 고도로 숙련된 전문가들이다. 후자 집단은 상당한 수의 한국인들이 해외로 이민을 가는 것과 비교해 볼 때 상대적으로 적다(임석희·송주연 2010: 280).[1] 하지만 한국에서 전문가 이주 노동자들의 생활과 적응에 대한 학문적인 조사는 거의 없다. 숙련된 전문직에는 크게 네 가지 범주가 있다. 첫째, 외국계 기업 및 투자 또는 무역 관련 산업 전문가, 둘째 연구 기관, 셋째 외국어 교육, 넷째 공연 및 스포츠 인력이 그것이다(박배균 2010: 94; 임석희·송주연 2010: 277). 네 가지 범주에 해당하는 외국인 남녀 전문가 수는 [표 5-1]에 제시되어 있다.

2012년 11월 현재 저임금 이주 노동자 559만 명 중 30% 이상이 불법체류 노동자이다. 다만 이주 노동자와 비교해 볼 때 전체 미등록 전문 이주 노동자 비중은 2009년 12월 기준 5.5%로 낮은 편이었다(임석희·송주연 2010 인용). 숙련된 이주 노동자가 가장 많이 찾는 지역 10곳은 서울, 인천, 경기 등 수도권 지역이며, 이 3개 지역에서 전문 이주 노동자들의 거주 비율이 압도적으로 높다(이용균·이현욱 2012: 62; 임석희·송주연 2010: 285).

출신 국가에 관한 한, 산업 전문가들은 대부분 아시아 출신이며([표 5-1] 참조), 무역 전문가들은 주로 유럽 출신이다. 연구원들은 주로 아시아에서 왔고 북미 출신의 기술 훈련가들이다. 외국어(예: 영어) 강사들은 대부분 북아메리

1 다른 소식통에 따르면, 2010년 말까지 한국에는 125만 명의 외국인 출생자가 있었다. 유학생 8만 7,480명, 전문직 이주 노동자 4만 4,320명, 저숙련 노동자 51만 3,621명, 결혼 이주자 14만 1,654명(2012년)이었다(이용균·이현욱 2012). 결혼 이주민의 86.4%는 여성이었다(이용균·이현욱 2012: 70).

표 5-1 남성 및 여성 전문직 이주 노동자

	산업체(외국계 회사, 투자, 무역 관련)	대학 및 연구소	외국어 교습	공연, 스포츠, 연예
남성	18,367 (85.1)	4,026 (82.9)	12,739 (56.3)	932 (21.6)
여성	3,210 (14.9)	829 (17.1)	9,903 (43.7)	3,373 (78.4)
전체	21,577 (100.0)	4,855 (100.0)	22,642 (100.0)	4,305 (100.0)

주: 장·단기 전문직 이주 노동자가 모두 포함된다.
자료: 출입국관리사무소 연간 통계 2009(임석희·송주연 2010: 284).

카 출신이다. 공연예술인과 스포츠인, 엔터테인먼트 부문에서는 총 4,305명 중 3,834명이 아시아 출신이었다. 그중 87.4%인 3,352명은 필리핀인이었다(임석희·송주연 2010: 284). 대부분의 전문 이주 노동자의 출신 국가는 미국, 캐나다, 중국, 필리핀, 영국, 프랑스, 일본, 호주 및 인도이다. 많은 수의 인도인들이 정보기술(IT) 산업에 종사하고 있다(박배균 2010: 94; 임석희·송주연 2010: 287-288). 2011년 기준 경제협력개발기구(OECD) 국가 출신 이주 노동자가 미국(26,466명), 일본(21,126명), 캐나다(6,572명), 영국(4,748명), 프랑스(2,126명), 호주(1,675명) 및 독일 출신이라는 점에 주목할 필요가 있다. 이용균과 이현욱(2012: 65)에 따르면, 이들 중 23.7%가 저숙련 이주 노동자들이다(최은진·김의준 2011: 91).[2]

2 이와는 대조적으로 개발도상국 출신 이주 노동자의 80.96%는 저숙련 노동에 종사하고 있고 19.04%는 전문직에 종사하고 있다(최은진·김의준 2011: 91).

1. 문헌 고찰과 배경

외국인 전문 인력이 한국 사회의 지속적인 발전을 위해 기여할 수 있는 잠재적인 기여에도 불구하고, 그들에 대한 연구는 한정되어 있으며, 그마저도 대부분 지리학적 연구들이다(예: 박배균 2010; 임석희·송주연 2010). 임석희·송주연(2010: 289)에 따르면, 특정 민족 출신 전문가들이 특정 지역에 정착하면서 지리적 분리 현상이 관찰되고 있다. 예를 들어, 주목할 만한 수의 미국인들은 이태원에 살고, 반포구 서래마을에는 프랑스인, 동부이촌동에는 일본인, 한남동에는 독일인이 살고 있다. 임석희·송주연(2010: 290)은 영주권 신청 자격요건을 갖추지 못한 저숙련 이주 노동자와는 달리 전문직 이주 노동자는 지난 3년간 허위서류 제출, 전과 등으로 자격을 박탈당하지 않았다면 자격요건을 갖추고 있다고 강조하였다. 그들에게는 또한 3년 동안 원하는 대로 입출국할 수 있는 특전이 주어지는데, 이 특전은 갱신될 수도 있다. 이들의 체류 허가 기간은 3년에서 5년으로 늘었다(강혜림 2008; 임석희·송주연 2010: 290에서 재인용). 이러한 정책들은 전문 인력을 유치하고 국제 시장에서 한국 산업의 국가 경쟁력을 높이기 위해 도입되었다. 하지만 전문 외국인 노동자들의 국내 체류를 용이하게 하기 위해 고안된 다양한 지원 정책에도 불구하고, 지원을 필요로 할 때 그들이 의지할 수 있는 구체적인 기관은 거의 없다. 이는 외국인 신부들이 의지할 수 있는 상당수의 민간 또는 정부 지원 기관들과 대조된다. 지원 기관은 매우 제한적인 범위이지만 저숙련 이주 노동자들에게도 제공된다(임석희·송주연 2010: 291. 또한 한건수·설동훈 2007 참조).[3] 앞 장에서 언급하였듯이, 다양한

3 한건수·설동훈(2007: 71)은 한국에 거주하는 외국인 집단 중 누구도 어떤 지원 프로그램이 있는지 알지 못하고 프로그램의 혜택을 거의 받지 못한다는 것을 발견하였다.

범주의 외국인 노동자나 새로운 한국인들에 대한 불만족스러운 서비스는 그들의 삶의 질에 부정적인 영향을 미친다.

외국인 전문가의 지리적 분포와 정착에 대한 이해가 중요하다(임석희·송주연 2010). 김현주·전광희·이혜경(1997)은 고학력 외국인 전문가들이 지식, 경험, 새로운 문화에서의 삶에 적응할 수 있는 능력을 가질 수 있다고 지적한다. 박배균(2010: 91)은 전문가 개개인의 개인적 배경이 그들의 적응 수준을 보여주는 중요한 예측 변수라고 주장한다. 그러나 박배균(2010: 91)은 그들의 적응 과정에 대한 지역적·문화적·맥락적 요인의 영향도 중요하다고 주장한다. 따라서 그들이 전국적으로 정착하는 데 있어서 얼마나 많은 어려움과 지원을 경험하였는지 이해하는 것이 중요하다. 박배균의 논문은 외국인 노동자들이 직장 동료들과의 관계에 어느 정도 만족하는지와 그들의 거주 공동체에서의 소속감 수준을 간략히 다루고 있기 때문에 이 장과 어느 정도 관련이 있다. 예를 들어, 박배균은 외국인 노동자들이 국내 거주자들과의 관계를 더 잘 유지할수록, 그들이 한국에 머무르는 것에 더 만족한다는 것을 발견하였다. 흥미롭게도 외국 전문가들이 한국어를 더 잘 알고 있을수록 체류 만족도가 떨어졌다. 박배균은 외국인 전문가들의 한국어 실력이 향상되고 현지인들과 더 많이 교류하면 그들이 더 많은 문화적 편견과 배척을 경험하게 할 수도 있다고 주장한다(박배균 2010: 105). 그러나 이러한 인간관계는 박배균의 연구의 주된 초점이 아니다. 이 장의 중심 관심사는 사회적 포함과 배제의 문제, 또는 다른 인종 집단의 차별적 경험에 초점을 맞추고 있다.

나는 한국에서 차별을 당한 외국 전문가들의 경험을 다룬 문헌을 확인할 수 없었다. 한국행정연구원은 국내 관료, 교수, 연구원, 언론인 등 50명을 대상으로 외국인 차별 경험에 대한 '수용국 중심' 설문조사를 실시하였다(장지원 2012). 그들은 한국에서 가장 차별받는 집단은 외국인 이주 노동자이고, 그 다음으로는 북한 이탈주민, 조선족, 외국인 신부, 유학생이라고 생각하였다. 차별 대우를 '받지 않는' 이들은 외국인 사업가나 외국인 전문가들이다(장지원 2012: 19). 누가 가장 차별을 많이 받는지에 대한 제안된 순서는 논란의 여지가 있지만, 외국 전문가들에 대한 차별에 관해 특권적인 한국 전문가들의 견해는 OECD와 백인 출신 외국인 전문가들에 대해서조차 현실에서는 항상 진실이 아닐 수 있다.[4]

앞 장에서 논의한 바와 같이, 학벌주의와 지역주의는 한국인들 사이에서 서로에 대한 차별의 기초가 되는 몇 가지 요소를 구성한다. 이 두 가지 요소는 북한 이탈주민, 조선족, 저숙련 이주 노동자에게 적용될 때 졸부적 민족주의가 강하게 작동하는 데 기여하는 요소이다. 이 집단들의 대부분은 고등교육을 받지 않았고, 그들은 세계의 저개발 지역에서 왔다. 하지만 외국인 전문가들은 한국인들이 자신들과 교류할 때 적용할 수 있는 차별적인 조치들이 일반적으로 적용되지 않는다. 그렇다면 외국인 전문가들과 한국인들의 만남을 이해하는 방법은 무엇일까?

2. 이론적 관점들

졸부적 민족주의의 개념은 학자들 및 원어민 영어 교사들과 같은 외국인

4 나는 개인적으로 "In South Korea, Foreign Professors Can Have a Hard Time Fitting In," *The Chronicle of Higher Education* 2013년 1월 11일자: A12와 같은 일화와 보도된 사례들을 접하게 되었다.

전문가들의 경험을 이해하는 데 있어 적절하게 맥락화될 필요가 있다. 졸부적 민족주의는 일반적으로 한국인들이 OECD 국가의 전문 인력이나 백인 전문 인력을 높이 평가하기 때문에 적용 가능하다. 한국의 대학들과 영어 학원들도 예외 없이 원어민들을 높이 평가하기 때문에 복합적인 요소들이 있다. 반면 필리핀 영어 교사나 동남아시아 학자 또는 영어 교사는 선호되지 않고 더 자주 무시를 받는다.

프란츠 파농의 인종차별 이론을 한국의 인종차별주의 경향으로 확장하면서 앞 장에서 논의하였듯이(Franz Fanon 2008), 하상복(2012)은 19세기 초에 형성된 비백인에 대한 유럽 중심주의적 편견이 일제 강점기 동안 한국인들의 마음속에 내면화되었다고 주장한다. 내면화된 인종주의는 순혈주의, 단일 인종 및 민족주의에 관한 신화를 보완하였다. 하상복의 '황색 피부, 백색 가면'에 대한 비유는 칭(Ching)의 일본인들의 인종차별에 대한 연구와 유사하며, 이 또한 그 개념에 기반을 두고 있다(Ching 1998). 이 장과 관련된 이러한 분석을 만드는 특별한 지점은 한국인들이 백인이나 비백인, 또는 선진국과 개발도상국의 외국인 전문가를 대하는 방식을 조사할 수 있게 한다는 것이다. 즉, 이 장에서는 한국인들이 백인이나 선진국 사람들과의 교류에서 열등감을 유지하는 정도와 한국인들이 비백인이나 개발도상국 사람들에게 우월감을 행사하는 정도를 살펴본다.

2005년부터 2012년까지 방영된 33편의 한국 드라마에서 민족적으로 다양한 외국인의 표현과 국제결혼의 후손에 대한 주혜연·노광우(2013)의 연구는 우리에게 한국의 계층적 분류에 대한 통찰력을 제공한다. 이들은 세 개의 집단이 있다는 것을 발견하였다. 동경 집단, 동정 집단, 그리고 근접 집단이 그것이다. 첫째, 동경 집단은 백인 미국인, 유럽인, 국제결혼의 '백인' 후손들로 구성되어 있다. TV 드라마에서, 이 캐릭터들은 긍정적이고 지적이다. 이들은 부유한 집안 출신이고, 잘생기고, 다정한 것으로 인식된다. 이들의 공통적인 역할은 의사, 변호사, 글로벌 매니저, 존경받는 요리사, 호텔 매니저로 고등교육을 받는다(주혜연·노광우 2013: 348). 둘째, 동정 집단은 동남아시아인 또는 인도네시아인, 카자흐스탄인, 우즈베키스탄인 등 중앙아시아인으로 구성되어 있다. 검은 피부를 가진 국제결혼 자녀들이 이 범주에 포함된다. TV 시리즈에서 이들의 캐릭터는 대체로 부정적이다. 이들은 경제적 빈곤과 한국인의 지원을 필요로 하는 사회적 지위가 낮은 것처럼 묘사된다. 이들은 부지런하고, 세련되지 못하고, 마음이 착한 것으로 비추어 진다. 드라마에서 이 외국인 집단이 한국에 온 이유는 크게 두 가지인데, 금전적인 이득을 추구하거나 한국 남자와 사랑에 빠지고 그와 결혼하는 것이다(주혜연·노광우 2013: 349). 셋째, 근접 집단은 일본인과 중국인으로 구성되어 있다. TV 시리즈에 나오는 일본인들은 종종 부유한 사람들의 역할을 맡는다. 중국과 일본 여성들은 순수하고 도덕성이 높아 한국 남성들이 매력을 느낀다. 그들은 남자에게 순종하고 가정적인 것으로 묘사된다. 주혜연과 노광우에 따르면, 중국, 일본, 한국은 상당한 문화와 역사를 공유하고 있으며, 비슷한 외형을 가지고 있어 한국 여배우들이 드라마에서 일본이나 중국인의 역할을 맡는 것이 가능하다(주혜연·노광우 2013: 355).

주혜연과 노광우는 TV 드라마에서 다양한 외국인들에 대한 고정 관념적인 표현들이 한국인들의 일상적인 생활에서 외국인들에 대한 고정 관념들을 만들어 낼 수 있다고 우려한다. 그러나 나는 한국 TV 드라마에서처럼 외국인에 대한 정형화된 표현은 이미 한국인의 마음속에 내재되어 있으며, 지난 수십 년 동안 한국에서 외국인들의 실제 경험을 단순히 대변하고 있다고 주장한다(하상복 2012; 박노자 2002a).

전문직 종사자들의 경험을 설명하는 데 있어 주혜연과 노광우의 분석적 통찰력을 졸부적 민족주의의 더 넓은 틀에 접목할 필요가 있다. 첫째, 전문직의 출신 국가 또는 민족적 출신에 관계없이 전문 지식과 기술은 가치가 있다. 하지만 피부색이 더 어둡거나 가난한 나라에서 온 외국인 전문가들에 대한 공공연한 혹은 암묵적인 차별은 여전히 시행되고 있다. 예를 들어, 영어 강사는 일반적으로 앵글로 켈트계 서양인이며, 그 직업적 역할은 서부로 이주한 비앵글로 켈트계 이민자의 후손이나 아프리카계 미국인들에게 무조건적으로 제공되지 않는다. 둘째, 모든 전문직 종사자들은 그들의 직업적 지위를 누릴 수 있지만, 그들 중 일부는 사회적 지위를 누리지 못할 수도 있다. 셋째, 공연 예술가 및 연예인과 같은 일부 전문적인 역할은 대부분 동남아시아인, 특히 필리핀인들이 차지하고 있다.

3. 연구방법

한국의 네 가지 범주의 외국인 전문가 모두에 대해 적절한 수의 뉴스 리포트를 확인하는 것이 이상적이었을 것이다. 하지만 나는 '외국어 강사'를 제외한 모든 범주의 뉴스 리포트를 찾아내는 것은 문제가 있다는 결론을 내렸다. 그 핵심 이유는 세 가지 '문제적' 범주가 관련 분야별로 다양하기 때문에 검색어를 정확히 집어내고 경험적으로 분석할 수 있는 미디어 표현을 찾아내기가 어렵기 때문이다. 이 문제는 대학의 외국인 교수들과 연구원들에게도 적용된다.[5] '외국인 전문직 종사자'와 같은 검색어는 관련 뉴스 표현을 만들어 낼 만큼 정확도가 떨어진다. 따라서 나는 원어민 강사의 경험을 중점적으로 분석할 것이다.

한국 통합 신문 데이터베이스 시스템(KINDS)을 이용하여 '원어민 강사 차별'('차별화'는 제외)을 입력하였다.[6] 이 검색을 통해 2005년 6월부터 2014년 7월까지 13개월 이상의 기간을 포함하여 2014년 7월 3일 현재 232개의 뉴스를 도출하였다. 그 결과는 가장 관련성이 높은 것부터 가장 적은 것까지 정리될 수 있다. 나는 가장 관련성이 높은 뉴스 표현 100개를 표본으로 추출하였는데, 이는 총 173쪽에 달한다. 분석에서 빠진 132개 항목은 분석 목적과 밀접한 관련이 없다는 것을 확인하였다. 구글코리아에서도 '외국인 전문직 종사자 차별'이라는 검색어를 사용해 본 적이 있는데, 검색 결과 20개의 글이 나왔고, 그중 5개가 관련된 글이었다.

나는 또한 이 집단에 대한 미디어 서사를 다루기 위해 '원어민 강사 백인'을 입력하였다. 이를 통해 105쪽에 달하는 68개 기사가 도출되었다. 나는 그것들을 분석에 포함시켰다. 이와 비슷하게, '원어민 강사 흑인'을 입력하였다. 검색 결과는 '원어민 강사 백인'의 검색 결과와 상당 부분 중복되는 내용이었다. 분석을 위해 중복되지 않는 항목들을 포함시켰다. NVivo9 소프트웨어를 사용하여 근거이론 방법의 원칙에 기초하여 문서들을 분석하였다.

5 많은 검색 결과가 영어 강사를 언급하였거나 이 장과 관련이 없다. 외국인 교수 및 연구자는 별도의 연구과제가 필요할 수 있다.

6 차별화는 '구별하다'는 뜻으로 이 장에서의 차별과는 관련이 없다.

4. 결과

1) 영어 사용에 대한 한국인들의 환상

특히 국제 무역을 통해 빠른 변화를 겪은 한국 사회에서 영어 능력은 만병통치약 또는 직업적 성공에 있어 몇 안 되는 중요한 요소 중 하나라는 인식이 있다. 지난 수십 년 동안 한국 경제 발전에 대한 미국의 기여도는 과소평가할 수 없으며(Im 1985), 한국인들은 영어가 중요한 요소인 미국 문화 제국주의로부터 상당한 영향을 받았다(Jambor 2007; Prey 2001). 1995년 김영삼 대통령의 국제화 정책(세계화)과 함께 한국의 영어 교육은 문법과 독해력에서 말하기와 듣기 능력까지 실용화에 중점을 두었다. 이러한 초점 변화는 유치원, 초등학교, 고등학교, 대학교 전체에서 나타났다. 원어민 교사를 데려온 데는 교육학적인 이유가 있었다. 첫째, 한국 교사들은 정확한 발음과 억양, 자유로운 회화에 능숙하지 못하다. 둘째, 원어민 강사들은 의사소통에 초점을 맞추고 이것은 학생들에게 말하기의 자신감과 진취성을 길러 준다. 셋째, 학생들은 효과적인 의사소통을 위해 영어를 기반으로 사고 과정, 행동 묘사, 문화를 습득할 수 있다. 넷째, 학생들은 의사소통 연습을 위해 원어민과 즉시 직접 접촉할 수 있다(McKay 2002; 윤옥경·김병주 2014: 295-296에서 인용). 이명박 정부의 영어 교육 목표는 '모든 고등학교 졸업생이 영어 회화를 진행할 수 있어야 한다'는 것이었다.[7] 한국에는 2008년 10월 현재 3만 4,963명의 원어민 강사가 외국어 강사

7 「이슈&현장: '영어회화 전문강사제' 3년째 … 교육 현장선 "Oh~No!"」, 『세계일보』 2011년 11월 8일자.

비자(E-2)로 거주하고 있으며, 그 수는 계속 증가하고 있다.[8] 관광 비자를 가진 많은 방문객들도 영어를 가르치는 일에 참여하게 된다.

2000년대에 들어와 영어를 가르치는 사설 학원의 수가 눈에 띄게 증가하였다. 미취학 아동들과 초등학교 아이들은 정규 학교에서 영어를 배우는 것 외에도 사설 학원으로 달려간다. 학원에서는 학생들이 영어 회화를 연습할 수 있는 편의점, 공항, 스포츠룸 등의 모의상황을 구비하는 경우가 많다.[9] 지방 정부는 영어교육을 지원하기 위한 학습자원을 제공하였다. 예를 들어, 강남구는 지역 내 학교들이 공유할 수 있는 학습 자료를 개발하기 위해 상당한 양의 자원을 투자하였다.[10] 인천은 원어민 강사의 공급으로 '영어 전용 구역'을 마련하는 13개 학교를 지원하였다.[11] 한국에서 영어를 가르치고 있는 한국 교원들은 원어민 강사들과 함께 영어를 가르치는 경우가 많기 때문에 방학 동안 학원을 다니며 독학으로 영어 실력을 따라잡는 것이 필요하다.[12] 방학 때 또는 몇 달 동안 '영어캠프'나 어학원을 다니기 위해 해외로 나가는 것도 학생들에게 인기가 많다(Park 2009). 예를 들어, 싱가포르와 미국 조지아주에서 인기 있는 영어 캠프가 열리고 있다. 이러한 해외 활동은 젊은이들이 영어 회화에 대한 자신감을 얻는 데 도움을 줄 뿐만 아니라 해외 경험을 쌓고 독립하는 법을 배우는 데 도움을 주는 것으로 알려져 있다.[13]

한국 전역에는 수많은 영어 학원과 영어마을이 있다. 영어를 일찍 배울수

8 「동네학원도 '원어민 필수' … "한국은 기회의 땅"」, 『경향신문』 2008년 12월 10일자.
9 「어린이 영어전문학원 활용 어떻게?」, 『서울신문』 2005년 6월 7일자.
10 「학교속의 '외국' 영어체험센터」, 『서울신문』 2006년 4월 21일자.
11 「초중고 111곳에 원어민 영어교사 배치」, 『동아일보』 2005년 11월 21일자.
12 「'한 마디라도 더' 방학시즌 선생님들」, 『서울신문』 2003년 1월 10일자.
13 「Edu TOWN: 타임교육 els-IE 싱가포르·미국 캠프」, 『동아일보』 2010년 10월 25일자.

록 결과가 좋아진다는 인식이 확립되어 있다. 특히 젊은 엄마들은 아이들이 유치원 때부터 영어를 배워야 하고, 초등학교 때부터 영어 회화 실력을 더욱 길러야 하며, 방학 동안 영어 학원을 다니면 도움이 될 것이라고 믿고 있다.[14] 예를 들어, 리틀 아메리카는 미취학 아동들에게 영어를 가르치는 학원으로, 1995년 12월 대전에서 첫 수업을 열었다. 이 학원은 현재 전국에 27개의 지점을 가지고 있다. 학원의 교육 과정은 미국과 한국의 교육 프로그램을 '통합'한 것으로, 5세에서 7세까지의 어린이들을 위한 60권의 교육 자료로 구성되어 있다. 5세 아동의 경우 하루에 8개 수업 중 3개 수업을 영어로 듣고, 6세 아동의 경우 하루에 8개 수업 중 4.5개의 수업을 영어로 듣는다. 7세 반의 경우 한국인 강사와 원어민 강사가 수학, 과학, 사회과학, 체육 등의 과목을 모두 영어로 진행한다.[15]

영어마을은 2000년대 초반부터 들어섰다. 2012년 10월 현재 한국에는 32개의 영어마을이 있으며 각각 500만 달러에서 1,000만 달러의 비용이 든다. 그러나 이들 중 상당수는 건설 이후 자금난을 겪고 있다(권혜경 2012). 2006년 4월 3일, 경기도 파주에 850만 달러를 투자한 대규모 영어마을이 문을 열었다(www.english-village.or.kr). 이 영어마을에는 43개의 건물이 있는데, 마치 한국으로 옮겨 온 유럽풍의 마을처럼 보인다. 식당, 편의점, 카페 등 원어민 직원이 근무하는 상업 지구가 있다.[16] 2010년에는 100명의 원어민 강사와 100명의 한국인 교사와 직원이 있었다.[17] 많은 투자와 비효율적인 경영으로 인해 대부분

14 「'첫 출발이 중요' … 대전지역 '명품유치반' 바로 여기!」, 『대전일보』 2008년 10월 30일자.

15 '리틀 아메리카 천안점에는 학급별로 블로그가 개설되어 있다. 그들은 5세 어린이 반에는 스마일(Smile), 6세 어린이 반에는 스마트(Smart), 위즈덤(Wisdom), 위시(Wish), 7세 어린이 반에는 하버드(Harvard), MIT, 예일(Yale), 마스(Mars)라고 이름 붙였다(『대전일보』 2008. 10. 30). 다음 블로그 게시글(2014. 7. 20 접속).

16 「주말탐방: 영어마을」, 『서울신문』 2006년 4월 1일자.

의 영어마을이 재정난에 빠지면서 규모가 축소되었다.[18] 하지만 인천 영어마을은 더 잘 운영되고 있는 곳 중 하나이다. 인천 영어마을의 운영은 전문 경영인에게 위탁되었다. 주간 프로그램 등록비용은 470달러이다. 인천에서 나머지를 지원해 주기 때문에 학생 한 명이 120달러만 지불한다.[19] 학생들이 마을에서 영어를 배우는 데 재미를 느끼고 효과적인 학습 성과도 있다는 데 의견이 일치된 것으로 보인다. 많은 학생들은 처음에는 영어를 한마디도 할 수 없지만, 머무는 동안 영어에 익숙해진다. 예를 들어, 그들은 첫 주 주말이 되면 그들의 원어민 강사에게 연락처를 물어볼 수 있다. 더 중요한 것은, 학생들은 영어가 두려워해야 할 것이 아니라 일상생활에서의 소통을 위한 수단이라는 것을 배운다는 점이다(『경인일보』 2010. 9. 14).

2) 원어민 강사에 대한 높은 수요

대부분의 학교와 학원들은 한국어를 구사하는 강사와 원어민 강사를 모두 고용하여 학생들을 공동 지도한다. 원어민 강사들은 학생들이 외국어 사용에 대한 두려움을 극복하도록 돕는 역할을 한다. 한국인 강사들은 학생들의 영어 문법 학습과 언어 학습 과정의 체계적 구성에 기여한다.[20] 한국인 강사들이 학원에서 교사 자리를 차지하기 위한 경쟁이 치열하며, 그들은 일반적으로 교사 학위 및/또는 석사 학위를 가지고 있다.[21]

---

17 「[파주]경기 영어 마을 파주 캠퍼스」, 우리 동네에서 살아남기 2, 네이버 블로그(2010. 12. 30 게시).

18 「경기영어마을 파주캠퍼스 정규직 30% 정리해고」, 『연합뉴스』 2011년 9월 5일자.

19 「인천영어마을, 가까워지는 영어 글로벌 리더 꿈이 자란다」, 『경인일보』 2010년 9월 14일자.

20 「어린이 영어전문학원 활용 어떻게?」, 『서울신문』 2005년 6월 7일자.

원어민 강사가 한국에서 일할 수 있는 매력 중 하나는 대만보다 임금이 높고 일본보다 생활비가 저렴하다는 점이다. 그들 중 일부는 한국 TV에서 방송되는 많은 미국 TV 쇼들이 그들의 여가 시간을 더 견딜 만하고 즐겁게 만든다는 것을 발견하였다.[22] 한국인들은 영어를 배우는 것에 매우 높은 관심을 갖고 있기 때문에, 한국에는 항상 원어민 영어 교사가 부족하였다. 예를 들어, 2012년 한국의 1만 1,368개 학교 중 81.7%가 원어민 강사를 공급받았다.[23] 원어민 강사가 없는 학교들은 실질적인 박탈감을 갖고 있어 큰 우려를 하고 있다. 원어민 강사에는 두 가지 범주가 있는데, 레벨 1 강사는 학사 학위를 보유하고 있고, 보조 강사는 전문대학 학위를 보유하고 있다(Collins 2014; 『경향신문』 2008. 12. 10). 원어민 강사가 되기 위해 이색적이지만 중요한 자질들로는 '젊음, 잘생김, 백인'을 포함한다(『경향신문』 2008. 12. 10). 59세의 영어 강사는 부모가 그런 '노인'을 원하지 않는다는 이유로 부산의 한 대학 교육센터에서 초등학생들에게 영어를 가르치는 자리를 거절당하였다. 그는 이 사건을 한국 인권위원회에 보고하였다. 위원회는 이 관행을 바로잡기 위해 대학에 경고를 내렸다.[24] 논란이 되는 것은 백인 강사를 다른 강사보다 선호한다는 명시적 정책이다.

3) 백인 선호: 불평등한 기회

잠재적인 원어민 영어 교사들을 대상으로 한국에서 영어를 가르치는 것

21 「인터뷰: "영어 회화 전문 강사 대량 해고 위기 사태"」, SBS뉴스 2013년 6월 21일자.
22 「동네학원도 '원어민 필수' … "한국은 기회의 땅"」, 『경향신문』 2008년 12월 10일자.
23 「원어민 영어강사 제도 개선 시급」, 『새전북신문』 2012년 9월 23일자.
24 「"채용 때 나이 묻지마라" 22일부터 연령차별 금지」, 『경향신문』 2009년 3월 18일자.

에 대한 정보를 제공하는 수많은 웹사이트들이 있다(예: korea4home.com). 이러한 웹사이트에 광고된 명시적 요구 사항의 특이한 점은 '백인만 가능' 또는 '백인 희망'과 같은 문구들이다. 한 기자가 이 관행을 검증하기 위해 문의를 하였는데 흑인은 떨어질 것이라는 말을 들었다. 전 세계가 넬슨 만델라의 죽음을 애도하고 버락 오바마가 미국 대통령 연임을 즐기고 있던 당시 이 기자는 한국의 흑인 차별 문화를 우려하였다.[25] 나는 이것에 대해 놀랐고 확인하고 싶었다. 한국에서 영어를 가르치고 싶은 외국인들을 위한 조언이 담긴 홈페이지(waegukin.com)를 찾아보니 "학사 학위를 가진 영어권 국가에서 가장 희망이 없는 게으름뱅이는 영어 선생을 절박하게 구하는 학원에 취업할 수 있다"는 글이 적혀 있었다. 이 메모는 '석사 학위, 영어, 교육 또는 언어학 관련 학위, 교수 경험, 앵글로색슨인의 외모, 젊음, 여성, 매력적이고 날씬함'이 도움이 될 것 같다고 덧붙였다.[26] 한 미디어 보도에 따르면, 양심적인 광고에는 "우리는 피부색에 신경 쓰지 않는다"는 첨언이 포함되어 있는데, 이는 차별적 채용의 광범위한 관행을 증명한다. 교육부 관계자는 원어민 영어 보조교사 채용은 정부 지침이 아닌 학교나 학원 또는 채용 대행업체에 맡긴다는 쪽지를 내밀었다(『경향신문』 2013. 12. 26). 교육부는 새로운 다문화 한국 사회에서 동등한 기회를 장려하는 데 주도적인 역할을 하는 대신 어떠한 잘못된 행위와도 거리를 두는 것처럼 보인다. 결국 한국 정부가 차별금지 정책 전반에 대한 명확한 방향을 갖고 있지 않다면 어떻게 주도적 역할을 할 수 있을 것인지 의문이다.

매년 2만 명 이상의 외국인들이 원어민 교사로 일하기 위해 E2 비자 카테

25 「영어 강사 구인 때 "백인만" 인종차별 못 고친 한국 사회」, 『경향신문』 2013년 12월 26일자.
26 waegukin: living and teaching in korea, 개인 블로그(2014. 7. 24 접속).

고리로 한국에 입국한다. 하지만 여전히 만성적인 부족 현상이 존재한다. 한국 문화는 피부 색깔에 관해서는 '색맹'이 되는 것을 거부하고, 그들의 수업의 질이나 능력에 상관없이 백인 강사를 선호하는데, 이것은 원어민 교사의 부족을 더 악화시킨다. 이러한 맥락에서 우수한 훈련 배경과 교수 능력을 가진 비백인은 마땅한 방식으로 보상을 받지 못한다. 반면 백인 강사들은 '콧대가 높은' 태도로 일관하고 어디서 일해야 할지 한가롭게 고민하며 직장을 그만두더라도 거의 즉각적으로 또 다른 직장을 찾을 수 있다는 것을 알고 있다.[27] 원어민 강사로 선호하는 출신 국가에는 미국, 영국, 캐나다, 호주, 아일랜드, 뉴질랜드, 그리고 남아프리카에서 온 훌륭한 자격을 갖춘 교사들이 포함된다. TESOL(영어를 모국어로 하지 않는 사람에게 영어를 가르치는 방법을 배우는 영어 교사 양성 과정) 또는 TEFL(영어가 모국어가 아닌 사람들이 비영어권 국가의 학생들에게 외국어로서 영어를 지도하도록 자격을 주는 것) 교사 자격을 갖춘 강사들을 많이 찾고 있다. 사설 어학원에서는 해외로 대표를 파견해 면접을 보고 예비 강사를 모집하기도 한다. 그들의 프로필은 학생들을 끌어들이기 위해 학원의 공식 웹사이트에 광고된다. 월 기본급은 220달러에서 320달러 사이이고, 연봉은 수당을 포함해 4만 6,000달러에 이를 수 있다.[28]

언급하였듯이, 부모들은 종종 언급된 6개국 출신의 백인 강사를 선호한다. 이것은 일반적으로 E2 비자를 소지하고 있는 백인들을 고용하는 대규모의 인기 있는 어학원에서 특히 두드러진다. 관광 비자를 받은 비백인 강사나 등록되지 않은 백인은 저임금으로 평판이 좋지 않은 학원에 고용되는 경향이

27 「막가는 원어민 강사 골치」, 『서울신문』 2006년 8월 16일자.

28 「9월 1일 발령 신규임용 원어민 교사 "영어로 된 꿈 심어주고파"」, 『한국일보』 2006년 8월 31일자; 「주말탐방: 영어마을」, 『서울신문』 2006년 4월 1일자.

있다.[29] 또한 교육 자격증이 없거나 교육 경험이 거의 없는 일부 백인 서구 이주 노동자들은 그들 스스로를 원어민 교사로서 자격이 있고 일할 수 있다고 표현한다. 그러나 영어 능력이 뛰어난 필리핀인, 스리랑카인, 라오스인은 한국에서 영어 강사로 임용될 가능성은 거의 없다. 최종규 기자는 "한국 학생들은 자신들이 아시아인이라고 생각하지 않기 때문에, 아시아 출신 영어 선생들로부터 배우기를 원하지 않는다"고 지적한다.[30] 영어를 배우려는 열의가 크고 서양 원어민 영어 교사가 부족하기 때문에, 많은 수의 불법체류 아랍인들이 미국 또는 캐나다 영어 교사로서 자신들을 소개한다. 그들의 피부색이 한국 고용주들의 눈높이에 맞는 것이다. 2008년 7월, 이란, 모로코, 리비아에서 온 6명의 불법체류 중동인들이 체포되었다. 이란인은 인기 TV 쇼(신비한 TV 서프라이즈)에 패널로 출연하기도 하였다. 그중 한 명은 6월과 7월을 구분하지 못하였고, 다른 한 명은 화요일과 목요일을 혼동하였다. 영어에 대한 자신감이 부족하기 때문에, 그들은 일반적으로 유치원이나 초등학교 아이들을 가르치는 것을 선택한다.[31] 또한 KBS TV는 서울에 있는 40개의 영어 교육 기관이 중동 출신 교사들을 고용했다고 보도하였다. 그 보도는 하얀 피부와 파란 눈을 가진 사람들을 서양에서 온 적합한 원어민 선생님으로 여기는 한국의 경향을 지적하였다.[32] 한국계 미국인들을 포함한 많은 무자격 교사들이 학력 증

---

29 「마약·성추행 … '불량 원어민 강사' 감독 구멍」, 『국민일보』 2011년 10월 3일자.

30 「책읽기가 즐겁다 191. 카롤린 필립스, 〈눈물나무〉라는 이야기책」, 『오마이뉴스』 2008년 6월 29일자.

31 「June·July도 구분 못하는 아랍계 '짝퉁' 영어 강사 6명 검거」, 『국민일보』 2008년 7월 10일자.

32 「가짜 원어민 영어 강사 적발」, KBS뉴스 2008년 7월 8일자. 비백인 영어 교사에 대한 차별은 아시아의 많은 지역에서 일어나고 있으며, 그것은 한국에만 국한되지 않는다. 예를 들어, 호주의 한 학자에 따르면, "1990년대에 태국에서 초등 및 유치원 교사로 일했을 때, 나는 인도네시아계 호주인 교사의 약 4배, 그리고 두 사람 모두 영어가 뛰어난 인도인 교사의 약 2배를 받았다. 부모들, 특히 태국 부모들은 하얀 피부와 금발 머리, 파란 눈을 가진 영어 원어민에게 자녀들이 가르침을

명서를 위조하고, 이후의 고용이 한국인 브로커들에 의해 촉진되는 것은 드문 일이 아니다.[33] 이 브로커들은 사회적 요구와 추세가 무엇인지, 그리고 일부 개별 행위자가 그러한 추세를 어떻게 이용하고자 하는지를 잘 이해하고 있는 것으로 보인다.

한국이 미국과 긴밀히 유지해 온 외교적·문화적·교육적 연결고리는 북미 강사들이 특히 환영받는다는 것을 암시한다. 고등학교 중퇴자나 주한미군 병사와 같은 일부 무자격 미국인들에게 원어민 교사로 일할 자격이 주어진다. 『내일신문』은 이러한 관행에 대해 비판적인 입장을 취하며, “한국에 있는 미국인들은 편견이나 차별과는 무관한 삶을 누린다”고 지적하였다.[34] 『경향신문』은 “한국의 백인 강사들은 이주 노동자들에게 붙어 있는 모든 낙인으로부터 자유롭고 높은 사회경제적 지위를 누리고 있으며 이는 서구와 백인 지배적인 제국주의 프로젝트에 따른 세계 헤게모니의 잔재”라고 주장하였다.[35] 나는 한국인들이 헤게모니적 관행을 맹목적으로 따를 필요는 없으며, 그들은 단지 세계적·국가적 맥락에서 이익을 극대화할 수 있는 방법을 찾는 것에 집중하는 것이 옳다고 생각한다. 실상은, 한국인들은 한국 국가의 경계선 안과 바깥에 존재하는 차별적인 문화를 영속화하고 있다. 이러한 문화적인 맥락에서 원어민 교사가 참여하는 영어 수업의 첫 수업에서 한국 학생들은 한국계 미국인이나 필리핀인, 아프리카계 미국인이 아닌 파란 눈을 가진 백인을 기대한다.[36] 젊은 세대의 구성원들은 간접적으로 현재의 문화를 이어가도록 장

받는 것이 더 권위 있다고 느꼈기 때문이라고 들었다.”

33 「살인·강간 교포, 강남 한복판서 여학생들을 …」, 『서울신문』 2011년 12월 9일자.

34 「미국인 ‘영어 광풍’ 편승 특혜」, 『내일신문』 2007년 2월 13일자.

35 「“이주 노동자 차별 인종문제 다뤄야”」, 『경향신문』 2008년 6월 30일자.

36 「세계 어학교육의 원조, 벌리츠 어학원에 가다」, 『서울경제』 2014년 5월 26일자.

려된다. 부모가 되면서, 그들은 자녀들이 비슷한 경험을 할 것으로 기대한다.

4) 흑인과 비백인을 선호하지 않음

영어가 모국어인 한 아프리카인은 같은 흑인이라도 "미국과 영국에서 온 흑인 교사들이 [한국에서 교직을 구할 때] 더 나은 대우를 받는다"고 자신의 경험을 털어놓았다. 아프리카에서 왔다고 하자마자 영어를 가르치기로 한 수업 약속이 취소되었다. 그는 여전히 한국에서 교직을 찾고 있다.[37] 명망 있는 파고다어학원은 한국에 10개의 지부가 있으며 140명의 원어민 강사를 고용하고 있는데, 이 중 10%가 흑인이다. 학원의 한 관계자에 따르면, "학생들은 흑인을 싫어하며 학원은 주로 백인을 고용할 수밖에 없다"고 한다.[38] 흑인을 싫어하는 이러한 경향은 개선되고 있지만, 여전히 널리 퍼져 있다.[39] 유감스럽게도, 많은 한국인들은 아직 가장 근본적인 문화 간 소통능력을 갖추지 못하였다. 한국의 여성 시인 신경림은 서울 지하철에 앉아 있다가 반대편 벤치에 앉아 있는 흑인을 보았다. 옆자리 모두 비어 있었지만 주위에는 한국 젊은이들이 서 있었다. 시인은 그 광경을 지켜보는 것이 다소 부담스러워서 젊은이들에게 그 흑인의 옆자리에 앉기를 권하였다. 그들 중 아무도 그 제안에 응하지 않았다. 그녀는 스스로에게 '그 사람이 백인이라면 어땠을까?'라고 물었다. 신경림 시인은 어학원들이 단순히 영어 실력이 뛰어나서 백인을 흑인이나 동남아 교사보다 선호한다고 하지만, 실제로는 백인 우월주의와 유색인종이 열

37 「영어 강사 구인 때 "백인만" 인종차별 못 고친 한국 사회」, 『경향신문』 2013년 12월 26일자.
38 「한국선 '오바마의 꿈' 이루기 어려워요」, 『매일경제』 2008년 11월 5일자.
39 「동네학원도 '원어민 필수' … "한국은 기회의 땅"」, 『경향신문』 2008년 12월 10일자.

등하다는 인종차별적 사고를 무비판적으로 받아들이는 신념에 근거한 것이라고 지적하였다(신경림 2008).

비백인 영어 교사에 대한 부당한 대우나 해고가 흔하게 행해지는 것 같다. 어느 파키스탄 교사는 미국이나 캐나다의 교사들과 같은 수업량을 가졌다. 하지만 그의 월급은 백인들의 월급보다 1,000달러 적었다.[40] 이와 관련해 『매일경제』는 서울의 일부 대학에서는 이러한 차이가 관행적으로 나타나고 있는데, 외국인 교수들은 출신 국가에 따라 급여가 다르게 지급된다고 보도하였다. 외국인 교수의 연봉을 정하는 일반적인 방법은 본국과 한국 사이의 중간 연봉액이다.[41] 영어 교사이자 외국인 신부였던 필리핀 출신 고급인력 이주자가 취업 몇 달 만에 해고되었다. 그에 대해 정당한 사유로 제시된 것은 그녀가 영어 원어민이 아니라는 것에 대해 학부모들이 불평하였다는 것이었다. 이 기사는 다음과 같은 외부 검토 의견을 첨부하였다.

> 한국인들은 10년 동안 공부해도 영어를 잘 못하면서, 이제는 한국인이 된 외국인 신부들의 좋은 언어 능력의 가치를 [활용하기보다는] 버리려 한다. 그녀는 원어민이 백인이어야 한다는 한국적 인식의 희생자이다.[42]

인도인인 로레인 굽타(Lorraine Gupta) 씨는 2001년 말까지 서울의 한 대학에서 영어 강사로 일하였다. 그녀는 하루도 빠지지 않고 가르쳤다. 그녀는 자신이 최선을 다했다고 생각하였다. 하지만 해당 대학은 백인 미국인 강사를 고용한 후 그녀를 해고하였다. 굽타 씨는 아무런 이유도 없이 해고되었고, 그

40 「난민=후진국 사람 인식 가장 힘들어」, 『한국일보』 2011년 4월 25일자.
41 「한국선 '오바마의 꿈' 이루기 어려워요」, 『매일경제』 2008년 11월 5일자.
42 「새 이웃 다문화 가족 (4) 대담 "'정착형 이민사회'에 걸맞은 정책 시급"」, 『경향신문』 2009년 6월 21일자.

녀는 그것이 그녀의 피부색과 관련이 있다고 믿었다.[43] 앞서 언급한 것처럼, 외국인 출신의 한국인들은 '순수한' 한국인들로부터 가해지는 차별을 피할 수 없다. 미국 피츠버그대 데니스 하트(Dennis Hart) 박사는 영어를 가르치기 위해 원어민 강사를 소개시켜 달라는 한국 고등학교의 요청을 받았다. 하트는 명문대 사회과학부를 졸업하고 한국어에 대한 충분한 지식을 가진 한국계 미국인을 소개하였다. 학교가 백인을 구하였기 때문에 그 고등학교는 한국계 미국인을 인정하지 않았다. 하트는 어리둥절해하며 학교를 설득해 결국 교포가 좋은 보수를 받게끔 하였다. 하지만 이 한국계 미국인은 이 제안을 거절하기로 결정하였다.[44] 미국에서 태어났거나 어릴 때부터 미국에서 자란 한국계 미국인들이 있는데, 그들은 한국에서 몇 년 동안 영어를 가르치고 싶어 한다. 그러나 고용주가 그들에게 일자리를 제공하지 않는 일반적인 이유는 '그들은 충분히 미국인이 아니기 때문'이다. 『오마이뉴스』의 한 칼럼니스트는 한국인들이 언어 제국주의, 즉 원어민들이 영어를 가장 잘 가르칠 수 있는 사람이라는 관념에 사로잡혀 있음을 지적한다. 그는 또한 일부 부모들이 그들의 자녀들이 영어 단어를 더 잘 발음하도록 돕기 위해 그들의 혀를 수술하는 것의 가치에 대해 의문을 제기한다(이원구 2002). 내가 이해하기에, 이것은 소수의 고립된 사례에 대한 것이 아니다. 충분히 많은 사람들이 이 관점을 채택하고 실행에 옮기고 있었기에 미디어의 관심을 끌었다.[45]

조 F. 로젠버그(Joe F. Rosenberg)는 부산의 한 중학교 원어민 교사이다. 그는

---

43 「차별없는 사회로」, 『경향신문』 2002년 10월 7일자.

44 「'오렌지'나 '어륀지'나 미국인에겐 똑같습니다」, 『오마이뉴스』 2008년 2월 5일.

45 "Children's Surgery to Speak Better English," *Daily Mail Australia* 2002년 4월 9일자. 이건 "소대절제술이라고 알려져 있다. 혀 밑의 얇은 띠가 잘려나간다. 이 시술은 혀를 더 길고 유연하게 만든다고 한다."

어학원 면접을 떠올리며 몸서리를 친다. 면접관은 "당신의 피부색으로 볼 때 당신은 백인이 아니군요?"라고 물었다. 로젠버그는 "나는 미국인 아버지와 한국인 어머니가 있다"고 대답하였다. 면접관은 "이번 라운드에는 백인 지원자가 많아 이 학원에서 자리를 제안받을 수 있을지 모르겠다"고 말하였다. 그는 그의 지원이 성공적이었는지 실패였는지 아무런 통보를 받지 못하였다. 로젠버그는 "나는 그곳에서 직장을 구하지 못한 것에 대해 아쉬워하지 않는다. 나는 인종차별이 일상생활의 일부인 조직에서 일하고 싶지 않기 때문에 오히려 다행"이라고 말하였다(『경향신문』 2002. 10. 7).

호주, 미국, 캐나다 등 서구의 비영어권 이민자들은 영어권 이민국에서 태어나고 자랐음에도 불구하고 내부인보다는 외부인으로 간주되는 경우가 많고, 이는 비영어권 이민자들과 그 후손들 사이에 부정적인 경험을 낳는다. 한국계 미국인들의 한국에서의 경험도 부정적일 수 있다. 완전히 비합리적인 생각과 행동을 '완전히 정상적이고 수용 가능한' 것으로 만드는 한국의 문화적인 맥락이 이 장에서 다루려고 하였던 중요한 문제이다. 나는 '한국인을 차별하는 한국인'이 차별 문제의 핵심인 것 같다고 주장한다. 이것은 그들 자신에 대한 완전한 거부감을 나타낼 수 있다. 한국인들이 자신의 구성원들 중 한 명이 보여 준 능력을 제대로 인식하지 못한다면, 다양한 배경을 가진 다른 사람들의 능력을 존중할 여지가 거의 없을 것이다. 그들 자신의 정체성조차 거부하는 그들이 그 무엇이라도 받아들일 준비가 되어 있겠는가? 많은 한국인들은 타인의 하얀 피부와 경제적 성공의 이미지에 특권을 부여하면서, 그러한 범주에 속하지 않는 '다른 사람들'은 배척하는 것 같다.

여기에서, 나는 이 장의 많은 논점을 압축한 만큼 다양한 민족 배경을 가진 사람들에 대한 한국인의 태도에 대한 비판을 직접 인용하고 소개하고자 한다. 이 글은 『주간경향』에 게재된 「제노포비아의 시대」라는 제목의 칼럼이다(김동률 2003).

> 제3세계 사람들에 대한 한국인의 차별 대우는 가히 상상을 초월한다. 얼마 전까지 우리 집에 마이클이라는 미국인 노총각이 살았다. 필자가 미국에서 공부하던 대학의 도서관 사서다. 여행이 좋다며 10년간이나 다니던 주정부 공무원이라는 좋은 직장을 때려치우고 우리 가족을 따라와 열 달간 서울에서 살다가 돌아갔다. 마이클이 우리 집에 살던 동안 나는 많은 재미난 일을 경험하였다.
>
> 무엇보다도 한국인이 미국인에게, 좀 더 엄밀히 말하자면 잘 생긴 백인에게 얼마나 호의적인가를 아는 데는 그리 긴 시간이 필요치 않았다. 어느 방송사 문화센터에서 영어 강사로 일하는 마이클은 저녁마다 한국인 수강생, 주로 젊고 예쁜 아줌마들에게 받은 선물을 한아름씩 들고 왔다. 선물은 참으로 다양하였다. 넥타이에, 지갑에, 나중에는 속옷에, 바지에, 코트에, 오리털 점퍼까지, 심지어는 토종꿀에 잰 영지버섯이나 인삼 등도 곧잘 들고 왔다. 마이클하고 사는 동안 우리 집에는 먹을 것을 비롯한 선물들이 넘치고 넘쳤다.
>
> 그뿐이면 얼마나 좋겠는가. 주말이면 집으로 고급 승용차가 데리러 오고, 밤이 이슥해져 돌아온 마이클은 특급 호텔의 호화로움에 놀라 입을 다물지 못하였다. 미국에서 주립대학이 위치해 있는, 이른바 캠퍼스 시티로 불리는 작은 시골도시 출신인 마이클로서는 사실 놀랄 만한 일이기는 하다. 그는 얼굴을 붉히며 한 푼 내지 않고 대접만 받았다고 말하였다.
>
> 그러나 미국인, 특히 백인에 대한 상궤를 벗어난 호의와는 달리 이 땅에 사는 많은 제3세계 사람들에 대한 한국인의 차별 대우는 가히 상상을 초월한다. 작년 11월 국가인권위에 호소해 물감에 '살색'이라는 이름을 사라지게 만들었던 성남 외국인 노동자의 집 김해성 목사는 "물감에 '살색'이라는 명칭만 사라졌다고 해서 한국인들의 편견이 사라지는 것은 아니다"며 "여전히 한국인들은 백인들에게는 '차 한 잔 하시겠습니까?'며 호의적인 데 반해 유색인종에게는 대뜸 '얼마나 버느냐?'고 물으며 얕잡아 본다"고 말한다.
>
> … 100만 명이 넘는, 코리안 아메리칸으로 불리는 많은 한국인이 미국에 뿌리내린 지도 1세기가 지났지만 주류 미국인은 여전히 한인을 싫어한다. 마치 우리가 이 땅에서 제3세계 사람을 깔보고 혐오하는 것과 같은 이치다.

제노포비아(Xenophobia)란 말이 있다. 우리말로 외국인 공포증 – 외국인 기피증으로 풀이되는 이 말은 단일 민족인 한국인에게 잘 먹혀드는 말이다. 그런데 문제는 이 같은 외국인에 대한 기피증이나 멸시가 가난한 나라에서 온 노동자에게 몰려 있다는 점이다.

한 국가의 부의 수준은 한국인들이 특정 국가의 외국인들에게 얼마나 많은 환대나 차별을 할 것인가 하는 측면에서 중요한 기준이 될 것으로 보인다. 많은 한국인들의 마음은 일상에서 드러나는 졸부적 민족주의에 고착되어 있을지도 모른다.

5. 논의 및 끝맺는 말

의심할 여지없이, '높은 수준의 교육열'은 한국에서 개인의 사회적 이동성을 위한 중요한 요소였고 한국전쟁이 끝난 이후 국가의 급속한 변화에 도움이 되었다(Selth 1988; Seth 2002). 한국 기업들은 대학을 통해 잘 교육받고 군복무를 통해 잘 훈련된 노동력 공급을 누렸다. 천연자원이 거의 없는 한반도는 경공업과 중공업에 투자하면서 원자재 수입과 차량 및 선박 등 제품 제조와 수출에 관여하게 되었다. 이 과정에서 영어 능력은 개인의 경력과 성공을 위한 중요한 도구가 되어 왔다. 1996년 한국이 OECD에 가입할 즈음, 한국은 산업계에서 일하기 위해 많은 수의 외국인 노동자들을 데려오기 시작하였다. 영어, 특히 실용적인 영어 능력은 세계화의 구호 아래 더욱 대중화되었고, 이것은 상당수의 영어 원어민 강사들을 한국으로 불러왔다. 이 장의 초점은 한국의 학교들과 사설 어학원들이 다양한 인종과 민족적 배경을 가진 원어민 영어 교사들을 비호의적으로 대해 온 방식에 관한 것이었다.

원어민 교사를 채용하는 과정에서 인종적 차별은 차치하고라도 젊은 여성 강사를 선호하는 것은 지극히 정상적인 것으로 간주된다. 여기에 더해 채용 공고에 '백인 선호' 등의 조항이 들어갈 수 있다는 사실을 알게 된 것은 정말 뜻밖이었다. 어떤 다문화 사회도 직장에서 새로 정착한 주민들에 대한 차별적인 채용이나 부당한 대우로부터 자유롭지 않다는 것을 알고 있다. 하지만 논의된 한국 미디어의 분석에 따르면, 인종차별을 근절하기 위한 수십 년간의 국제적 노력은 무시되고 있는 것처럼 보인다. '황색 피부, 백색 가면'이라는 개념이 피부색이 다른 한국 내 외국인 전문가나 다양한 경제 발전 단계에 있는 국가 출신을 상대로 차별을 쉽게 범하고 있음에 놀랐다. 한국인들이 '너무 한국적'이거나 '충분히 외국인답지 않다'는 이유로 재외동포들의 취업을 거부함으로써 자신의 한국인 정체성을 거부한다는 사실을 알게 되면 더욱 놀랍다. '한국성' 또는 '외국성'을 측정할 때 적용되는 기준은 무엇인가? 세련되고 선진적인 한국 사회에서 많은 한국인들이 스스로 누리고 싶어 하는 실력, 합리적 근거, 또는 효과적인 교육이 인정받는 그곳은 어디에 있을까? 그럼에도 불구하고, 소수의 흑인들이 한국 학생들을 가르치고 있다. 이는 일부 한국인들이 그들의 학문적 노력을 인정하고 채용할 만큼 피부색에 연연하지 않는다는 것을 의미한다는 점에서 차별적인 문화가 바뀔 수 있다는 희망의 표시가 된다. 그러나 대부분의 한국인들이 더 바람직한 형태의 다문화주의를 받아들이기 위해서는 아마도 더 많은 시간이 필요할 것이다.

앞서 언급하였듯이, 나는 연구를 하면서 비슷한 수준의 지식과 능력이 요구되는 역할에 임용된 원어민 교사와 대학 교수에게 지급되는 임금 격차에 대해 알게 되었다. 한국의 대학과 기관들은 한국 국민들을 세계화하기 위한 방법으로 그러한 전문가들을 고용해 왔다. 그러나 이러한 선도적인 기관들은 인적 자원을 다루는 적절한 정책이 부족하고 세계 시민들을 다루는 방식을 표준화하기를 꺼린다. 아마도 '돈을 위한 최고의 가치'를 위해 선호된 피부색을 가진 사람이 아닌 최고의 자격을 갖춘 사람에게 기회를 제공하는 원칙을 실천하는 것이 시급하며, 이는 정의와 공정성의 길을 열어 줄 것이다.

제6장

국제결혼의 자녀들: 미래의 자산인가 아니면 단순한 차별의 대상인가?

한국 가수 싸이의 노래 「강남스타일」은 2012년에 유튜브에서 역대 최고 클릭 수를 기록하면서 국제적인 히트를 쳤다(Han 2013). 또한 그의 뮤직비디오 출연으로 엄청난 팬을 얻었던 것은 아역 배우이자 가수인 황민우 군, 일명 '리틀 싸이'였다. 그의 인기가 높아지면서 황 군의 어머니가 베트남인이라는 사실이 알려졌다. 그 결과, 그는 거리에서 폭행을 당하고 책가방이 던져지는 등 다문화 가정이라는 이유로 괴롭힘을 당하였다. 2005년에 태어난 그 소년은 왜 그의 어머니가 베트남으로 돌아가라는 말을 들었는지에 대해 어리둥절해 하였다. 악성 게시물 공격으로 홈페이지가 마비될 지경에 이르렀다.[1] 하지만 황민우 군을 위로하는 네티즌도 적지 않다. 그들은 또한 "만약 그 어머니가 백인이었다면?"이라고 물었다.[2]

내가 아는 거의 모든 사회는 아이들을 돌보기 위한 특별한 정책을 가지고 있다. 아이들에게 학대가 가해질 때, 대중들은 무조건적인 분노를 표출한다. 이것은 단순히 아이들이 연약하고 스스로를 보호할 수 없기 때문에 어느 사회에서나 약한 집단 중 하나를 구성하고 있기 때문이다. 한국도 예외는 아니다. 그러나 실제로는 다른 아이들과 같은 보살핌과 보호를 받지 못하는 아이들이 있다. 그들은 국제결혼의 자녀이거나 다른 민족적 배경을 가진 사람들, 즉 다문화 가정의 자녀들이다. 1945년부터 한국전쟁 이후까지 약 1만 명의 혼혈아들(아메라시안)이 태어났고, 차별의 대상이 되어 왔다. 이들 중 5,000명은 미국으로 이민을 갔고 나머지는 한국에 머물렀다.[3] 최근 수십 년 동안, 한국인 및 외국인-아시아인 부모들(베트남인과 필리핀인이 다수를 차지한다)의 자녀들은

1 「'리틀 싸이' 황민우 울린 악성 댓글 … 수사 착수」, SBS뉴스 2013년 5월 2일자.
2 「톡톡! SNS: "황민우 군 어머니가 백인이었어도?" 外」, 『서울경제』 2003년 5월 3일자.
3 임태섭(2003). 설동훈 개인 웹사이트(2013. 11. 1 접속)에서 인용.

부정적인 의미를 갖는 '코시안'이라고 불리어 왔다.[4] 1990년대 이후 많은 수의 외국인 신부들이 한국에 정착하였고, 특히 농촌 지역 사회에 정착하였다(Kim 2011; 왕한석·한건수·양명희 2005). 이것은 1970년대 이후 한국 정부가 '두 자녀 정책'을 추진하면서 한국 부모들의 남아 선호 현상으로 인해 농촌 지역 한국 남성들을 위한 예비 신부들이 부족하였기 때문이다. 또한 한국 여성들은 도시 또는 해외에서 사회문화적, 경제적으로 편리한 삶을 찾기 위해 고국을 떠났다(박선영 2007: 10).

한국보건사회연구원에 따르면, 2011년 6월 현재 120만 명의 '외국인'이 한국에 거주하고 있으며 그중 약 10만 명이 외국인 신부이다.[5] 다문화 가정의 자녀 수는 2006년에 약 3만 5,000명이었고, 2020년에는 167만 명에 이를 것으로 보인다(안병근 2012). 한국 사회는 1970년대와 1980년대 혼혈아들을 쉽게 무시하였지만, 이들이 곧 한국 인구의 상당 부분을 차지하게 될 것이기 때문에 더 이상 무시할 수 없다. 이 아이들은 흔하게 괴롭힘을 당하고(오성배 2005a; 2005b), 한국어 능력이 부족하여 학업 성적이 떨어지고, 정체성 혼란을 겪으며, 학교 친구들은 종종 그들을 배제하고 차별한다(Geum et al. 2006; 정의철·이창호 2007: 8에서 재인용; 조영달 2006). 직설적으로 말하면, 그들의 다른 피부색은 대다수의 아이들이 다문화 가정의 자녀들에 대한 차별을 정당화하기에 충분한 이유가 된다. 김하영(2006)은 중국-한국, 일본-한국 가정의 자녀들이 필리핀/태국/인도네시아-한국 가정의 자녀들보다 훨씬 덜 차별받고 있다는 일화적인 증거를 지적한다. 김하영은 한국인들이 그들을 가족의 가난을 극복하기 위해

4 한 '코시안' 복지 단체는 "코시안은 다문화 배경을 가진 가족을 이웃으로 받아들이는 것을 용이하게 하고 코시안들의 다양성과 존엄성을 존중하는 사회를 형성하기 위해 만들어졌다"고 이야기한다(「코시안 어원」, 코시안의 집 웹사이트, 2013. 12. 18 접속).

5 "For Better or Worse: Foreign Brides in South Korea," *Global Post* 2011년 6월 4일자.

'한국에 팔려 온' 여성들의 자녀로 보는 한편, 1950년대 한국인과 외국인의 혼혈아들은 성(性)적 부도덕의 산물로 여겨졌다고 주장한다(김하영 2006; 한혜원 2002). 자녀들의 외모나 피부색, 외국인 부모의 출신 국가의 사회경제적 지위는 한국인이 혼혈아들을 차별하는 정도에 영향을 미치는 몇 가지 주목할 만한 결정 요인인 것으로 보인다.

1. 문헌 고찰

많은 수의 연구들이 한국 및 국제적인 조사를 통해 혼혈아동이나 이민자 가정의 자녀들이 그들의 기회와 삶의 질을 향상시킬 수 있도록 돕기 위해 나아가야 할 방향을 제시하고 있다(Doolan 2012; 한혜원 2002; 김영숙·우정한 2012; 오성배 2007; Ostberg 1997; 이은하 2007; Zhou and Xiong 2005). 대학생들이 한국의 다문화 자녀들을 멘토링하고, 이중 언어를 구사하여 미래 지도자가 되도록 장려하고, 그들의 잠재적인 문화 교류의 기회를 지원하는 등의 가치 있는 프로그램들이 많이 있다(양계민·김승경 2012). 그러나 일상적인 생활, 직장 및 삶의 기회에서 다문화 자녀들에 대한 차별에 관한 근본적인 변화가 필요하다. 즉, 한국 대중은 그들이 용어 그대로 피가 섞여 있다는 것을 의미하는 혼혈이라고[6] 부르는 사람들을 바라보는 관점의 패러다임 전환에 대해 교육받을 필요가 있다. 대다수의 한국인들 사이에서 이 같은 일이 일어나지 않는 한, 혼혈인의 복

6 혼혈이라는 단어 자체는 문제가 되지 않을 수 있지만, 한국적 맥락으로 볼 때 혼혈이라는 단어가 갖는 함축적인 의미는 문제가 된다. 혼혈은 다문화 가정에서 태어난 사람을 지칭할 때 내가 선호하는 단어가 아니다. 내가 선호하는 용어는 '국제결혼 자녀'이다. 하지만 그것은 한국 대중 담론의 일부이고 나는 이 단어를 사용하기로 결정하였다.

지에 초점을 맞춘 수많은 연구들은 더 나은 변화에 거의 영향을 미치지 못할 것이다(예: 한경아 1994; 한혜원 2002; 오성배 2005a).

정의철과 이창호(2007)는 한국 통합 신문 데이터베이스 시스템(KINDS)을 기반으로 『동아일보』, 『한겨레』, 『오마이뉴스』 등에서 국제결혼 출생자들에 관한 125개 뉴스를 엄선하였다. 125개 뉴스는 2005년 2월 10일부터 2007년 2월 9일까지 24개월 동안, 즉 하인스 워드(Hines Ward)(그는 한국인 어머니와 아프리카계 미국인 아버지 사이에서 태어났다)가 슈퍼볼 MVP 수상하기 이전과 이후의 12개월을 다루었다. 정의철과 이창호는 뉴스를 (1) 혼혈인 행사 도움 프레임, (2) 감동 프레임, (3) 자성 프레임, (4) 정책 프레임, (5) 인권 프레임, (6) 관심유도 프레임, (7) 사회역사적 분석 프레임, (8) 기타 8가지로 분류하였다. 정의철과 이창호(2007: 93-97)는 자신들이 분석한 뉴스 기사들이 한국인들이 혼혈인을 대하거나 다루는 방식을 강하게 반영하고 있다고 지적하였다. '행사 도움 프레임'은 '우리'와 '그들'이 있다는 근본적인 생각을 바탕으로 한다. '감동 프레임'은 종종 '혼혈인'이라는 배경에도 불구하고 성공하였다는 것에 관한 것인데, 이는 누구나 열심히 일하면 성공할 수 있다는 것을 뒷받침한다. 하지만 실패는 게으름과 부정적인 태도에 기인한다. '자성 프레임'은 혼혈인에 대한 대중의 태도 변화를 옹호하는 것이다. 비록 세 개의 주요 언론이 혼혈인에 대한 더 나은 대우를 위해 캠페인을 벌이고 있다는 것을 알게 된 것은 고무적인 일이지만, 거의 모든 뉴스 표현들은 혼혈인들이 어떻게 나쁜 대우를 받고 있는지, 그리고 그들에 대한 태도가 어떻게 바뀌어야 하는지에 대한 측면에서 한국 사회를 분명히 반영하고 있다. 정의철과 이창호(2007: 101)는 『동아일보』와 『한겨레』 등 주류 신문(진보냐 보수냐에 상관없이)이 언론인들이 혼혈에 대한 보도의 프레임을 어떻게 짜느냐에 영향을 미치고 상업주의와 관련해 많은 공통점을 갖는 경향이 있다고 주장한다. 상업 저널리즘은 일반적으로 혼혈인(Mitra 2004; 정의철·이창호 2007)과 같은 사회적 약자에 대해서는 거의 이야기를 하지 않으며, 직장에서의 문제에 대한 심층적인 분석에는 거의 관심이 없다. 이러한 저널리즘의 관행은 불행하게도 대다수의 한국인들의 견해를 반영할 수 있고, 혼혈인의 부정적인 삶을 악화시킬 가능성이 있다. 이 장의 핵심 목표는 한국 미디어에서 보여지는 것처럼 혼혈인들이 일상생활에서 직면해야 하는 차별적 경험을 밝히는 것이다.

영어권 국가에서는 '혼합된 인종'(mixed race)과 '혼합된 민족'(mixed ethnicity)이라는 개념이 일반적이지만, 중국, 일본, 한국에서는 '혼합된 혈액'(mixed blood)이라는 개념을 사용한다(설동훈 2007: 128). 이것은 혼합된 인종 혹은 혼합된 민족의 자녀들을 가리키는 말로 '혼혈'이라는 단어로 표현된다. 국제결혼 자녀들에 대한 과거 문헌을 찾아보면, 비록 이 특정 인구 집단에 대한 한국 연구는 비교적 적지만, 그들이 차별받는 방식의 심각성을 인정하는 강력한 학문적 뒷받침이 있음을 알 수 있다. 이는 이 문제가 수십 년 동안 한국 사회에 만연해 있다가 1990년대 중반 이후 외국인 신부가 들어오면서 다시 불거졌기 때문일 것이다. 한국 사회 곳곳에서 혼혈인들이 구조적으로 배제되고 차별받는 방식에 대한 통찰력 있는 연구들이 있다. 박경태의 한국인권위원회 연구는 '양키의 아들'이라는 말이 1960년대 이후 국제결혼 자녀들을 괴롭히는데 이는 학교에서 흔히 볼 수 있는 모욕적 언어였다는 것을 보여 준다. 많은 혼혈아들은 한마디로 학교에서 공부를 계속할 수 없었다(박경태 2004). 한국인들이 그들에게 붙이는 오명은 극도로 가혹하고 부정적이다. 심지어 위험하기까지 하다. 이들을 고용할 준비가 되어 있는 고용주는 거의 없기 때문에, 혼혈아들은 실직 상태로 방치되고 재정적으로 어려움을 겪고 있다. 이것이 그들이 한국 사회로부터 차별받고 배제되고 고립된 삶을 살아가는 방법이다.

이 장에서 다루고자 하는 연구는, 한국의 혼혈인에 대한 차별을 어떻게 이해할 수 있는지를 통찰력 있고 설득력 있는 세 가지 관점인 '순혈 민족주의', 인종주의 및 위계적 민족성을 다룬 설동훈(2007: 142-153)의 연구이다. 첫째, 순혈 민족주의는 결혼을 통해 다른 민족들의 영향을 거의 받지 않고 한국 혈통의 순수성에 대하여 한국인들이 가지는 믿음에 관한 것이다. 이러한 믿음은 한국인들이 순수 혈통을 유지하지 못하였다는 증거에도 불구하고 다른 민족에 비교하여 스스로 자부심과 우월감을 조장한다(Kim 2011).

둘째, 설동훈은 한국에 인종차별이 도입된 것은 19세기 후반으로, 당시에 예를 들면 유럽, 미국, 러시아 등 '백인 국가'가 지배적인 정치경제적 강대국이었다고 주장한다. 한국인들은 정치적으로 강력한 백인 러시아인들을 특히 두려워하였으며, 한국 정치 지도자들 사이의 공통된 입장은 한국이 러시아인만큼 강해지거나 황색 인종, 특히 일본인과 단결해야 한다는 것이었다. 이를 범아시아주의(Pan-Asianism)라고 부른다(박노자 2003; 설동훈 2007: 146에서 재인용). 그러나 아프리카계 미군들의 등장과 그들의 하위 문화는 한국인들로 하여금 그들의 피부색에 근거하여 '다른 사람들'을 차별하게 만들었다(Seol and Han 2004; 설동훈 2007). 1950년대까지만 해도 민족과 국가의 개념은 한국의 정치문화적 맥락에서 거의 동일하였다. 그러나 한국인들은 혼혈아들을 한국의 국가 개념에 포함시킬 수 없었다. 이러한 저항으로 대부분의 아이들이 해외로 입양되었다(설동훈 2007: 149). 한국의 국가 건설은 한국인의 마음속에 동질화 또는 표준화 과정을 의미하였고(Gellner 1983), 그 과정은 '우리'와 '그들', '국민'과 '타자'를 명확히 구분하고 있었다(Cohen 1978; Herzfeld 1997; 설동훈 2007: 149).

이어서 설동훈은 한국인들이 동남아시아와 아프리카 출신 외국인 노동자들이 도착한 이후 그들의 피부색, 그들 출신 국가의 열악한 경제 상황, 한국인들이 기피하는 3D(더럽고, 어렵고, 위험한) 업종에 종사한다는 점 등을 이유로 이들을 차별하였다고 주장한다. 이러한 이유로, 저임금을 받는 한국인들은 외국인 노동자들보다 더 높은 임금을 받아야 한다고 느낀다(설동훈 2007: 147). 설동훈의 이 짧은 논평들은 내가 '졸부적 민족주의'라고 부른 것과 많은 공통점을 가지고 있다. 한국의 인종차별에 대한 설동훈의 견해와 졸부적 민족주의에 대한 견해 사이의 중요한 차이점은 후자는 주로 최근 수십 년간의 경제적 성공에 대한 한국인의 자부심에서 비롯된다는 것이다.

셋째, 밀스의 '인종 계약'을 활용하여, 설동훈의 위계적 민족성은 한국인들이 '타자들'을 어떻게 한국의 인종에 대한 위계적 사다리에 배치하는가 하는 것이다(Mills 1997). 즉, 한국인들은 다른 나라들과 비교하여 피부색과 출신국의 생활 수준을 기준으로 '다른 나라들'을 위계질서의 어디에 둘 것인가에 대한 그들만의 공식을 가지고 있다. 이러한 위계적 이해는 국제결혼의 자녀들에게도 적용된다(설동훈 2007: 148). 따라서 설동훈의 세 번째 관점은 앞의 두 가지 관점을 종합한 것이다. 통합된 관점의 중심적인 측면은 한국인들이 '타자(예: 혼혈인)'를 한국인으로 받아들이는 것을 배웠지만 여전히 그들을 차별적으로 대한다는 것이다. 그러나 나는 이들이 애초에 '완전한' 한국인으로 받아들여진 적이 있는지 없는지는 논란의 여지가 있으며, 미디어에서의 묘사에 대한 경험적 분석을 통해 설동훈의 주장을 입증할 수도 있고 그렇지 않을 수도 있다고 주장한다.

새로 정착한 한국인들에게 졸부적 민족주의가 적용되면서 다문화 가정과 그들의 자녀들이 일상적으로 차별에 노출되어 있다(Han 2012). 박선영(2007)은 한국 남성과 결혼한 외국인 여성들에 대한 조사에서 한국인들은 오랫동안 스스로를 단일 인종으로 여겨 왔고 다른 사람들에게 배타적이었다고 주장한다. 한국은 사회경제적 요구를 충족시키기 위해 단기간에 많은 외국인들을 데려왔고, 이는 다수 집단과 소수 집단 사이에 법적·사회적·문화적 긴장을 초래하였다. 여기서 우리는 특히 개발도상국에서 온 '피부가 더 검고 코가 낮은' 새로운 한국인을 언급하고 있다(박선영 2007: 8). 이 새로운 한국인들은 정당한 이유 없이 편견, 반감, 차별에 시달리고 있다. 이것이 초래하는 비극은 그들 자녀들의 삶의 기회가 이것에 의해 틀 지워지고 심각하게 빈곤해진다는 것이다. 박선영(2007: 10)은 아이들이 어려서부터 어떻게 불이익을 당하는지 정리하였다. 예를 들어, '코시안'의 엄마들은 한국어 능력 면에서 종종 미숙하고, 그들의 아이들은 예방접종을 위한 적기를 놓치는 경우가 많다. 그들의 언어 발달은 대부분의 다른 아이들보다 느리다(왕한석·한건수·양명희 2005). 아이들의 피부색은 학교에서 또래들에 의해 괴롭힘과 차별을 당하는 주된 이유이며, 이것은 잠재적으로 이들의 정신적 고통을 야기한다. 이들은 종종 영양실조로 인해 신체 건강에 어려움을 겪는다. 다른 한국인 엄마들과 달리 외국인 신부들은 자녀들의 숙제를 돕거나 공부에 관심을 가질 수 없는 것으로 인식된다(이혜경 2005: 80-81; 박선영 2007: 11에서 재인용). 박선영은 자녀와 부모 사이의 관계가 긴장되고 소외된 상태로 남을 수 있다고 주장한다(박선영 2007: 13).

현재 혼혈에 대한 연구들은 이들이 필요로 하는 지원 측면에서는 진보적이지만, 이 장에서는 졸부적 민족주의가 다문화 결혼의 자녀들을 어떻게 차별하는지, 즉 졸부적 민족주의 및/또는 설동훈(2007)의 '위계적 민족성'이 혼혈 아동들에게 어떻게 표현되는지를 고찰한다. 나는 한국의 사회경제적 성취 그 자체가 자부심을 발휘하면서, 필리핀, 태국, 인도네시아 등 개발도상국 출신의 '비한국인' 부모를 가진 자녀들에 대한 편견이 어떻게 작용하는지를 살펴

볼 것이다. 좀 더 일반적으로, 나는 또한 그 아이들에 대한 차별의 유형도 살펴볼 것이다. 다시 한번, 나는 졸부적 민족주의 및/또는 '위계적 민족성'이 새로운 한국인에 대한 차별의 중심에 있으며(Han 2012), 완전한 비합리성, 즉 오로지 가난한 나라 출신이기 때문에 다른 사람들을 차별하는 한국인들의 인식을 교육을 통하여 건강한 다문화주의를 구축하는 것이 중요하다고 주장한다.

2. 연구방법

KINDS를 사용하여 '차별', '혼혈', '코시안'이라는 단어를 입력하였고, 이를 통해 2002년 1월 1일부터 2013년 4월 2일까지 총 86개의 뉴스를 도출하였다. 미디어의 표현들은 132쪽에 달하였다. 차별은 이 장의 초점이다. 혼혈과 코시안은 부정적인 의미를 지닌 단어이지만, 한국 대중들에게 가장 잘 알려져 있고 가장 많이 사용되는 단어이다. 이 두 단어를 사용하여, 그 결과에는 다문화 가정과 젊고 나이 든 혼혈인들을 다루는 뉴스 항목이 포함되었다. 질적 데이터 분석 지원 소프트웨어인 NVivo9의 도움을 받아 근거이론 방법의 원칙에 따라 데이터를 분석하였다(Bryant and Charmaz 2010; Glaser and Strauss 1967).

3. 분석 결과 및 논의

이 절에서는 미디어 내러티브 분석 결과를 나의 부연설명과 함께 제시한다. 코시안이나 혼혈이 부정적인 의미를 내포하고 있다는 것은 공공연히 인정되고 있으며, 이는 다문화 가족 또는 자녀라는 대체 용어로 이어지고 있다.[7] 세계화 및 냉전 종식과 함께 한국 농촌 남성들을 위한 잠재적인 신부 부족과 한국의 낮은 출산율은 모두 외국인 신부들의 한국 정착에 기여하였다.[8] 2004년에 3만 5,000쌍의 다문화 부부가 있었으며, 이것은 당시 결혼한 부부의 11%를 차지하였다. 2006년 기준 등록된 다문화 아동은 3만 5,000명이며,[9] 그중 6,000명이 학교에 다니고 있다. 그들의 중퇴율은 17.5%였다.[10] 다문화 아동들의 불우한 삶에 대한 우려가 계속되고 있다. 예를 들어, 체계적이고 종합적인 해결책이 없는 한, 이는 곧 국가적 재앙으로 확대되거나 10년 안에 내란으로 이어질 수 있다는 지적이 있다.[11] 가장 불이익을 받는 다문화 자녀들은 부모 중 한 명이 외국인 노동자이거나 둘 다 외국인 노동자인 어두운 피부색의 자녀들이다.[12] 혼혈아동 수는 2015년까지 100만 명,[13] 2020년까지 167만 명에 이를 것으로 예상된다(안병근 2012). 그러나 한국인들은 차별받는 사람들이 결국 다수에게 반란을 일으킬 것이라는 경고에도 불구하고, 발생하고 있는 변화를 받아들일 준비가 되어 있지 않다.[14]

1) 학교와 교육

혼혈아들은 특히 엄마가 한국인이 아닌 경우, 학교에 입학하기 전 한국어

7 「세상의 눈: 다문화 가정」, 『중부매일』 2008년 11월 5일자.
8 「마이너리티 리포트: 따갑다! "色다름"에 쏟아지는 차별의 눈총」, 『세계일보』 2004년 5월 21일자.
9 「혼혈인 차별 반성 목소리 확산 "그들도 우리 이웃 …"」, 『매일경제』 2006년 1월 31일자.
10 「맛있는 책읽기: 우리나라 폭염은 '맥도널드 햄버거' 때문」, 『중도일보』 2008년 7월 30일자.
11 「피부색 달라 더 예쁜 '무지개학교'」, 『경향신문』 2006년 6월 17일자.
12 「함께 사는 세상: 인천 부평구 외국근로자촌 코시안의 눈물」, MBC뉴스 2003년 8월 9일자.
13 「한국은 다민족 국가 … 단일민족은 환상일 뿐」, 『내일신문』 2005년 11월 17일자.
14 「"당장은 아니지만 … 집단저항 가능"」, 『내일신문』 2005년 11월 16일자.

를 배우는 것이 더딘 경향이 있다.[15] 총 14.5%의 혼혈아들이 보육시설에 다니는 반면, '다른' 주류 아동들의 56.8%가 보육시설에 다닌다. 학교에서 혼혈아동들은 독해력, 어휘력, 일반적인 글쓰기, 창의적인 글쓰기에 약하다.[16] 어떤 아이들은 한국어에 '억양'이 있는 경우도 있다.[17] 비록 그들이 처음에는 학업에 잘 대처하더라도, 한국어 능력 부족은 그들이 더 높은 수준으로 올라갈수록 그들의 학업 성취도에 악영향을 미친다(『문화일보』 2006. 4. 3). 2008년 정부 보고서에 따르면, 15.4%의 초등학생, 39.7%의 중학생, 69.6%의 고등학생 혼혈아들이 학교에 다니지 않았다.[18] 이러한 요인들의 결합은 학급 친구들로부터 고립과 괴롭힘을 야기하고, 이는 중퇴, 실업, 빈곤의 악순환에 불을 붙인다(『동아일보』 2006. 1. 14). 많은 분야에서 왕따와 중퇴율을 극복하고 그들의 정체성을 형성하는 데 도움을 주는 방법으로 이 아이들을 위한 대안 학교를 설립할 필요가 있다고 제기되어 왔다.[19] 이제 그런 학교들이 설립되었다. 예를 들어, 아시아 공동체 초등학교는 수많은 단체들의 자선 기부 덕분에 부산에 설립되었으며, 2013년에는 40명,[20] 2014년에는 83명의 학생들이 있었다(아시아공동체학교 웹사이트, 2015. 2. 19 접속). 대안 학교가 부족한 재정과 혼혈에 대한 국민들의 부정적인 인식 속에서 이들을 괴롭힘과 빈곤의 악순환에서 벗어나게 할지는 두고 보아야 한다. 나는 그러한 대안 학교들이 장기적으로 그들을 한국 사회로부터 더욱 격리시킬 수 있다고 생각한다. 아이들이 학교 운동장 안

15 「외국인 120만 시대」, KBS뉴스 2009년 8월 2일자.
16 「피부색 쇄국주의 깨자: 혼혈아 '말 어눌하다' 또래들 따돌림 심해」, 『문화일보』 2006년 4월 3일자.
17 「혼혈인, 그들도 한국인입니다: 〈下〉교육대책 마련 시급」, 『동아일보』 2006년 1월 14일자.
18 「세상의 눈: 다문화 가정」, 『중부매일』 2008년 11월 5일자.
19 「혼혈인 대안 학교 절실하다 … 정체성 심어주고 심리치료에도 제격」, 『국민일보』 2006년 4월 28일자.
20 「폐교서 꽃핀 '아시아공동체학교의 기적'」, 『조선일보』 2010년 3월 20일자.

에서 괴롭힘을 당하고 소외당하게 되면, 그들은 사회에서 배우고 스스로 미래를 준비할 기회를 놓칠 것이다. 그러나 대다수의 아이들이 학교에서 혼혈아들을 포용하지 않는다면, 사회 대부분의 사람들이 혼혈아들을 포용할 가능성은 낮다(『동아일보』 2006. 1. 14). 어린 시절의 차별 경험은 특히 혼혈인의 정체성 형성에 악영향을 미칠 것으로 보인다.

2) 혼혈 정체성과 가족 불이익

혼혈아들은 어려서부터 정체성을 형성하는 데 어려움을 겪으며, 이는 그들이 학교에 다니기 시작하자마자 특별한 도전이 된다. 그들은 종종 자신의 외모에 대해 긍정적으로 생각하기보다는 부끄러워한다. 예를 들어, 어머니가 네팔 출신인 호경이는 엄마에게 "내 피부색은 왜 이렇게 까맣지?"라고 묻고는 울음을 터뜨린다.[21] 성인이 된 혼혈인들은 어린 시절을 회상하고 싶어 하지 않는다. 오히려 이것은 가능하면 인생에서 지우고 싶은 것이다.[22] 아프리카계 미국인 아버지를 둔 23세의 미국인 박지수 씨(23세)는 "외국 태생의 연예인이나 운동선수들은 한국어도 못하지만 한국인으로 간주되고 있다"고 불평한다. 하지만 우리는 외부인으로 치부된다. 박 씨는 부모님께 "내가 세상에 아무 쓸모도 없는데 왜 나를 낳았느냐"고 불평하곤 하였다. 새해가 시작될 때, 박 씨의 급우들은 그녀를 비웃곤 하였다. "깜둥이, 아프리카에서 왔니?, 흑인이 왜 한국에 있어." 그녀는 그런 조롱을 피하기 위해 학교를 옮겼다. 하지만 그녀는 같은 이유로 새로운 학교에서의 첫날을 싸움으로 시작하였다. 고

21 「"다민족 사회" 코리아 리포트: 아이들의 동행은 시작됐다」, 『세계일보』 2007년 4월 24일자.
22 「마이너리티 리포트: 따갑다! "色다름"에 쏟아지는 차별의 눈총」, 『세계일보』 2004년 5월 21일자.

등학교 시절, 박 씨는 "너희 나라로 가라"고 말하는 40대 장애인 남성을 우연히 만났다. 그녀는 "그 남자의 고통과 괴로움이 나와 매우 비슷하였기 때문에 가슴이 아프다"고 말하였다. 이러한 종류의 경험은 그녀가 "내가 정말 한국 사람인가? 이것은 내 정체성의 문제야"라고 질문하게 만든다(『문화일보』 2006. 4. 3). 서울과 경기도의 몇몇 학교에서 온 70명의 혼혈아들(6세부터 12세까지)을 대상으로 조사한 결과 32.6%만이 한국인이라고 주장하였지만, 아프리카 혈통을 가진 학생 중 한국인이라고 주장하는 학생은 없었다. 대안 학교 학생들 중 누구도 그렇게 주장하지 않았다.[23]

국제결혼은 종종 외국인 신부들의 경제적 필요에 기인한다. 대부분의 다문화 부부들은 결혼 전에 서로를 알 수 있는 충분한 시간을 허락받지 못하며, 그들 사이의 적절한 의사소통이 어렵다.[24] 일부 외국인 신부나 그녀들의 한국인 남편이 주류보다 더 자주 건강상의 문제를 겪는 것처럼 보여 결혼생활이 불안정한 경우가 많다.[25] 이러한 불안정한 관계는 종종 신체적 폭행, 부부 간의 문제 및 이혼을 초래한다. 강원도의 긴급콜센터에는 2006년 이런 이유로 도움을 요청하는 전화가 180통 접수되었지만 2007년에는 357통으로 늘었다.[26] 불안정한 결혼생활이나 한국인이 아닌 한 부모와의 사이에서 혼혈아동들은 취약한 위치에 놓이거나 가장 즐거워야 할 어린 시절을 놓치게 되고, 이는 그들을 또래들로부터 고립시키고, 건강한 정체성을 형성하는 과정에 악영향을 끼친다(『중도일보』 2006. 2. 8).

---

23 「피부색 쇄국주의 깨자: "혼혈인 성공 스토리? 남 얘기 … 관심 없어"」, 『문화일보』 2006년 4월 3일자.

24 「외국인 120만 시대」, KBS뉴스 2009년 8월 2일자.

25 「혼혈 늘어가는데 사회차별은 여전 부끄러운 자화상」, 『중도일보』 2006년 2월 8일자.

26 「매 맞는 '외국인 주부' 구경만 할 텐가」, 『강원일보』 2008년 4월 22일자.

왕따(괴롭힘 또는 따돌림)와 사회적 차별은 혼혈아들이 학교를 그만두는 일반적인 이유다. 미디어는 특히 혼혈 배경을 가진 부모로부터 혼혈아들이 가난과 고통을 물려받는 경향이 있다는 많은 사례들을 보도하고 있다. 한국펄벅재단(다문화 가정과 그들의 아이들을 위한 복지 단체)의 이지영 씨는 이것이 불행하게도 사실임을 확인시켜 준다. 이 씨는 혼혈아동 취업할당제를 적용하는 정부 정책을 수립할 것을 촉구한다.[27] 예를 들어, 혼혈 배경을 가진 53세의 권재덕 씨는 오늘날까지도 아버지를 따라 미국에 가지 않은 것을 후회하고 있다. 그는 학교를 다닌 적이 없고 12살이 된 이후로 노동자로 일해 왔다. 그는 시력이 나빠서 치료를 받아야 하지만 경제적 여유가 없었기 때문에 지금은 거의 보지 못한다. 권 씨는 자신의 삶의 모든 어려움 중 가장 견디기 어려웠던 것은 사람들이 자신에게 '양키'라는 꼬리표를 붙이고 자신의 지역 사회 사람들에게 괴롭힘을 당한 것이라고 회상한다. 그는 자신의 모든 부정적인 경험들이 열일곱 살 된 딸에게 전해지는 것을 보고 슬퍼한다.[28] 하지만 만족스러운 삶을 살고 있는 수많은 다문화 가족과 혼혈아들이 있다. 외국인 신부인 에르마(Erma)와 빅토리아(Victoria)는 특히 자녀들의 인기와 유치원에서의 높은 학업 성적에 만족하고 있다. 다만 초등학교에 입학한 후에 아이들이 '행복한' 상태를 유지할 수 있을지에 대해서는 우려하고 있다.[29] 이제부터는 혼혈인들이 학교생활과 그 이후에 차별받는 방법들에 대해 논의할 것이다.

27 「사회편견·가난 대물림 … 혼혈2세 이중고 "신음"」, 『세계일보』 2006년 2월 9일자.
28 「"제발 아이들만은 …" 희망이 있을까요?」, 『세계일보』 2006년 2월 14일자.
29 「우리 곁의 '코시안' 차별없는 세상을 …」, SBS뉴스 2006년 2월 10일자.

4. 혼혈인에 대한 다양한 차별대우

박경태(2008)는 소수자를 "신체적·문화적 특성 때문에 공동체의 나머지로부터 차별받고, 스스로 차별받는 집단에 속한다는 의식을 가진 사람들"로 정의한다. 혼혈인이 어떤 수준의 명성과 부를 달성하였든지 간에, 그 혹은 그녀는 그들의 신체적 특징과 그의 출생에 수반되는 경멸적인 문화적·행동적 의미로 인해 소수 집단의 일원으로 남아 있다.[30] 피부색과 같은 신체적 특성은 대다수의 한국인들이 유색인종이나 혼혈인에 대한 차별적인 언행을 정당화하기에 충분한 것으로 보인다. 오랫동안, 한국인의 눈에는 '한국인' 피부색이 '올바른' 피부색으로 여겨졌다. 그러나 2001년 김해성 목사의 도움을 받아 가나에서 온 외국인 노동자가 인권위원회에 크레파스 색상을 조사해 '살색'의 이름을 바꿔달라고 요청하였다. 그 결과 이전의 '살색' 크레파스는 이제 공식적으로 '살구색'으로 변경되었다. 유철인은 '살색'의 개념이 한국 중심이라며, 다른 피부색은 '살색'으로 받아들일 수 없다는 결과를 가져온다고 주장한다(유철인 2006).[31] 2007년 한 뉴스 리포트는 '살구색'이 도입되었지만 사람들

30 「책과 세상: '소수자와 한국 사회' 한국의 소수자, 그들은 오늘도 운다」, 『한국일보』 2008년 3월 3일자.

31 이것은 한국에만 국한된 것이 아니다. 예를 들어, 캐론 이스트게이트 댄에 따르면(Caron Eastgate Dann 2015. 2. 19, 개인 교신), "프랑스 시넬리에(Sennelier)사가 만든 '내 오일 파스텔 세트'(my oil pastel set)는 '살색'(flesh color)이라고 불리는 색상이 있는데 복숭아 색조로 '하얀' 피부를 명확하게 그려준다. 나의 독일제 파버-카스텔(Faber-Castell) 파스텔 연필은 분명하게 하얀 피부톤을 위해 만들어진 '가벼운 살색'과 '중간 살색'을 가지고 있지만, '검은 살색'은 없다. 호주에서 만들어진 '나의 예술 스펙트럼'(My Art Spectrum) 유화 물감은 '살색 색조'(Flesh tint)라고 불리는 색이 있는데, 이것은 옅은 분홍빛의 베이지색이다. 호주에서 만들어진 크로마크릴 아크릴 페인트는 '스킨톤 베이스'라고 불리는 색이 연한 오렌지빛 핑크색이며, 하얀 피부를 그리기에 가장 적합하다. 흥미롭게도, 미국에서 만들어진 72개의 프리즘컬러 색연필 세트는 살색이나 피부색을 암시하는 색은 없고, 대신 '라이트 피치', '베이지' 등으로 이름이 붙여졌다. 그러나 한국은 이 문제에서 유럽 국가들과 호주보다 앞서 있는 것으로 보인다."

의 차별적 사고방식은 변하지 않았다고 관찰하였다.[32]

차별의 경험은 초등학교에서 시작되거나 심지어 그 이전에도 희생자들의 삶 전체에서 계속되는 것처럼 보인다. 한민혁 군이 반 친구들과 선배들로부터 괴롭힘과 폭행을 당한 이유는 바로 혼혈이기 때문이다. 그의 반 친구들은 그와 함께 점심을 먹고 싶어 하지 않는다. 한 군은 할아버지가 처방받은 약을 과다 복용하고 몇 차례 자해를 시도하였다.[33] 혼혈인은 종종 동물을 위해 남겨두어야 할 단어인 잡종[34] 또는 튀기라는 비난을 받는다. 아프리카계 미국인 아버지를 둔 44세의 제임스 리(James Lee)는 어린아이들조차 자신에게 욕설과 손가락질 하는 것을 경험한다. 나이트클럽 가수로 일하는 그는 종종 불을 붙인 담배로 자해를 하곤 하였는데, 이는 술에 취한 손님들이 혼혈이라는 이유로 자신을 괴롭힐 때 참아내기 위해서였다.[35] 앵글로색슨계 아버지와 한국인 어머니를 둔 자녀들도 일반적으로 인종차별을 피할 수 없다. 아이가 한부모와 함께 산다면 차별은 더 심해진다. 혼혈아동이 흑인이거나 중동 또는 동남아 출신이라면, 그 아이는 더 냉혹하게 차별당한다. 김동진 디엠엔터테인먼트 대표는 "쏘냐가 혼혈가수로서 이례적으로 성공한 것은 그녀의 높은 가창력 때문이지만, 흑인 혈통을 가진 혼혈에게는 대개 연예계의 문이 닫혀 있다"고 말하였다.[36]

---

32 「'피부색' 사회편견 여전 … 저임 · 체불-의료 사각지대」, 『문화일보』 2007년 10월 2일자.

33 「한인 혼혈아에 희망 전하는 하인스 워드」, KBS뉴스 2009년 11월 12일자.

34 「"혼혈이란 이유로 상처 없었으면 …" 하인스 워드, 한국 내 미국계 청소년 美 초청 희망 선물」, 『국민일보』 2009년 11월 13일자.

35 「혼혈인, 그들도 한국인입니다: 〈上〉 여전한 차별과 냉대」, 『동아일보』 2006년 1월 13일자.

36 「마이너리티 리포트: 따갑다! "色다름"에 쏟아지는 차별의 눈총」, 『세계일보』 2004년 5월 21일자; "Singer Overcomes Bias, Finds Fame in South Korea," *Stars and Stripes* 2005년 11월 6일자도 참조하라.

강세린과 강아민은 방글라데시 아버지와 한국인 어머니를 둔 다섯 살과 일곱 살의 혼혈아동들이다. 그들은 한국 이름을 가지고 있고 한국말을 하며 국적은 한국이다. 하지만 그들은 '동남아시아적 외모' 때문에 또래들로부터 따돌림을 당한다. 가족들은 방글라데시로 이민을 가기로 결정하였다. 또 다른 사례는 파키스탄인 아버지와 한국인 어머니를 둔 존(John, 9세)의 경우이다. 존은 같은 이유로 정기적으로 폭행을 당하며, 가해자들은 대부분 그의 머리를 때린다. 존의 아버지는 10년 동안 인종적 학대를 마지못해 견뎌온 공장 노동자이다. 존의 불리한 경험은 아버지에게 특히 참을 수 없는 고통이다.[37]

29세의 마리안느(Marianne)는 영국계 미국인 아버지와 한국인 어머니 사이에서 태어난 혼혈이다. 그녀는 폐렴에 걸린 세 아이를 키우는 한부모이다. '괜찮은' 일을 찾지 못한 마리안느는 어떤 일도 할 준비가 되어 있었고 최후의 수단으로 부엌일을 구하였다. 하지만 그녀는 혼혈이라는 이유로 거절당한 적이 있다. 그녀는 불평하기를, 과거(1970년대 또는 1980년대)에는 소수의 외국인들이 있었고 차별은 정당화되었을지도 모른다. 이제는 외국인도 많아졌지만 혼혈에 대한 차별은 점점 심해지고 있다(『세계일보』 2004. 5. 21). 왜 그럴까? 그 이유의 일부는 한국 사회에 깊이 뿌리박혀 있는 근거 없는 순혈 민족주의에 바탕을 두고 있다.

한국 미디어는 한국의 순혈주의가 사실적으로 틀렸을 뿐만 아니라 윤리적으로도 지속 가능하지 않다고 보는 점증하는 대중의 견해를 반영하고 있다. 점점 더 많은 사람들이 공개적으로 한국인의 '우리 정서'나 민족주의가 '전례 없이 끔찍하게 배타적'이라고 인정하고 있다(이지영 2003).

37 「함께 사는 세상: 인천 부평구 외국근로자촌 코시안의 눈물」, MBC뉴스 2003년 8월 9일자.

순혈주의는 그것을 옹호하는 사람들이 다른 사람들을 상대할 수 없게 만든다. 예를 들어, 많은 한국인들의 관점에서 미국인 아버지와 한국인 어머니 사이의 혼혈아는 '미국인과 매춘부 사이에서 태어난 아이'였다(이지영 2003). 한국의 순혈주의는 혼혈인들에게 평생 '주홍글씨', 즉 태양 아래 어떤 종류의 개인적 성취도 절대적으로 훼손될 수밖에 없도록 만드는 꼬리표 '혼혈'을 달도록 강요한다(이지영 2003). 코시안의 집 게시판(www.kosian.or.kr)에 올라온 한 누리꾼의 "아기의 피부색이 걱정되면 왜 동남아 남자와 결혼했느냐"는 글은 불공평하고 터무니없어 보인다.[38] 이러한 비판은 한 사람이 다른 사람을 사랑할 권리조차 인정하지 않는 것 같다. 혼혈인에게 가해지는 부담의 수준과 그들이 겪는 고통은 다음 절에서 더 자세히 설명하겠지만, 나의 이해 가능성과 상식을 초월한다.

1) 혼혈의 배제와 배척

한국펄벅재단의 이지영 씨는 다음과 같이 안타까워한다.

> 혼혈에 대한 편견은 한국 사회에 깊이 뿌리박혀 있다. 다행히도, 한국인들이 서서히 나아지고 있다는 징후가 있다. 그럼에도 불구하고, 자국으로 돌아가라는 말을 듣고 그렇지 않으면 살해당할 것이라는 위협까지 받는 것은 여전히 혼혈아동들의 흔한 경험이다. 이러한 폭력은 이 젊은이들의 마음에 깊고 지울 수 없는 상처를 준다(『세계일보』 2004. 5. 21).

이지영은 "혼혈인은 항상 외부인이다. 많은 어린이들이 왕따로 인해 초

38 「횡설수설 송문홍: '코시안'」, 『동아일보』 2002년 7월 17일자.

등학교 교육조차 마치지 못하였다"고 주장한다.[39]

혼혈아동의 반 친구들은 아이 부모의 출신 국가를 잘 알고 있다. 10살 김주연 양이 경험하였듯이, 아이를 괴롭히는 일반적인 방법은 "너희 엄마는 필리핀에서 왔으니 필리핀으로 돌아가서 거기서 살아라"는 것이다. 8살의 코시안 소녀 나진희 양은 또래들과 싸우다가 여러 번 부상을 입고 집으로 돌아왔다.[40]

여기 18세의 혼혈인 강민정 양의 삶을 엿볼 수 있는 짧은 언론 보도가 눈길을 끈다. 이 보도는 모녀간의 싸움으로 시작한다.

> "이런 걸 누가 입어. 다시 갖다 버려!" 이것은 중고 옷을 주워 온 어머니에 대한 딸의 불만이었다. 어머니는 딸에게 변변한 옷 한 벌 사줄 수 없는 형편이라 낡았지만 깨끗한 옷을 구하였다. 민정은 '한 번 입어 보기라도 해라'라는 어머니의 권유를 뿌리치며 한사코 고개를 가로저었다. 1,600만 원짜리 16평형 연립주택은 어머니가 주워 온 빈 병과 옷가지, 우산으로 가득하였다. 일정한 직업이 없는 어머니에게 빈 병과 옷가지들은 중요한 돈벌이 수단이다. 흑인 혼혈인 민정은 곱슬머리 때문에 초등학교 시절 내내 아이들에게 놀림을 받기 일쑤였다. 민정이 자리를 비우면 같은 반 친구들은 그녀의 교과서와 신발에 '양배추'라고 써 놓거나 소지품을 쓰레기 소각장에 갖다 버리기도 하였다. 민정은 등교 전 30분씩 헤어스타일링기로 머리카락을 펴기도 하였다. 그러나 몇 시간 지나지 않아 다시 원상태로 돌아가 버려 야속하기만 하였다.
>
> 민정은 초등학교 친구들이 많이 진학하는 중학교를 피해 버스로 20분이나 걸리는 다른 중학교로 진학하였다. 하지만 달라진 것은 '괴롭힘'이 '왕따'로 바뀐 것뿐이었다.[41] 고등학교 2학년인 민정은 "기회만 있다면 미국으로 가고 싶다"고 말하였다. 무엇보다도 차별은 받지 않을 것이라는 생각에서다. "학교가 정말 싫어요.

39 「해피 투게더: 펄벅재단 자원봉사 고3학생들」, 『세계일보』 2004년 7월 6일자.
40 「혼혈인, 그들도 한국인입니다: 〈上〉 여전한 차별과 냉대」, 『동아일보』 2006년 1월 13일자.
41 왕따는 '왕 따돌림'의 줄임말로, 말 그대로 완전한 배제를 의미한다.

내 잘못도 아닌데 내가 왜 이렇게 살아야 하는지 …. 정말 죽고 싶어요."[42]

민정이는 자신의 병적인 성향 때문에 통제 불능인 것일까? 교사가 곱슬머리 소녀에게만 머리를 묶으라고 충고하는 상황에서 혼혈이 위안을 찾을 수 있는 곳은 어디일까?[43] 이런 모범적이지 않은 교사의 지도를 받는 대다수의 학생들이 혼혈에 대한 고정 관념을 키우지 않을까? 동정을 표현하고 싶지 않았다면 왜 교사는 학생의 머리에 대해 침묵할 수 없었을까? 한 학교 교사가 서울과 경기도의 433명의 학생들을 대상으로 실시한 설문조사에 따르면, 백인 인종은 그들이 가장 친구가 되고 싶어 하는 인종이라고 한다. "어느 인종이 가장 비위생적인가?"라는 질문에 대한 답변으로 "43.4%는 흑인을, 6.9%는 백인을 지목하였다."[44] 초등학생들에게 배포되는 설문지에 이 같은 내용이 포함될 수 있다는 것은 한국 사회의 풍토와 무관하지 않을 것이라는 점에서 매우 우려스럽다. 공정한 마음을 가진 어떤 학생도 이러한 사회 및 교육 환경에서 혼혈인을 친구로 삼고 위로하는 것은 어려울 것이다. 차별의 악순환을 재현하는 피해자 비난 문화만이 만연할 수 있다. 실제로 한국인들은 백인 부모를 둔 혼혈인을 '세계화 시대에 세련되고 국제적으로 적합하다'고 생각한다.[45] 현대 한국에서 이러한 차별적 행동의 근간을 이루는 가장 중요한 요소는 무엇인가?

---

42 「혼혈인, 그들도 한국인입니다: 〈下〉교육대책 마련 시급」, 『동아일보』 2006년 1월 14일자.
43 「한인 혼혈아에 희망 전하는 하인스 워드」, KBS뉴스 2009년 11월 12일자.
44 「"당장은 아니지만 … 집단저항 가능"」, 『내일신문』 2005년 11월 16일자.
45 「'국적 지워라' 대중문화 새바람」, 『문화일보』 2004년 6월 2일자.

2) 졸부적 민족주의

아프리카계 미국인 부모를 둔 혼혈인(약 1,500-2,000명으로 추정)은 코시안의 수보다 훨씬 적다(네이버 블로그 게시글, 2013. 12. 20 접속). 이는 부분적으로 1988년 이전에 많은 수의 한국 여성들이 국제결혼을 추구하였다는 것으로 추론된다. 하지만 1990년대 이후, 개발도상국들의 많은 여성들이 한국 남성들, 특히 농촌의 남성들과 결혼하기를 원하였다. 국제결혼 자체는 한국에서 문제가 되지 않지만, 한국인 남편과 그의 외국인 신부 사이에서 지속되는 불평등한 관계는 문제가 된다. 자녀들이 겪는 차별도 문제이다. 혼혈인이 차별받는 가장 근본적이고 보편적인 이유는 가난한 출신 국가의 어머니 때문이다. 이는 동남아시아 노동자들의 처우를 통해 나타난다. 박선희 서울외국인노동자센터 상담원에 따르면,

> 지금은 극단적인 경우는 덜 흔하지만 언어적·신체적 학대는 계속되고 있어요. 최근에 한 외국인 노동자가 자신의 전 회사를 찾아가 미지급된 임금을 요구하였는데, 회사 관리자가 그의 사타구니를 걷어찼다고 해요. 그 노동자는 비자를 너무 오래 초과 체류해서 자신을 방어할 수 없었어요. 그는 다음 방문 때 또 다른 공격을 받을까 봐 겁에 질려 있어요.[46]

부모 중 한 명이 백인인 54세의 박근식 씨는 대부분의 한국 공장들이 한국 국적을 가진 혼혈 노동자들을 외국인 산업연수생으로 대우하고, 대다수의 한국인 노동자들에게 지급되는 것보다 낮은 임금을 지불하는 경향이 있다고 주장하였다(『동아일보』 2006. 1. 13).

46 「마이너리티 리포트: 따갑다! "色다름"에 쏟아지는 차별의 눈총」, 『세계일보』 2004년 5월 21일자.

강승수 신부에 따르면, “저는 외국인들이 반드시 세련된 것은 아니지만, 좋은 사람들이라는 사실을 발견하였습니다. 우리는 백인들에게는 사대주의를 보여 주지만 동남아시아인들을 무시하는 문화를 가지고 있어요.” 강 신부는 “값싼 노동력을 위한 인신매매가 공공연히 이루어지고 있다”고 한탄하였다.[47] 김수정 선임 기자는 외국인 신부들과 그들의 자녀들을 다음과 같이 관찰한다.

> 지난해(2005년) 일본 미야기현을 방문하였을 때 일본 농촌 남성과 결혼한 한국 여성이 2,000명이나 된다는 것을 알게 되었다. 베트남과 필리핀 등 동남아 지역의 여성들이 ‘코리안 드림’을 찾아 한국 농촌행을 택하는 사이, 우리의 여인들은 상대적으로 더 잘 사는 일본 농촌으로 시집을 가고 있었던 것이다. 한국전쟁 직후 가난에 찌들었던 시절, 미군을 따라 시집간 적지 않은 우리의 딸들이 설움 받던 시절은 ‘과거’로 여겼는데 그게 아니었던 것이다. 우리는 우리와 같은 피부색이 아니면, 특히 상대적으로 약한 사람이면 차별하는 경향이 있다. 일본의 재일 한국인 차별 정책에는 분노하지만, 막상 동남아 출신 노동자나 그의 가족을 보는 우리의 시선, 태도는 부끄럽기 짝이 없다. 백인과 한국인 사이 혼혈아를 보는 우리의 시각과, 아시안과 한국인의 혼혈아 이른바 ‘코시안’, 그리고 흑인과 한국인 사이 혼혈아를 보는 우리의 눈길은 다른 것 같다.[48]

한국인들은 혼혈인이나 ‘코시안’들에 대해 무엇을 알고 있나? 아마도 대부분의 한국인들은 그들의 피부색과 경제적으로 가난한 출신 국가 외에는 그들에 대해 거의 알지 못할 것이다. 이러한 이유들이 과연 한국인들이 혼혈아와 ‘코시안’을 차별할 만큼 정당한가? 내가 보기에 그것들은 상당수의 한국인들에게 정당한 이유가 되는 것 같다. 앞서 언급한 433명의 초등학생을 대상으

47 「혼혈 늘어가는데 사회차별은 여전히 부끄러운 자화상」, 『중도일보』 2006년 2월 8일자.
48 「여담여담: ‘워드 어머니’ 이름으로 열린 마음을」, 『서울신문』 2006년 2월 11일자.

로 한 설문조사에 따르면, 백인에 대한 학생들의 이해는 높은 지위, 부유함, 근면함 등의 용어와 관련이 있는 반면 동남아시아인과 흑인들은 게으름, 부정적, 빈곤 등의 용어와 관련이 있는 것으로 나타났다(『세계일보』 2004. 5. 21). 나는 그 초등학교 학생들이 얼마나 빨리 그들의 고정 관념을 수정할지 궁금하다. 그것이 확실히 이루어질 때까지, 혼혈인의 힘든 삶은 계속될 것이다. 그 한국인들의 삶은 풍요롭기보다는 빈곤한 상태로 남아 있다.

3) 가난하고 암울한 미래

한국 사회에서, 혼혈에 대한 부정적인 대우가 만연할수록 아메라시안과 코시안들은 학교와 직장에서 더욱 깊은 차별의 덫에 갇히게 된다.[49] 이들이 직면한 가장 시급한 문제는 취업난에 따른 경제적 어려움이다.[50] 백인 아버지를 둔 마리안느(Marianne)는 패스트푸드점, 가게 점원, 가정부 일을 포함한 30개의 직업을 시도하였지만 성공하지 못하였다. 그녀에게 자주 주어지는 공통적인 이유는 고객들이 혼혈인들에 대해 불안감을 느끼기 때문이다(『세계일보』 2004. 5. 21). 또 다른 예로, 그가 스무 살이었을 때, 오 조디(Oh Jody, 42세)는 수많은 공장의 노동자로 지원하였지만 모두 허사였다. 그 이유는 그가 군 복무를 마치지 않았기 때문이다. 그러나 국방부 법에 따르면, 대다수의 한국인과 외모가 확연히 다른 혼혈인에 대해서는 군 복무가 면제되었다. 이것은 또한 그가 그의 직업으로서 군 복무를 하는 것을 막았다.[51]

49 「혼혈인 차별 반성 목소리 확산 "그들도 우리 이웃 …"」, 『매일경제』 2006년 1월 31일자.
50 「해피 투게더: 펄벅재단 자원봉사 고3학생들」, 『세계일보』 2004년 7월 6일자.
51 「혼혈인, 그들도 한국인입니다: 〈上〉 여전한 차별과 냉대」, 『동아일보』 2006년 1월 13일자.

2006년 5월, 서울 경찰청장은 혼혈인들을 경찰로 채용하는 특별 프로그램을 발표하는 기자회견을 열었다. 이 제도는 특정 수의 혼혈인을 고용하기 위한 것이 아니라, '우대' 즉 '건설적인 차별 정책'을 시행하기 위한 것이었다. 하지만 기자는 혼혈인들이 실제로는 종종 결손 가정 출신이고 어린 시절 잘 보살펴지지 않았기 때문에 영어에 능통하다는 것은 완전히 편향된 견해라고 주장하였다. 그들은 종종 교육의 기회를 박탈당하였고 그들의 외국어 능력은 훨씬 더 나은 교육을 받은 대다수의 지원자들과 비교할 수 없다. '코시안'들은 심지어 또래들로부터 차별을 받을까 두려워 동남아시아 언어를 배우지 않으려고 노력한다.[52] 2006년 말까지는 혼혈인 경찰관을 채용하기를 바라는 경찰청장의 희망에도 불구하고, 이러한 계획이 실현되었다는 말을 듣지 못하였다.

한국펄벅재단이 주한미군 기지에서 태어난 혼혈인 673명을 대상으로 조사한 결과에 따르면, 78%는 월 500달러 이하로 생활하고 있고, 56%는 실업 상태이거나 고용 상태가 완전히 불안정하며, 일하는 사람들 중 33%는 단순 노동, 4%는 기술적인 일을 하고 있다. 총 69%가 월세로 임대주택에 살고 있으며, 14%는 장기 임대주택에, 2%는 친인척과 함께 살고 있다(『세계일보』 2004. 5. 21). 혼혈인에 대한 차별의 결과로 나타나는 가장 끔찍한 특징들로는 실업, 자살, 범죄, 마약 중독, 그리고 사회적 부적응이 포함된다(『세계일보』 2004. 5. 21). 2004년 한국인권위원회 보고서에 따르면, 자살을 시도한 혼혈인 중 42.2%가 피부색과 관련된 지속적인 차별과 그로 인해 교육, 취업, 결혼에 영향을 받아 자살을 기도한 것으로 알려졌다.[53]

---

52 「기자의 눈: 생색만 낸 '혼혈 경관 채용'」, 『한국일보』 2006년 5월 12일자.
53 「맛있는 책읽기: 우리나라 폭염은 '맥도널드 햄버거' 때문」, 『중도일보』 2008년 7월 30일자.

혼혈인들이 대처하기 위해 사용하는 다른 방법으로는 '범죄자처럼' 대중으로부터 자신을 제거하는 것이 있다.[54] 대부분의 혼혈인들은 차별이나 자녀들을 위해, 그래서 "어머니나 아버지가 어느 나라 출신입니까?"라는 질문을 받을 필요가 없도록, 다른 나라로 이민을 가고 싶어 한다(『세계일보』 2004. 5. 21). 다음 절은 성공한 혼혈 스포츠인과 한국인들이 그의 성공에 어떻게 반응하였는지에 관한 것이다.

4) 하인스 워드 요소

하인스 워드(Hines Word)는 한국인 어머니와 아프리카계 미국인 아버지 사이에서 태어났고, 그가 한 살이 되던 해 미국으로 이주하였다. 워드는 피츠버그 스틸러스에서 14시즌을 뛰었고, 2006년에는 한국계 미국인으로서는 처음으로 슈퍼볼 MVP를 수상하였다. 2006년 4월 3일부터 5월 30일까지, 워드는 서울을 방문하여 많은 혼혈 어린이들과 '희망 나눔' 모임을 가졌다. 워드는 '한국에서 차별을 당하고 있는 자신과 같은 혼혈아동들을 돕기 위한' 하인스 워드 '도움의 손길 재단'을 설립하기 위해 100만 달러를 기부하였다.[55] 앞서 언급하였듯이, 한국 미디어는 몇 주 동안 워드가 그의 팔에 자신의 이름을 한국어로 문신을 새겼다는 것과, 그는 자신의 어머니가 '나의 진정한 MVP'라고 하였으며 자신의 성공 원인을 온전히 한국인 어머니에게 돌렸다는 내용 등 그의 성공에 대한 이야기로 가득하였다.[56] 워드는 2006년 초 한국에서 인터넷

---

54 「"사회인식 달라지는 계기로" 기대」, 『서울신문』 2006년 4월 5일자.
55 "Ward Kicks off His New Charity," *Pittsburgh Post-Gazette* 2006년 5월 30일자.
56 「하인스 워드, 母國아이들에 孝心 심고 혼혈 편견 깨고 …」, 『매일경제』 2006년 4월 8일자.

에서 가장 많이 검색된 스포츠 스타였다. 이 현상은 '워드 증후군'으로 알려져 있다.[57] 나는 이러한 증후군이 한국이 차별 사회라는 역설적인 증거라고 주장한다. 사회학자 신광영은 "한국인들의 혼혈에 대한 차별은 극단적이다. 하인스 워드가 한국에서 살았더라면 성공하지 못하였을 것이다"라고 언급하였다(『매일경제』 2006. 1. 31). 한국 사회 전체가 워드 신드롬으로 인해 감동을 받았고, 한국 정부는 2006년 말까지 혼혈인에 대한 차별금지법을 제정하겠다고 약속하였다. 2007-2008년에 미디어를 통해 이를 상기시키는 몇 가지 내용이 있었지만, 현재로서는 그러한 움직임은 전혀 보이지 않는다.

5) 개선에의 긍정적 신호

논의된 모든 우려에도 불구하고 개선의 조짐이 있다는 것을 유념하는 것이 중요하다. 몇몇 혼혈 청소년들은 하인스 워드와 함께 사진을 찍고 친구들에게 그들의 사진을 보여 주었다. 친구들은 이들에게 적대감을 보이지 않았고, 혼혈 청소년들은 "한국 사회는 매년 변화하고 있다. 아주 천천히 변하고 있다"고 생각하였다.[58] 대부분의 '코시안' 아동들은 한국에 거주한다. 전라북도 천천초등학교에는 128명의 학생이 재학 중이고, 그중 17명이 혼혈아이다. 이 학교 교감은 아이들이 "어느 친구에게 동남아 출신 엄마가 있는지"조차 신경 쓰지 않을 정도로 잘 어울린다는 것을 관찰하였는데, 이는 차별이 거의 없다는 증거이다.[59] 『세계일보』 취재팀은 4개 지역의 6개 학교에 다니는 40명

57 「혼혈인 차별 반성 목소리 확산 "그들도 우리 이웃 …"」, 『매일경제』 2006년 1월 31일자.
58 「"혼혈이란 이유로 상처 없었으면 …" 하인스 워드, 한국 니 미국계 청소년 美 초청 희망 선물」, 『국민일보』 2009년 11월 13일자.
59 「피부색 달라 더 예쁜 '무지개학교'」, 『경향신문』 2006년 6월 17일자.

의 혼혈아동들을 조사하기 위해 이곳을 방문하였고, "아름다운 동행은 이미 어린이들의 세계에서 시작되었다"고 언급하였다. 그럼에도 불구하고, 혼혈아들은 자신의 차이를 드러내지 않으려고 애쓰는 것을 의식하고 있어 차별의 조짐이 나타나고 있다.[60] 우리 모두는 그들이 그들의 차이를 의식할 필요가 없는 날을 기대한다.

학교 당국은 혼혈아 수가 기하급수적으로 증가하고 있다는 것을 알고 있다. 전라북도 교육청은 혼혈아동의 효과적인 교육을 위한 전략을 마련하고 영어, 일본어, 중국어로 된 교육 안내 책자를 인쇄하기 시작하였다.[61] 천천초등학교는 매년 초 혼혈아동 및 학부모를 대상으로 심층 면담을 실시하며, 효과적인 교육을 위한 배경과 학습 능력을 파악하고 있다. 모든 혼혈아들은 비(非)혼혈아들과 짝이 되어 친한 친구가 되고, 더 많은 친구들에게 혼혈아를 소개하고, 친구가 한국어를 배울 수 있도록 도와준다. 이 학교의 교장과 17명의 다른 교사들은 개별 혼혈아들의 '대부모'가 되었다(『경향신문』 2006. 6. 17). 전라북도 교육청은 혼혈아동의 부모들에게 상담 서비스나 한국어 교육을 제공하고, 지역 주민에게 관련 외국의 역사와 문화를 알려 주기 위해 현직 교사와 영어 및 베트남어를 전공한 전문가 집단을 모집하였다.[62]

수많은 서적, TV 드라마, 연극 공연들이 한국 대중을 교육하기 위한 것으로, 이것들은 현재의 추세에 문제가 있고 변화를 보고 싶어 하는 한국인들이 있다는 것을 보여 준다. 혼혈아들에게 다양한 복지 지원을 제공하는 비정부기구(NGO)들이 있다.[63] 중앙 정부는 더 이상의 계획 발표가 아니라 기존 발표

60 「"다민족 사회" 코리아 리포트: 아이들의 동행은 시작됐다」, 『세계일보』 2007년 4월 24일자.
61 「"혼혈아동 교육 맡겨주세요"」, 『세계일보』 2006년 2월 24일자.
62 「혼혈인, 그들도 한국인입니다: 〈上〉 여전한 차별과 냉대」, 『동아일보』 2006년 1월 13일자.
63 「차별·무관심 … 절반의 코리안 … 혼혈아에 대한 관심 절대부족」, 『국민일보』 206년 4월 3일자.

에 대한 후속 조치에 착수하기 위한 리더십과 주도권을 발휘해야 할 것으로 보인다. 안타깝게도, 정부는 혼혈인들의 요구에 대해 대부분 무관심하고 그들에 대한 기본적인 통계조차 가지고 있지 않다.[64]

5. 끝맺는 말

외국인 노동자가 없으면 한국 산업은 제 기능을 할 수 없다. 한국 여성과 외국인 노동자의 결혼 및 다른 국제결혼의 결과로 태어난 자녀들을 통한 미래 노동력 생산은 한국 경제에 이익이 되며, 자본주의 경제는 어느 정도 유익하게 유지된다.[65] 하지만 한국 사회는 여전히 이러한 결혼의 자녀들을 차별하고 있다. 한국인들은 '한국인의 피'를 가지고 있고 미국에서 성공한 스포츠맨인 하인스 워드를 존경하지만, 고국에서는 계속해서 혼혈인들을 차별한다. 한편으로는 감탄하고 다른 한편으로는 인종주의와 졸부적 민족주의에 근거해 조롱한다. 사실은 한국인들도 아랍인, 중국인, 일본인의 피를 가진 혼혈인 아닌가?[66] 이것이 오늘날 한국인들의 졸부적 민족주의의 서로 다른 두 얼굴이다. 혼혈인은 백인과 비백인을 막론하고 차별을 받는다. 만약 그들이 '성공'한다면, 그들 모두는 존경받을 수 있는데, 이것은 졸부적 민족주의가 얼마나 잘 작동하는지와 일치한다. 나는 특히 다양한 문화권의 아이들이 그들의

64 「피부색 쇄국주의 깨자: 혼혈인 정책 책임지는 부서 없어」, 『문화일보』 2006년 4월 7일자. 일반적으로 중앙 정부는 다문화 문제에 거의 관심을 기울이지 않으며, 지방 정부는 다문화 문제에 대한 관심을 유익한 것으로 간주한다고 해도 과언이 아니다(오경석 2009).

65 「2007 개천절 특집-세계와 함께하는 한국인: 국내 외국인 100萬 … 다민족 사회 다가온다」, 『문화일보』 2007년 10월 2일자.

66 「'多민족 사회' 환영해야 강한 나라 된다」, 『동아일보』 2006년 4월 4일자.

잠재적인 기여에 대해 축하받고 격려받기보다는 차별을 받는 것이 걱정된다. 그들이 입은 상처는 평생 동안 그들에게 영향을 미칠 수 있다.

이 장에서 제기된 한 가지 질문은 "1970년대와 1980년대까지 코메리칸을 차별한 주요 이유와 1990년대 이후 코메리칸을 차별한 이유는 무엇인가?" 하는 것이다. 나는 코메리칸들이 민족주의, 순혈주의, 유교 문화, 정치적 민족주의의 흐름 속에서 고통받았다고 주장한다. 그러나 1990년대 한국인들은 훨씬 더 나은 교육을 받았고 세계화의 맥락에 노출되었다. 그럼에도 불구하고, '코시안'들의 고통은 여전히 이전의 흐름 속에서 계속되었고, 졸부적 민족주의로 인해 악화되었다.

앞으로 나아가야 할 정부의 주도권과 새로운 아이디어들이 많이 있다. 예를 들어, 여성가족부 장관은 혼혈아들이 한국의 미래 자산이라고 제안한다. 다문화 가정이 더 넓은 한국 사회에 융화될 수 있도록 돕는 새로운 지원 프로그램이 생겼다. 더 중요한 것은, 국민들이 순혈주의를 극복하고 '다인종·다문화 사회'를 받아들일 수 있을 때만이 이러한 지원 프로그램들이 결실을 맺을 것이라는 여가부 장관의 주장을 귀담아 들을 필요가 있다(장하진 2007). 이 점이 이 책이 말하고자 하는 바의 핵심이다. 다문화 가정의 자녀들에게 균등한 교육 기회를 지원하는 방법을 논의하기 위해 많은 포럼이 열린다. 하지만 오성배의 제안은 근본적인 출발점이 될 것으로 보인다. "한국인들은 한국 사회가 이제 다인종·다문화 사회라는 것을 알아야 한다. 다수의 인구는 소수 인구를 배려해야 한다. 다문화가 공존하기 위해서는 적절한 교육이 있어야 한다."[67] 한국 사회의 지배적인 구성원들의 관점에서 볼 때, 혼혈은 순혈주의,

67 「"엄마는 이것도 몰라할 때 난감 … 학교에서도 차별"」, 『오마이뉴스』 2011년 6월 22일자.

민족주의, 학벌주의 그리고 지역주의의 원칙을 벗어난다.

하지만 앞서 말한 좋은 아이디어들이 어떻게 실제 현실로 옮겨질 수 있을까? 내 생각으로는 지속되어야 할 몇 가지 중요한 활동들이 있다. 첫째, 인식의 변화는 정부 정책, 교육 및 미디어 캠페인을 통해 시작될 수 있다. 우리가 요구하는 변화는 혼혈을 '평범한' 한국인으로 받아들이는 것이다. 둘째, '코시안' 아버지 말처럼 혼혈인들에게 필요한 것은 교육과 고용의 기회 균등이다.[68] 나는 이러한 변화들이 인간관계를 맺고 있는 사람들 사이의 정상적인 관행인, 서로를 이해하고 존중하며 소통하는 데서 얻어질 수 있다고 생각한다. 이러한 가치들은 무차별적인 자본주의의 영향 아래 만연한 경쟁, 생존 그리고 이기주의를 위해 평가 절하될 수 없다. 유럽에서 경험된 것처럼, 차별적인 문화의 지속은 자기 파괴적이며 시민 불안으로 가는 길을 닦는다는 많은 경고들이 있다.[69] 보다 중요하게는, 우리 모두는 우리 자신이 받기를 원하는 것처럼, 다른 사람들을 존중해야 한다.

68 「"사회인식 달라지는 계기로" 기대」, 『서울신문』 2006년 4월 5일자.
69 「"당장은 아니지만 … 집단저항 가능"」, 『내일신문』 2005년 11월 16일자.

제7장

'무엇을 더 바라는가?': 버려진 탈북자들

한반도는 제2차 세계대전에서 연합군이 승리하면서 일제 강점기에서 해방되었고, 남과 북으로 분단되었다. 소련과 미국은 각각 남한과 북한을 한시적으로 통치하기로 합의하였으며, 이는 한국이 자유독립국가가 될 것이라는 기대에서였다. 한반도는 여전히 분단되어 있다. 북한은 제2차 세계대전 이후 가장 폐쇄적인 사회 중 하나이다. 북한 주민들은 '이념적으로 부적절하다'고 여겨지는 인맥을 바탕으로 일상적으로 인권 침해를 받고 있다. 교육 및 개인 기회에 대한 접근은 일부 사람들에게는 드물며 종종 성과에 기반하지 않는다(Kim 2014). 이것은 1990년대의 기근과 맞물려 많은 북한 사람들이 이웃 국가, 특히 한국과 중국으로 정치적 망명을 요구하거나 더 큰 개인적 기회를 모색하게 만들었다. 북한 이탈주민은 다양한 직업과 연령 배경을 갖고 있으며, 2006년에는 67%가 여성이었다(박정아 2007: 7-8; 통일부 2006). 북한 이탈주민의 숫자는 총 10만 명에 이르며,[1] 이는 한국 내의 2006년 9,000여 명(조정아·정진경 2006: 30), 2009년 1만 7,746명, 2011년 2만 명,[2] 2014년 말 2만 7,518명[3] 등을 포함한다. 북한 이탈주민은 차별로 가득 찬 사회에서 벗어났음에도 불구하고 한국에서 다시금 많은 형태의 편견에 직면해 있다.[4]

호주와 같은 다문화 사회에서 이민자들의 정착 경험(Castles et al. 1992; Han 1999)은 차별이 그들의 삶의 질에 심각한 영향을 미칠 수 있음을 보여 준다. 한국에서의 북한 이탈주민에 대한 차별과 그것이 그들의 삶에 미칠 수 있는 피해에 대한 이해는 불충분하고 심도 있는 분석은 지체되고 있다. 이 장에서는 한국의 사회경제적·문화적 요소의 관점 아래 이러한 차별을 드러낸다. 대체

1 「'남 아닌 우리' … 정서교감 강화 강원정착 돕는다」, 『강원도민일보』 2010년 2월 9일자.
2 「새터민 실태와 정체성」, 『전북일보』 2011년 6월 28일자.
3 「통일이 미래다: '脫北民 3만 명' 그들의 꿈도 보듬자」, 『조선일보』 2015년 3월 9일자.
4 이 장에서는 북한과 남한을 구분하는 것이 적절하다.

로 북한 이탈주민이 직면한 주요 쟁점은 사투리의 장벽으로 인한 한국인들과의 긴장과 갈등, 디지털 및 외국어 능력의 부족, 한국인의 무관심, 극심한 경쟁력과 편견 등이다(조정아·정진경 2006).

1. 문헌 고찰

북한 이탈주민들이 남한에서의 생활에 어떻게 적응하는지는 미래의 통일된 한국에서 북한과 남한이 서로 어떻게 상호 작용할 것인지에 대한 일종의 리트머스 테스트를 제공한다. 문헌에 따르면 한국 정부와 비정부기구(NGO)가 북한 이탈주민들의 복지에 막대한 시간과 돈을 투자하였지만(강주원 2003), 북한 이탈주민들의 삶의 질 향상 속도는 여전히 실망스러울 정도로 낮다. 김광웅·이봉근(2011: 8)은 당면한 문제를 객관적으로 측정할 수 있는 질 높은 실증적 연구가 부족하기 때문이라고 하지만, 나는 진보가 얼마나 느린지에 대한 측정 부족이, 더디게 진행되는 진보 그 자체를 직접적으로 설명하지는 못한다고 주장한다. 학술 연구와 한국 미디어 모두 더 많은 비율의 북한 이탈주민들이 한국의 사회경제적 위계질서의 최하위에 있다는 것을 분명하게 보여 준다. 연구들은 또한 북한 이탈주민들이 그들이 북한 출신이라는 이유로 배제되고 차별받는다는 점을 보여 준다(김광웅·이봉근 2011: 3; 권수현 2011). 나는 한국의 뿌리 깊은 '졸부적 민족주의'가 북한 이탈주민들의 남한 생활로의 전환을 크게 방해하였다고 주장한다. 이 졸부적 민족주의는 북한 이탈주민들이 어떻게 한국 사회에서 조직적으로 배제되는지를 이해하는 중요한 출발점을 제공한다.

강주원(2003)의 통찰력 있는 연구는, 북한 이탈주민에 대한 한국 대중의 이해가 역사적·문화적 동포라는 지위보다는 그들의 열악한 사회경제적 배경에 초점을 맞추고 있다는 것을 밝혀냈다. 동시에 한국인들은 북한을 적으로, 그리고 자국민의 '반쪽'으로 간주한다. 강주원(2003: i)은 북한 이탈주민에 대한 한국의 인식이 북한에 대한 시각을 반영한 것이라고 주장한다. 즉, 남한에서 북한 이탈주민은 '굶주림과 기근에서 탈출한 가난한 북한 주민'으로 인식되고 있다(강주원 2003: 2). 한국 미디어는 '비시민, 빈곤층, 변절자' 등의 배경을 바탕으로 북한 이탈주민에 대한 부정적인 이미지를 재생산하고 있다. 북한 이탈주민에 제공되는 한국의 지원은 한국전쟁 이후 형성된 이념적·문화적 장벽을 극복하는 데 크게 도움이 되지 않는다.

의심할 여지없이, 사회적 배제, 인종차별, 그리고 졸부적 민족주의는 북한 이탈주민들의 삶의 질에 해로운 영향을 끼친다. 피어슨은 사회적 배제를 개인, 가족, 집단 또는 이웃에게 기본적인 사회적·경제적·정치적 활동에 필요한 자원을 박탈하는 일련의 과정으로 간주한다(Pierson 2001; 강신욱 외 2005). 김광웅·이봉근(2011: 8)은 북한 이탈주민의 사회적 배제에 대한 포괄적인 관점을 제공한다. 북한 이탈주민은 물질적인 측면에서 최소한의 수입으로 살아갈 뿐만 아니라, 사회 참여 면에서도 최소한의 활동을 영위한다. 특히, 그들은 사회 활동 전반에 걸쳐 차별과 편견을 경험한다.

북한 이탈주민 배제에 대한 김광웅·이봉근(2011)의 종합 분석틀은 경제적·공간적 (복지) 및 사회적 관계라는 세 가지 광범위한 차원을 다룬다. 김광웅·이봉근은 북한 이탈주민들이 그들의 삶의 많은 부분에서 배제를 경험하고 있으며, 특히 경제적 배제는 점점 더 나빠지고 있다는 것을 발견한다. 이들의 연구는 북한 이탈주민에 대한 배제와 차별이 '타자'라는 배경에 근거하고 있음을 입증하였지만, 북한 이탈주민들이 왜, 어떻게 배제되는지에 대해서는 밝히지 않고 있다(조정아·정진경 2006). 유지웅(2007)은 북한 이탈주민의 경제적 배제가 사회경험에 매우 중요하다고 강조하면서, 많은 사람들이 실업이나 불안정한 고용을 겪고 있다고 보고한다. 경제적·사회적 배제(유지웅 2007: 151)는 계층 구조에서 그들의 사회경제적 위치를 고착화하여, 북한 이탈주민이 스스로 끊어 낼 수 없는 배제의 악순환을 만든다. 다양한 종류의 배제들 사이의 상관관계와 그것들이 어떻게 재현되는지를 조사하는 것은 이 악순환에 대처하기 위한 중요한 발판이 된다. 그러나 나는 당면한 근본적인 문제들 중 하나는 한국의 문화적 거부감, 즉 졸부적 민족주의를 통해 드러나는 북한 이탈주민에 대한 편견과 차별이라고 주장한다. 이는 조잡한 형태의 인종차별과 민족주의로, 한국에서 제안된 차별금지법 제정에 반대하는 탄원서에서 잘 드러난다(Han 2012). 이것과 다른 편견들이 공개적으로 인식되고 이해되지 않는 한, 북한 이탈주민들의 배제는 지속될 것이다.

북한 이탈주민에 대한 한국인들의 부정적인 인식과 태도는 북한 이탈주민의 삶의 질에 직접적인 영향을 미치는 것으로 이해된다(윤인진 2007: 135). 그러나 이러한 부정적 인식의 본질은 더 광범위한 한국 사회 맥락 안에서 아직 완전히 이해되지 않았다. 북한 이탈주민에 대한 한국의 편견과 차별에 관한 여러 연구들의 귀중한 통찰력을 졸부적 민족주의의 개념에 통합함으로써(강주원 2003; 강진웅 2011; 김영수 1998; 박수미 외 2004; 박종철·김영윤·이우영 1996; 유지웅 2007), 이 장에서는 북한 이탈주민들의 한국에서의 배제에 대한 보다 자세한 설명을 시도한다.

2. 개념적 틀: 인종차별에 대한 사실주의적 관점을 향하여

본 연구에서 인과적으로 작동하는 구조나 체계는 역사적으로 자본주의 또는 신자유주의의 세계체제에 위치한 한국의 문화체제와 자본주의 생산 방식을 가리킨다. 근대 민족 국가로서의 한국은 1945년 일제 강점기 종식에 따라 수립되었다. 1990년대 이후, 해외 노동력은 그들의 출신 국적, 기술, 노동력 및 잠재적 자본의 특정 조건 속에서 수입되었다. 조건의 설정은 세계 경제에서 한국 자본주의의 경쟁력을 강화하는 것을 목표로 한다(Wallerstein 2004). 외국인 노동자의 한국 내 존재는 고용주의 새로운 기회를 창출할 뿐만 아니라 직원들의 삶의 기회와 임금 측면에서 특정 부문을 위협하면서, 한국의 노동 시장 구조와 인간관계 내의 위계질서를 근본적으로 변화시켰다(이희은·유경한·안지현 2007). 이러한 위협은 외국인 거주자들과의 긴장을 야기할 수 있으며, 이는 인종적 편견과 차별로 표현된다. 주어진 맥락이 역사적, 문화적으로 한국의 인종적 우월감을 입증한다면 더욱 그렇다(박노자 2002b).

개인적 배경의 다양성에도 불구하고, 이민자들은 일단 한국에 오게 되면 반드시 동일한 더 넓은 사회적 맥락, 즉 역사적으로, 문화적으로, 경제적으로 한국 사회에 뿌리를 두고 있는, 인과적으로 작동하는 구조나 체제를 아우르는 실제 영역에 직면하게 된다(박노자 2002b; 박경태 1999; 이희은 외 2007). 이러한 구조들은 이민자들의 개인 기술 및 기타 능력에 관계없이 북한 이탈주민들과 같은 '새로운' 한국 시민들을 위한 삶의 기회를 창출하기 이전에 발생한다. 또한 북한 이탈주민 및 다른 사람들은 종종 그들의 기대와 그들이 쉽게 성취할 수 있는 것 사이의 괴리에 직면한다. 이것을 받아들이는 과정은 자존감, 건강,

그리고 그들 가족의 삶의 기회에 큰 타격을 준다. 또한 태도, 사고 유형, 가치관의 측면에서 본국과 한국 사이의 큰 차이는 특히 북한 이탈주민의 적응을 어렵게 한다. 그들은 남한 사람들과 많은 부분을 공유할 것으로 예상되지만, 거기에는 많은 차이가 있다. 실재 영역 내에서 발견되는 핵심 구성 요소, 즉 같은 혈족임에도 불구하고 발생하는 북한 이탈주민에 대한 한국인의 차별적 관행에서 발견되는 핵심 요소는 한국의 졸부적 민족주의/인종주의이다.

졸부적 민족주의/인종주의

이전 장들에서 논의한 바와 같이, 한국의 인종에 대한 공통적인 담론은 한국인의 동질성과 순혈 민족주의이다. 깊게 뿌리박힌 이러한 주장들은 '한국인' 민족 집단에 대한 특정한 유전적 특성과는 달리 문화적·이념적 우월성을 규정한다(McLelland 2008). 이러한 주장은 '한국인'이 비한국인과 구별되는 조선 후기의 문화적 패러다임에 기여한다. 이 주장의 근거는 의문의 여지가 없지만, 그럼에도 불구하고 그들은 확고한 문화적 패러다임을 만들어 냈고 한국인의 정신에 내재되어 있다. 게다가, 최근의 연구들은 '순혈'의 개념이 근거가 없으며, 많은 외국인들이 한국의 역사 전반에 걸쳐 정착하여 귀화하였다는 것을 증명한다(Kim 2011: xiv; 이희근 2008). 넬슨에 따르면, "2000년 동안 다양한 집단들이 한반도에 들어와 발전하는 복잡한 사회의 모자이크 속에서의 작은 공간을 발견하였다"는 증거가 있다(Nelson 1993: 163).

3. 연구방법

미디어 표상의 공통된 주제는 특정 관점을 지닌 특정 범위의 개인 관점보다는 특정 시공간에서 지배적인 사회적·문화적·정치적 관점을 나타낸다. 미디어는 특히 널리 퍼진 현상의 사회적 의미를 묘사한다(Bell and Garret 1998). 중요한 것은, 언론이 소수자와 다수자 모두의 인생 경험과 그들의 민족 간 상호작용을 보도한다는 것이다. 미디어의 이러한 특성은 미디어 분석가들이 최근 수십 년 동안 한국에 정착한 소수 민족에 대한 대중의 관용 수준을 측정할 수 있게 해 준다. 한국 종합 신문 데이터베이스 시스템(KINDS)은 신문, TV, 라디오, 온라인 뉴스의 모든 뉴스를 수집한다. 이 장에서는 북한 이탈주민, 언론인, 한국인, 지방 정부 및 국가 정부의 관점을 보고하는 뉴스 표현과 기사를 분석한다.

KINDS를 검색하여 2005년 1월 1일부터 2011년 12월 31일까지의 기간을 설정하여 '새터민'을 검색 키워드로 입력하였다. 이 기간 동안 '새터민'이라는 단어는 북한 이탈주민들을 지칭하는 공식적이고 일반적으로 사용되는 용어였다. 통일부는 2008년 11월 21일 새터민이라는 용어를 일반적으로 사용하지 않고 북한 이탈주민을 채택할 것이라고 발표하였다. 미디어는 검색 기간 동안 두 용어를 교차적으로 사용하였다. 지정된 기간 동안 총 1,710개의 뉴스가 검색되었다. [표 7-1]은 '새터민'과 '차별'이라는 단어를 모두 사용하여 앞서 언급한 기간의 미디어 보도 건수를 보여 준다.

북한 이탈주민에 대한 차별이 있다는 가정하에 '차별'이라는 단어가 포함된 뉴스 표현을 수집하고 분석하는 데 문제가 있을 수 있다. 하지만 한국의 새로운 소수자들이 무자비한 차별을 받는다는 생각이 널리 퍼져 있다. 따라서

표 7-1 북한 이탈주민에 대한 미디어 보도, 2005-2011년

연도	2005	2006	2007	2008	2009	2010	2012	합계
기사 수	7	28	44	70	67	79	78	373

뉴스 표현의 선정과 북한 이탈주민이 차별받는 방법과 이유에 대한 분석은 정당화되며, 이는 조사를 가치 있게 만든다.

373개 뉴스 항목은 근거이론 방법의 원칙에 따라 주제별로 코딩되고 분석되었으며(Strauss and Corbin 1990), 질적 데이터 분석을 기술적으로 지원하기 위한 컴퓨터 소프트웨어 프로그램인 NVivo9를 활용하였다. 뉴스 표현 분석에는 단어, 구 및 문장을 식별하고 분석하여 개념, 사건 및 사건을 식별하는 단계, 범주(또는 범주들)를 형성하기 위해 이들을 그룹화하는 단계, 범주와 하위 범주들을 연결하는 단계, 핵심 범주를 선택하고 이를 다른 범주들과 체계적으로 관련시키거나 통합시키는 단계들이 포함되었다.

4. 분석 결과

북한 사회에서 남한 사회로 모범적인 전환을 이룬 성공적인 북한 이탈주민들이 많다. 그들 중 일부는 북한에서 '좋은 배경'을 가지고 태어났고, 북한에서 전문가로서의 삶을 살았다. 다른 사람들은 양도할 수 있는 기술력을 가지고 있었다. 이들 북한 이탈 주민은 한국에 정착하는 데 상대적으로 유리하였던 것으로 보인다. 예를 들어, 48세의 현성일 씨는 전문 외교관이었고 지금

은 한국 국가전략연구소의 선임연구원이다. 평양음악무용대학 출신의 매우 경쟁력 있는 피아니스트 김철웅 씨(33세)는 한국에서 음악 교수가 되려고 노력하였다. 이들 북한 이탈주민의 한국에서의 경험은 만족스럽지만 예외적이며, 본 장에서는 차별에 관해 한국 미디어에 보도된 대다수 북한 이탈주민의 경험에 초점을 맞추고 있다.

1) 탈북자에 대한 언급의 변화

북한 이탈주민을 지칭하는 한국 정부의 공식 명칭 및 그에 따른 국민들의 공통어는 귀순용사(용감한 군인 또는 시민, 1993년 이전)에서 탈북자(북한에서 탈출한 사람, 1994-2004년), 새터민 또는 북한 이탈주민(2005-2008년), 다시 북한 이탈주민(2005-2008년)으로 바뀌었다. 냉전 기간 동안 각각의 북한 이탈주민들은 한국 사회에 정치적·정보적 가치를 갖고 있었다. 그들은 희소한 상품이었다. 2000년대 들어와 이들은 평범한 시민, 또는 한국인들이 지원해야 할 '부담'에 지나지 않는다. 한국 정부는 2005년 1월 북한 이탈주민을 지칭하기 위해 새터민이라는 새로운 용어를 도입하였다. 이 모든 용어들은 '사랑하는 사람들을 남겨 두고', '가난한 북한에서 부유한 남한으로', '부(wealth)의 일부를 차지하기 위해 남한으로 온' 것과 같은 부정적 함의를 담고 있는 것으로 보인다(조정아·정진경 2006: 46). 나는 비록 사용된 단어들이 전적으로 차별의 핵심은 아니지만, 해당 단어들이 북한 이탈주민들에 대한 태도와 그들이 가진 것을 동료 시민들과 나누기를 꺼려 하는 한국인들의 태도를 반영한다고 주장한다.

일부 북한 이탈주민들에 따르면, 새터민은 북한 이탈주민들이 경제적 난민으로 한국에 왔음을 나타내지만, 북한 정권에 대한 불행을 더 잘 인식하고 정치적 난민으로 한국에 오기로 선택한 탈북자라고 불리는 것을 선호한다. 북한 이탈주민들은 단순한 경제적 이유보다는 한국에 와야 할 적절한 이유가 있었다는 것을 한국이 알아주기를 원한다(이재령 2005). 북한 이탈주민들은 그들이 공정하게 대우받았더라면 한국에서 자신들이 무엇이라 불리든 그렇게 신경쓰지 않았을 것이다.

2) 차별, 배제, 졸부적 민족주의: 경제 발전 이익 공유에 대한 꺼림

한국은 문화적 다양성에 직면하였지만 다문화주의에 적응하고 이행할 적절한 시스템과 정책을 수립할 시간이 거의 없었다(문원식 2010). 북한 이탈주민에 대한 한국의 편견과 차별은 그들의 생각과 행동에 뿌리 깊게 박혀 있다. 이는 북한 이탈주민들이 생계를 유지할 수 있는 공정한 기회를 제한한다. 예를 들어, 한 북한 이탈주민은 사업주에게 전화를 걸어 광고에서 본 자리에 지원하겠다고 하였다. 흔히 있는 일이지만 사업주는 북한 억양을 듣자마자 전화를 끊었다.[5] 전직 수학 교사였던 또 다른 북한 이탈주민은 사설 학원에서 일하는 교육능력 시험에 쉽게 합격해 면접에 참석하였다. 일단 그가 북한 출신을 언급하자, 그의 신청은 자동적으로 불합격으로 처리되었다.[6] 널리 퍼진 순혈주의와 함께, 고용주의 잠재적인 재정적 손실에 대한 계산은 북한 이탈주민을 고용하지 않는다는 즉각적인 결정으로 이어진다. 학원의 원장은 '타인'을 차별하도록 사회화된 학생들의 불만이 제기될 수 있다는 것을 잘 알고 있었기 때문에 우려가 컸다. 게다가 북한 교사의 이미지는 남한의 학업 경쟁

5 「새터민 '사투리 고민' 끝 … 서울말 '표준발음 온라인 교실'」, 『경향신문』 2010년 1월 6일자.
6 「'편견'에 고통 받는 새터민」, 『내일신문』 2010년 3월 9일자.

이나 성공이라는 개념과 맞지 않는다. 따라서 학원장이나 학생들은 모두 북한 이탈주민 교사와 함께 일하거나 북한 이탈주민 교사로부터 배우는 위험을 감수할 수 없었다.

2010년 북한 이탈주민 출신으로 인천시의원에 출마한 최인영 후보는 "북한 이탈주민들에게 세계와 소통할 수 있는 기회가 주어졌으면 좋겠다"고 소망하였다. 최 씨는 북한과 남한이 같은 민족이지만 서로 다른 범주에 속한다는 사실을 문득 깨달았다.[7] 북한 이탈주민들은 그들이 "적국에서 왔다"는 점 때문에 정체성의 혼란을 겪고, 이제는 남한 거주자로서, 삶의 기회들에서 배제되고 사회계층의 밑바닥에 위치함으로써 교육, 노동, 사회적 삶이 박탈된다.[8] 북한 이탈주민에 따르면, "가난과 억압은 북한의 장벽이었다. 이제 우리는 차별과 냉대에 처해 있다."[9]

북한 이탈주민이자 대학생인 김은주 씨(24세)가 북한 이탈주민들을 둘러싼 문제들을 논의할 때, 종종 "정부가 그만큼 해줬으면 됐지, 무엇을 더 원하느냐"라는 질문을 받는다. 그러한 질문들은 그녀를 한숨짓게 만들고 "대한민국 주민등록증을 가진 합법적인 국민임에도 우리는 아직 남한에서 태어나고 자란 '적합한' 한국인들에게 귀찮은 손님 같은 존재"라고 느끼게 만든다. 서울에 있는 몽골인 학교의 이강애 교감은 "한국 사회는 아직도 두터운 편견의 벽에 둘러싸여 있다고 주장한다. 한국인들은 미국과 같은 OECD 국가의 외국인들에게는 친절하지만 개발도상국의 사람들과 상호 작용할 때는 대놓고 우월감과 차별적인 태도를 보인다."[10] 이 씨는 심지어 "우리 사회 이주민 자녀

7 「"한민족 소통의 창 만들 것"」, 『인천일보』 2010년 5월 5일자.
8 「오목대: 새터민」, 『전북일보』 2011년 4월 26일자.
9 「"한민족 소통의 창 만들 것"」, 『인천일보』 2010년 5월 5일자.

들의 문제를 방치하면 언젠가 부메랑이 되어 우리에게 돌아올 것이다. 인식 개선, 법제도 개정이 없으면 '제2의 조승희'가 나올 수 있다"고 경고한다(『오마이뉴스』 2007. 5. 23). 다른 사람들은 새로운 정착민에 대한 학대로 일어날 수 있는 유일한 미래의 결과는 유럽에서와 같은 시민의 불안이라고 경고한다(『오마이뉴스』 2007. 5. 23). 한국 다문화주의의 맥락에서 이민자들의 삶에 관한 일부 포럼은 언어 장벽, 문화적 차이 및 편견, 차별을 야기하는 배타적인 사회 구조가 세 가지 공통된 문제임을 인정한다(『오마이뉴스』 2007. 5. 23). 처음 두 가지 문제를 바로 잡는 것의 책임은 주로 '외국인' 그들 자신에게 있다. 개별 행위자들이 지배적인 언어를 배우고 문화적 차이에 대처하기 위한 전략을 배우는 것이 중요하다. 그러나 이러한 개인적인 노력은 수용국 사회의 구성원들이 이민자들의 정착 과정을 기꺼이 지지할 때에만 결실을 맺을 수 있다. 예를 들어, 북한 이탈주민들이 남한 사회의 이질성에 대처하느라 허덕이고 북한에 있는 가족들을 그리워할 때, 남한 사람들의 노골적인 편견과 차별은 이들의 자존감을 크게 떨어뜨린다.[11]

윤인진 외(2010a) 연구진이 1,200건의 인터뷰를 분석한 결과, "한국인은 고용, 교육 및 자원의 기회 측면에서 외국인 노동자를 차별하고 배제한다. 한국인들은 그들의 '순수한 한국 혈통'에 대해 매우 자랑스러워한다. 이러한 사고방식은 '새로운' 한국인들과의 상호 작용을 통해 표현된다." 윤인진은 이 연구 결과를 "한국인과 다른 사람들은 공존할 수 있지만 [생명과 자원]을 공유할 수는 없다"는 뜻으로 해석한다.[12] 나는 윤인진 외(2010a)의 연구 결과가 북

10 「이주 1.5세대의 소리없는 외침 … "조승희, 나와 닮았다"」, 『오마이뉴스』 2007년 5월 23일자.
11 「사회 통합의 미래 … 우리가 보듬어야 할 사람들」, 『아시아투데이』 2008년 10월 9일자.
12 「"다문화 사회 다양성 국가에 도움"」, 『동아일보』 2009년 1월 28일자.

한 이탈주민에도 동일하게 적용된다고 주장한다.

한국인이 순수한 한국 혈통을 이어 왔다는 한국인들의 공통된 믿음은 수십 년 동안 교육 과정의 일부였고 한국 문화 정신에 깊이 뿌리박혀 있다. 21세기에 이러한 신념은 다문화주의를 촉진하는 데 장벽으로 작용한다. 이러한 신념은 또한 한국인들을 엄격히 통제된 경계 안에 묶어 놓음으로써 강한 '우리 정서'를 만들어 낸다. 예를 들어, 하연섭 박사는 2007년 4월 16일 발생한 버지니아공대 총기난사 사건에 대한 한국 정부의 사과와 유감 표명을 회상한다(Kim 2011: 87 참조). 사과가 있은 지 몇 달 후, 싱가포르의 한 학자가 하 박사에게 "한국 정부의 사과가 한국 국민의 심정을 대변하는 것이었냐"고 물었다. 하연섭 박사의 신문 기사는 대다수의 한국인들이 정부의 사과에 동의할 것임을 시사한다(하연섭 2007). 사실, 해외의 많은 한국인들도 같은 감정을 가지고 있었을 것이다.

북한에 다녀온 남한 사람들 또는 북한 이탈주민을 만나본 사람들은 북한 사람들과 남한 사람들이 "너무나 똑같아서 놀라고 너무나 달라서" 놀랐다고 말한다.[13] 어떤 한국인도 북한 이탈주민이 그들과 민족사를 공유하고 있다는 것을 부정하지 않는다. 나는 분단 이후 많은 시간이 흘렀고 남한과 북한 사이에 분명한 차이가 있음을 인정한다. 그러나 한국인들은 북한 이탈주민들의 다양한 문화적·경제적 배경을 받아들이기를 꺼리고 받아들일 수 없는데, 이것은 졸부적 민족주의의 전형이다.

실제로 졸부적 민족주의의 또 다른 특징은 그것의 지지자들이 다문화주의와 단일 민족 문화 사이에서 해야 할 선택에 대해 미묘하게 양면적인 입장

13 「'그리움'이 삶의 전부인 새터민 아이들」, 『오마이뉴스』 2009년 2월 2일자.

을 보인다는 것이다. 한국인들은 순혈 민족주의를 자랑스러워할 뿐만 아니라 다문화주의와 단일 민족 문화의 혜택을 선택적으로 누리기를 희망하면서 다문화 사회의 혜택을 추구하기를 원한다. 윤인진 외의 조사 결과는 연구참여자들이 다문화주의의 다양성이 잠재적으로 국제 시장에서의 경쟁력을 높일 수 있기 때문에 한국이 다문화로부터 많은 이익을 얻을 것이라고 생각한다는 것을 보여 준다. 예를 들어, 연구참여자의 상당수가 더 많은 유학생과 국제 투자자를 초청할 필요성을 표명하였지만 동남아시아 출신의 외국인 신부와 북한 이탈주민의 도착을 막았다(윤인진 외 2010a: 12, 58, 70). 한국인들이 '새로운' 한국인들에게 포용적이고 배타적인 것은 부분적으로 한국의 다문화주의가 비교적 초기 단계이기 때문일 수 있다. 반면에, 한국인들은 다문화주의의 즉각적이고 경제적인 혜택을 보고 싶어 하지만, 이러한 혜택을 공유하기를 꺼린다.

3) 타인에 대한 차별적 태도 및 그들의 차이점

『우리 이야기 한 번 들어 볼래?』는 15-24세의 12명의 이주 청소년들의 인생 체험집이다. 그것은 한국 사회가 얼마나 편견과 차별로 가득 차 있는지를 보여 준다. 외국인, 국제결혼 자녀, 또는 북한 이탈주민으로 확인되는 순간 당연히 차별을 받게 된다.[14] 순혈 민족주의와 강한 '우리 정서'는 한국에서 인적 네트워크가 어떻게 작동하는지의 일부를 구성한다. 특정 집단의 구성원들은 서로를 지지하지만, "편견, 차별, 억압을 실천하면서 비구성원을 단호하게 배

14 「"한국은 낯선 땅 … 그래도 꿈 이룰 거예요"」, 『국민일보』 2010년 8월 20일자.

제한다. 한국인들은 마당의 반대편에 있는 것, 즉 차별의 대상이 되는 것을 상상하기를 꺼린다"(김우영 2009). 북한 이탈주민 지원 조직의 윤상석 팀장은 북한 이탈주민인 20대 여대생을 인터뷰하였다. 이 학생은 남한 사람들과의 만남이 자신에게 비우호적이라고 생각한다.

> 몇몇 남한 사람들은 내가 북한 출신임을 알자마자, 나에게 "왜 남한에 왔느냐"고 물었다. 그들은 나 때문에 추가의 세금을 내야 하는 지경이라는 것이다. 몇몇 사람들은 한반도 통일 전망에 대해 불쾌감을 표시하였다. 중국에서 차별 경험은 피할 수 없었을지도 모른다. 하지만 나는 이곳에서 한국인으로서 차별을 받는다.[15]

북한 이탈주민들과 한국인들 모두가 한국에서 구조적 차별이 존재함을 인정하는 것은 놀라운 일이 아니다. 원혜영 국회의원과 국가인권단체는 319명의 북한 이탈주민과 1,024명의 한국인을 대상으로 설문조사를 실시하였다. 조사 결과에 따르면, "구조적 차별이 존재한다"는 항목에 대해 북한 이탈주민의 55.2%, 한국인의 71.2%가 동의한 반면, "한국은 새로 정착한 한국인을 수용한다"는 항목에 대해서는 북한 이탈주민의 44.3%, 한국인의 83.3%가 동의한 것으로 나타났다.[16] 한국인들이 다른 사람들을 차별한다고 인정하면서도 동시에 다른 사람들을 배려한다고 주장하는 것은 아이러니하다. 한국은 북한 이탈주민을 포함한 새로운 한국인들에게 어느 정도 수용적인가? 북한 이탈주민을 향한 모든 노력에도 불구하고 한국에는 제도적·구조적인 차별이 깊게 자리 잡은 것 같다. 예를 들어, 북한 이탈주민의 주민등록증은 특정 숫자들

---

15 「남한 스타일 따라하려 해도 …」, SBS뉴스 2010년 8월 31일자.
16 「탈북자 46% "10년 이내 통일" 남한주민 35% "20년 지나야"」, 『한겨레』 2010년 10월 5일자.

로 시작한다. 남성 125, 여성 225가 그것이다. 이것은 그들을 즉시 식별할 수 있게 하고 그들의 여행을 제한하거나 기회의 범위를 제한할 수 있다는 점에서 제도적 차별로 보인다(나은석 2008).

박노자는 한국 자본주의가 북한 이탈주민을 어떻게 다루는지에 대한 비판적이고 설득력 있는 분석을 제공한다. 박노자에 따르면, 현재의 국제 정치 상황에서, 한국은 예전처럼 북한을 심각하게 받아들일 필요가 없다. 북한 사람들은 남한 산업의 값싼 노동력의 잠재적 공급원에 지나지 않는다. 한국 노동 시장에서 북한 이탈주민들은 외국인 노동자보다 어느 정도 재정적 권리를 주장할 수 있다. 따라서 외국인 노동자들은 고용주들이 선호하는 선택이다. 박노자는 북한 이탈주민은 종종 '불편하게끔 가난한 사람들'로 간주되며, 그들은 '경제적으로 가장 억압받고 착취당하는 사람들'로 남을 것이라고 주장한다. 남한에 있는 북한 이탈주민의 65-70%가 다른 나라로 이민을 가고 싶어 하고, 불법이 아니라면 30-50%가 북한으로 돌아가고 싶어 한다는 것을 알게 되면 놀랄 일이 아니다(박노자 2007).

4) 정부 및 국가 조직에 의한 시행착오

북한 이탈주민들은 여러 가지 면에서 그들의 기본적인 요구와 권리를 박탈당하였다. 예컨대, 김진순 씨는 한국에 오기 전에 다른 나라(예: 중국, 베트남, 미얀마, 태국, 캄보디아, 몽골)에 구금되어 있는 동안 오후 10시 이후에는 화장실에 갈 수 없었다. 밤에 방에서 나가지 말라는 규정을 어겼을 때, 그녀는 매를 맞았다. 한준희 씨가 한국에 도착하였을 때 국가정보원은 그를 범죄자로 취급하며 폭언을 퍼부었다.[17] 의심할 여지없이, 국가인권위원회는 인권 유린을 확인하고 해결하는 데 관심이 있다. 한국 헌법과 유엔 협약의 맥락에서 인권위는 과거 북한에서 북한 이탈주민이 겪은 인권 유린을 시정할 의무가 있음을 인정한다. 그러나 인권위는 인권 및 북한과의 외교관계를 포함한 국익에 대한 적절한 관찰 사이에서 갈팡질팡하고 있다. 대부분의 인권단체들은 정부가 후원하는 위원회의 입장에 대해 우려를 표명하였다.[18] 안경환 위원장은 다음과 같이 말하였다.

> 국가인권위원회의 권한은 1993년 파리원칙에 규정된 자율적 의사결정 능력에 기초한다. 한국이 인권과 관련하여 OECD의 '진정한' 회원국이 되기를 원한다면 위원회를 독립적인 기구로 만들어야 한다.

지식인들, 시민들, NGO들은 신문 칼럼과 편집자들에게 보내는 편지를 통해 한국은 북한 이탈주민들이 그들의 삶을 가꾸는 데 방해가 되는 장벽을 제거해야 한다고 주장하였다. "그들은 남한에 부담이 되는 골칫거리가 아니라, 통일한국의 선구자들로 간주되어야 한다."[19] 2011년, 이명박 대통령 정부는 공공 서비스 부문에 더 많은 북한 이탈주민을 고용할 계획을 세웠다.[20] 문화체육관광부는 문화 콘텐츠 소비가 중상류층에 집중되어 있다는 점에 주목하였다. 소외계층의 문화생활을 위해 배정된 연간 예산 1,620만 달러 중 270만 달러는 노인, 장애인, 외국인 노동자, 북한 이탈주민 등 4개 범주의 사람들에게 할당되었다.[21]

---

17 「"중국서 푼돈에 팔려 매매혼 몽골선 길헤매다 아이 사산"」, 『한겨레』 2010년 2월 23일자.
18 「"北지역 인권침해 조사대상서 제외"」, 『세계일보』 2006년 12월 12일자.
19 「탈북자, "먼저 다가온 미래"」, 『국민일보』 2009년 7월 10일자.
20 「정부 사회적 약자 채용독려, 지자체 "공감은 하지만 …"」, 『충청투데이』 2011년 9월 30일자.
21 「문화양극화 해소에 506억 원 투입」, 『내일신문』 2006년 2월 14일자.

한국인들이 '새로운' 한국인들을 대하는 것에 대해 많은 반체제적인 목소리들이 있다. 강원대학교의 한건수 교수에 따르면,

> 한국 사회는 다문화 가정 자녀들의 정체성 형성의 혼란에도 불구하고 자녀들의 요구에 대한 일시적 접근을 유지하고 있다. 기껏해야 [남한] 한국의 다문화 정책은 그들의 동화를 촉진하는 것이다. 즉, 능동적이라기보다는 사후 대응적이다.[22]

북한 이탈주민의 지원 및 훈련 기관인 하나원은 항상 600명의 여성 고객들을 보유하고 있지만, 수년간 트라우마를 경험한 이 여성들을 위한 임시 상담원은 단 한 명뿐이다.[23] 한 신문의 객원 편집자인 임춘웅은 한국이 북한 이탈주민들을 법적, 제도적, 사회적으로 다룰 준비가 되어 있지 않다고 주장한다. 기존 6개월의 국내 적응 안내 기간이 2개월로 줄어든 것은 늘어나는 북한 이탈주민을 처리할 재원이 부족하기 때문이다. 임 씨는 동독 난민을 다루던 옛 서독의 경험을 인용한다. 1949년부터 독일이 통일될 때까지 서독은 400만 명 이상의 동독인을 수용하였다. 임 씨는 북한 이탈주민에 대응할 예산이 부족하다는 한국의 불만은 잘못된 것이라고 주장한다. 1980년대 후반, 많은 동독인들이 체코슬로바키아와 헝가리로 피신하였다. 그 결과 서독 정부는 이들을 서독으로 끌어들이기 위해 적극적인 외교를 펼쳤다.[24] 국제 관계 및 전략적 문제에 관한 독일의 최고 권위자 중 하나인 테오 조머(Theo Sommer)는 "한

22 「이주 1.5세대의 소리없는 외침 … "조승희, 나와 닮았다"」, 『오마이뉴스』 2007년 5월 23일자.

23 「"중국서 푼돈에 팔려 매매혼 몽골선 길헤매다 아이 사산"」, 『한겨레』 2010년 2월 23일자.

24 「캐론 이스트게이트 댄이 "1990년대 초 내가 알던 서독인들 사이에 동독 난민들을 수용하기 위해 더 높은 세금을 낸 것에 대한 불만이 널리 퍼져 있었다. 나는 태국에 살 때 많은 서독인들을 만났는데, 그들은 높은 세금을 감당하기 위해서 국제적으로 일하고 있었다"라고 말한 것을 인용할 가치가 있다(Caron Eastgate Dann 2015. 2, 개인 교신).

국은 5만 명의 북한 이탈주민을 수용할 수 있다. 한국이 통일을 원한다면 그 비용을 부담해야 한다"고 말한 것으로 전해진다. 임 씨는 지원이 필요한 북한 이탈주민을 약자 집단으로 차별하는 것은 잘못되고 야만적이라고 주장한다.[25]

정치 후보자들은 북한 이탈주민의 중요성을 인식하고 선거 공약을 내걸고 북한 이탈주민을 한국 사회에 통합하려는 정치적 열망을 드러낸다. 북한 이탈주민에 대한 정치 후보자들의 계획에는 지원센터 설립, 직업 프로그램 및 장학금 창출, 차별금지 법안 제정, 북한 이탈주민을 위한 문화 체험 프로그램, IT 교육[26] 및 사회복지 실시 등이 포함된다.[27] 북한 이탈주민은 문화 활동이나 시장 소개 등에 초대되며 정부 지원의 대상이 되고 있다.[28] 그러나 미디어는 선거 공약의 구체성이 부족하고 북한 이탈주민의 관점에서 실용성이 떨어져 경제적·법적 지원을 거의 제공하지 못한다는 비판적인 시각을 제시한다.[29] 또한 북한 이탈주민들에 대한 몇몇 지원센터는 아무런 지원 요청도 유치하지 않는다. 북한 이탈주민들은 그들의 생각을 말하고 도움을 구하는 것을 꺼린다.[30] 어떤 이유도 보고되지 않았지만, 이것은 그들이 남한에서 어떻게 대우받았는지를 반영하는 것이 아닐까?

---

25 「내일시론: 탈북자 1만명 시대, 대비는 있는가」, 『내일신문』 2007년 2월 21일자.
26 「사하구청장: 신평·장림공단 악취 해소책 '3인 3색'」, 『부산일보』 2010년 5월 19일자.
27 「송경종 후보 "획일적 복지제도 개선"」, 『프라임경제』 2010년 5월 29일자.
28 「'검소와 소통' 강조한 민선 5기 출범식」, 『재경일보』 2010년 7월 1일자.
29 「대통합민주신당 3人 정책평가-(6) 소수자문제」, 『경향신문』 2007년 10월 8일자.
30 「새터민, 다문화 가정 돕기 나선 신상헌 대한적십자사 대전충남지사 사무처장」, 『중도일보』 2009년 2월 5일자.

5) 무엇이 이루어져야 하는가?

미디어는 인구 출생지를 포함한 인구통계 측면에서 한국이 다문화 사회라고 보도하며, 그들의 '대한민국의 꿈'(South Korean dream)을 이루기 위해 노력하는 사람들에 대한 차별의 종식을 촉구하고 있다(서유석 2008). 무엇을 해야 하는지에 대한 일반적인 견해는 다문화주의의 진보를 위해 한국 정부의 분명한 리더십과 관련 정책이 중요하다는 것이다. 이것은 '새로운' 한국인들에게 공동체의 나머지 사람들이 이미 누리고 있는 것, 즉 더 많은 지원 정책을 확장할 수 있는 기본적인 사회적 지원에 대한 접근을 제공할 것이다.[31] 정부의 리더십을 구현하기 위한 가장 중요한 분야는 청년층과 고령층의 한국인 모두를 교육하는 것이다. 학교 교과 과정은 문화적 차이, 북한 이탈주민 및 다문화 가정을 이해하고 포용할 필요성을 통합하기 시작하였다(강봉석 2008).[32] 교육포럼은 북한이 도발할 경우 흔히 생기는 북한 이탈주민에 대한 편견이나 북한 이탈주민을 비난하는 관행을 누그러뜨리기 위해 열린다.[33] 미디어의 의견들은 한국인의 동질성이 더 이상 자부심의 대상이 될 수 없고, 한국 사회가 변화해야 하며, 다른 다문화 국가들로부터 교훈을 얻을 수 있다고 입을 모은다. 프랑스의 경험은 이민자들을 지원하기 위해 필요한 것이 재정적인 지원만은 아니라고 지적한다. 미국, 호주, 캐나다, 일본의 많은 실수에도 불구하고, 한국은 그들의 정책으로부터 배울 것이 많다.[34] 한국이 그런 주도권을 잡으려면 얼마

---

31 「새 이웃 다문화 가족 (4) 대담 "'정착형 이민사회' 에 걸맞은 정책 시급"」, 『경향신문』 2009년 6월 21일자.

32 「'다문화 가정' 편견깨기 초등교과서에 실린다」, 『한겨레』 2007년 2월 14일자; 「"교사의 고민과 준비는 즐거운 수업의 첫걸음"」, 『경향신문』 2011년 11월 29일자.

33 「오늘과 내일 하준우: 자멸을 부르는 차별」, 『동아일보』 2010년 5월 12일자.

나 더 많은 시간이 필요할까?

5. 논의 및 끝맺는 말

나는 북한 이탈주민들이 왜 특별히 차별을 받거나 한국에서의 생활에 적응하는 데 어려움을 겪고 있는지에 대한 질문에 답하기 위해 졸부적 민족주의라는 개념을 사용하였다. 북한 이탈주민을 복잡한 상황으로 몰아넣는 것은 한국인들이 북한 이탈주민을 한편으로는 역사와 문화를 공유하는 '한민족의 일부'로 보면서도 부의 공유에서는 완전한 외부인으로 보고 있다는 점이다. 실제로 한국인들은 실질적으로 북한 이탈주민들과 거의 공통점이 없으며, 이것은 북한 이탈주민에 대한 전자의 대우에서 드러난다. 한국 자본주의 구조는 개별 행위자들로 하여금 그들에게 주어진 가능 요소와 억제 요소를 최대한 활용하도록 추동한다. 기술과 선호하는 특징들을 가진 지배적인 사람들은 무방비 상태로 남겨질 수 있는 북한 이탈주민과 같은 약자들을 이길 것이다. 열악한 배경과 불충분한 교육을 고려하면 그들은 고용 시장의 최하위층에 있다. 그러나 그들은 시민으로서 그들에게 주어진 어느 정도의 권리를 가지고 있다. 그러므로 고용주들은 종종 상대적으로 권리를 갖는 북한 이탈주민보다 권리가 없는 동남아시아 출신 외국인 노동자들을 선호한다. 실제로 외국인 노동자들은 노동 착취의 쉬운 대상이다. 따라서 개별 행위자들의 편견 실천은 제도에 뿌리박고 있으며, 이러한 실천들은 일부 수정되더라도 다음 세대

34 「다민족 다문화 사회 해외에서 배운다 – ⑮ 프랑스」, 『매일신문』 2008년 4월 24일자.

에 전달된다. 이것은 '새로운' 한국인들을 상대로 행해진 졸부적 민족주의의 영속을 가져온다.

변화가 필요한 가장 중요한 분야 중 하나는 북한 이탈주민에 대한 인식으로, 이것은 '옛' 한국 시민들이 새로운 동료 시민들과 교류하는 방식에 큰 영향을 미친다. 이것이 바뀌면, 현재와 통일된 한국에서 남한과 북한 시민들 사이의 건설적인 인간관계 구축이 가능할 것이다. 인권을 포함한 많은 정책 관련 노력에도 불구하고, 북한 이탈주민의 삶은 불리한 조건하에서 발생한다.[35] '새로운' 한국인들은 피부색과 경제적 능력 부족 때문에 일상적으로 차별을 받는다.[36] 그것은 '새로운' 한국인들을 끌어들이는 동시에 그들에 대한 차별을 발생시키는 지배적인 자본주의 이념이다. 북한 이탈주민을 포함한 '새로운' 한국인들을 지지하는 이유는 단순히 옳고 인도적인 것을 위해서가 아니라 그것이 세계적인 추세이고 그것으로부터 얻을 수 있는 이득이 있기 때문이다.[37]

많은 사람들이 견디지 못하고 해외로 떠난 한국전쟁 이후, 북한 주민들이 남한 사람들로부터 어떤 차별을 받았는지는 잘 알려져 있다(Kim 1988). 한국인들은 대부분 공산주의 이데올로기가 전쟁을 일으켰다고 믿었고, 다른 몇 가지 요소들은 남한 사람들이 북한 사람들을 차별하도록 부추겼다. 그러나 1990년대 이후 북한 이탈주민이 차별을 받아온 이유는 더 복잡하다. 한국전쟁이 끝난 후, 남한과 북한 사이의 사회역사적·경제적·문화적 맥락은 크게 달라졌고, 그중 일부는 남한 사람들에게 차별적인 행동을 유발하는 요인이 되었다.

35 「우리 안의 소록도」, 『한겨레』 2006년 1월 20일자.
36 「"한국에서 혼혈로 산다는 것 … 너무 힘들어요"」, 『세계일보』 2007년 2월 1일자.
37 「다문화 사회: "이주민을 사회주체로 인정하는 다문화 시민돼야"」, 『중도일보』 2008년 8월 28일자.

윤인진(2007: 136)은 북한 이탈주민이 남한에 적응하기 어려운 가장 심각한 이유는 개인 기술과 자원이 부족하기 때문이라고 주장한다. 이들은 북한 이탈주민에 대한 한국의 편견 및 차별적 태도와 더불어 한국의 지식 기반 자본주의 경제에 참여하기 어렵다고 생각한다(윤인진 2007: 137). 북한 이탈주민들은 적응 과정에서 인적 자원과 사회 연결망이 모두 부족하다. 윤인진(2007: 136)은 정부가 북한 이탈주민의 자립을 촉진하는 지원 정책을 주도해야 한다며 일시적인 것이 아니라 장기적인 지원 정책을 펴야 한다고 주장한다. 윤인진이 언급하듯이, 보다 중요한 것은 정부 정책이 한국 시민들의 동의와 지지를 동반해야 한다.

그러나 나는 아마도 부족한 것은 북한 이탈주민에 대한 부정적 인식을 적극적으로 바꾸려는 한국인들의 의지라고 주장한다. 그러한 인식의 존재를 인정하는 것은 해야 할 일에 비해 너무 불충분하다. 또한 이러한 부정적인 인식을 해소하고 북한 이탈주민들을 한국 사회의 평등하고 기여하는 구성원으로 포용하기 위한 체계적인 부문 간 노력이 필요하고 또 중요하다고 생각된다. 이러한 움직임은 한국 사회에 내재된 차별적인 문화와 태도를 없애기 위해 다양한 영역들 및 교육 기관 수준, 연령 집단을 아우르는 교육적 노력을 동반해야 한다. 그 결과로 현재의 수많은 프로그램이 결실을 맺을 수 있을 것이다. 이는 한국 다문화주의의 발전뿐만 아니라 공동체에 도움이 되는 '선'과 장기적인 번영, 그리고 더 넓은 인류애에도 도움이 될 것이다.

제8장

케이팝(K-Pop) 민족주의: 한국 미디어 연예인들과 블랙페이스 연기

이 장에서는 미디어에서 한국 민족주의의 표현과 이러한 표현으로 인해 발생하는 논쟁과 논평을 분석한다. 수많은 인터넷 블로그와 웹사이트에는 한국 미디어계 인사들이 흑인을 비하하는 현상 및 흑인들에 대한 차별적 시각과 흑인 연기를 어떻게 표현하였는지에 대한 토론이 벌어지고 있다.[1] 소녀시대와 같은 유명 연예인들에 의해, 특히 흑인 행동과 관련하여, 인종차별적이고 지나치게 민족 중심적인 태도에 대한 비난이 제기되어 왔다. 의식적이든 무의식적이든 이 같은 사건들이 한국의 졸부적 민족주의를 드러낸다는 것이 이 장의 주장이다(Han 2012).

한국 미디어는 30년 전부터 아프리카계 미국인에 대한 부정적인 묘사를 해 왔다.[2] 인터넷이 발달하기 이전 시대인 1980년대에 한국 코미디언들은 라스타(Rasta) 가발과 어둡게 분장한 얼굴을 하고 정기적으로 코미디 공연을 하였지만 비난은 받지 않았다. 흑인 얼굴에 대한 묘사는 한국 수용자들에 의해 액면 그대로 받아들여졌고, 어떤 민족에 대한 고의적 악의가 없는 '정상적'이고 '순진한' 코미디 관행으로 인식되었다.[3] 세계화가 되기 이전인 1990년대에 한국에 있는 아프리카계 미국 군인들의 유산과 순혈주의에 대한 한국인들의 믿음은 일부 흑인들을 조롱하는 데 충분한 정당성을 제공하였다. 그러나 최근 몇 년 동안, '케이팝'(한국의 대중음악 및 문화)의 인기 상승은 케이팝의 블랙페이싱(blackfacing) 묘사를 국제적인 인터넷/미디어 시청자와 전 세계의 비판에 노출시켰다.

1 다른 국가적 맥락들에서 이루어진 '흑인 연기'에 관해서는 Kochhar-lindgren(2007)을 참조하시오.
2 "Three Decades of Blackface in Korea," Gust of Popular Feeling, Blogspot(2012. 5. 5 게시).
3 "Korean Celebrities Criticized for Racism," *The Korea Times* 2012년 3월 9일자.

1. 졸부적 인종주의

일제의 만행은 민족에 기반을 둔 강한 정체감을 형성하였고, 이것은 한국 자국민과 이민족(들), 이 경우에는 일본에 대한 강한 묘사를 동반하였다(Ching 1998). 이 명확한 묘사는 국가적 편견을 발전시킬 수 있는 기반을 형성하였다. 한국전쟁 동안, 이러한 민족적 편견이 가졌던 힘은 북한과 남한 사이에 공유된 단일 민족 정체성을 압도할 수 있었다. 전쟁 중 아프리카계 미국인 병사들을 만남으로써 한국인들의 민족적 편견이 또 다른 모습으로 표현되었다. 어느 경우에든, 수십 년에 걸친 이러한 '다른 사람들'과의 부정적인 만남은 한국인이 아닌 사람에 대한 이해를 단절시킨 것으로 보인다.[4] 한국인들에게 '타인들'은 조화롭게 살아야 하는 다른 사람들의 집단이 아니라 걱정해야 할 위협이 되었다. 게다가 아프리카계 미국인을 타인으로 간주할 수 있다는 것은, 불행한 선택이었지만 정의(definition)와 차이의 매우 분명한 경계를 만들어 냈다. 또한 이러한 경계는, 특히 한국전쟁을 겪은 기성세대들의 상처받은 자아 정체감에 안심이 되기도 하였다. 따라서 '순혈' 민족주의 이념을 기반으로 이미 형성되어 있었던 한국의 자민족 중심주의는(잘못된 것으로 드러났지만, Kim 2011; 프랭클 2008; 이희근 2008), 특히나 더 경직된 민족적 편견을 발전시켰다. 언제나 매우 강력한 이념적 도구였던 한국의 매스 미디어는 이러한 편견들을 지지하고 협력하였다.

4 한국인이 외국인을 포용하였느냐 배타적이었느냐 하는 것에 대해서는 의견이 분분하다. 신기욱은 한국인들이 19세기 후반이나 20세기 초 이전에 외국인을 받아들였다고 주장한다(Shin 2006). 다른 이들은 한국의 배타주의가 부분적으로 13세기 몽골의 한국 침략과 16세기 일본의 한국 침략에서 비롯되었다고 주장한다(Kim 2011).

한국의 인종에 대한 공통적인 담론은 한국인의 동질성과 순혈 민족주의와 관련이 있다. 이 오래된 주장들은 유전학에 기초한 '자연적' 또는 생물학적 차이보다는 문화적·이념적 우월성을 주장한다(McLelland 2008). 한국의 '혈통에 기반한' 우월성은 귀화, 출생지, 또는 문화적 적응이 아닌 피에 의해 부여될 수 있는 일본인 개념과 많은 공통점이 있는 것으로 보인다(Lie 2001; Yoshino 1998). 역사적으로 한국의 외국인 혐오증은 과거 식민지 국가들, 즉 일본, 중국, 그리고 미국에 대한 질투와 증오로 구성되어 있다. 예를 들어, 경쟁심과 질투심에서 비롯된 지난 수십 년간 한국에 널리 퍼진 담론은 한국이 일본보다 약 30년 뒤처져 있다는 것이다. 이러한 '인종적' 열등감은 한국인의 마음속 깊은 곳에 남아 대대로 이어져 내려오고 있다(박노자 2002a). 한국인들의 경제적 지위는 눈에 띄게 향상되었는데, 그들은 자본주의적 생산 시스템을 이용하여 외국인들을 착취할 뿐만 아니라, 그들이 경제적으로나 그 밖의 다른 측면에서 타인들을 차별할 권리가 있다고 느낀다. 이것은 졸부적 인종주의이다.

이러한 졸부적 인종주의 개념은 한국과 같이 경제적으로 빠르게 발전한 국가에서 흔히 관찰된다. 그러나 이 같은 관행들은 역사적 맥락에서 광범위하게 발견된다. 예컨대, 인종적 우월성에 대한 일본의 생각은 비(非)백인, 특히 일반 아시아인과 구체적으로는 한국인에 대한 차별로 표현된다. 일본의 인터넷 게시판인 2채널(2-Channeru)은 일본의 우월성에 대한 네티즌들의 의견을 끌어모으고 있다(McLelland 2008). 게시판에 제시된 의견에 따르면, 일본인은 백인이 아닌 사람들에 대한 인종적 편견을 나타내지만, 백인에 대해서는 존경심을 나타낸다. 20세기 전환기에 일본 제국주의는 일본인들이 인종적 편견을 표출하는 핵심 수단이었다(Weiner 1995). 일찍이 18세기 중후반부터 근대 자본주의와 식민 제국주의의 발전은 미국인과 유럽인의 인종차별적 관행 – 예를 들면, 영국의 인도 식민지화 – 을 예고하였다(박노자 2002a: 162). 미국과 유럽 국가들은 식민지 사람들에 대한 인종차별을 실천하는 것뿐만 아니라 다른 대륙의 자원을 유용하는 것을 포함한 근대화를 '달성'하는 데 몇 세기가 걸렸다. 일본은 은둔 왕국이었던 조선보다 훨씬 앞서 서방과의 경제적·외교적 관계를 개방하였다. 일본은 비교적 짧은 시간에 현대 과학 및 교육 기관을 채택하여 서구화를 달성하였다. 그리고 19세기 다른 식민지 세력에 합류하여, 비백인에 대한 인종적·민족적·국가적 차별 행동을 자행하였다.

박노자(2002a)가 지적한 바와 같이, 인종에 대한 위계적 대우는 19세기에 들어 뚜렷해졌다. 진보적 실용주의자 존 스튜어트 밀은 계급 체계를 위한 '과학적' 기반을 장려하고 제공하였다. 윤치호, 서재필 등 한국의 지식인들은 인종적 편견에 시달렸고, 이를 한국 대중들에게 무비판적으로 소개하였다(박노자 2002a). 한국은 또한 서구화에 필요한 시간을 단축하여 1980년대 이후 압축된 자본주의의 발전을 달성하였고, 졸부적 인종주의를 탄생시켰다. 19세기 후반 근대화의 과정이 시작된 이래로 한국 문화에 남아 있던 억눌린 좌절감은 1990년대에 들어와 노골적인 방식으로 나타나기 시작하였다. 1990년대 이후 외국인 노동자의 수입과 1996년 12월 한국의 경제협력개발기구(OECD) 가입은 졸부적 인종주의의 공식적인 계기로 작용하였다. 가난한 나라에서 온 외국인 노동자일수록 더 많이 한국인들의 외국인 혐오증에 시달린다(김동률 2009. 12. 30). 교육 수준이 낮은 노동자, 저소득층 및 실업자는 유럽 국가에서 볼 수 있듯이 외국인 노동자에 대해 더 강한 거부감을 가질 수 있다(EUMC 2005). 물질적인 불평등 또는 불이익을 받는 외국인 노동자들은 '검음'(blackness)이라는 부정적 의미, 상이한 혈통과 문화적 기원, 출신 국가의 경제적 기준에 근거해 합리화되는 경향이 있다. 결과적으로, '인종'에 대한 인식은 그것이 차별 행위를 정당화하는 데 사용되면서 노동시장에서 불평등을 야기하는 것으로 보인다(Miles 1982: 172; Shin 2009: 101).

한국의 경제 발전은 여러 면에서 주목할 만하지만 긴장과 갈등이 없지 않았다. 한국인들에 대한 일본의 가혹하였던 통치 기억, 천연자원의 심각한 부족, 그리고 공산주의 북한으로부터의 실질적인 위협은 한국인들이 직면하였던 몇 가지 즉각적인 장애물이었고, 그것은 매일 한국인들의 삶에 영향을 미쳤다. 한국 정부의 경제계획보다는 '우연성·대외적 요인'이 수출지향적 전략을 이끌어 내고 탁월한 성과를 거둔 것으로 나타났다(Lie 1998: 57). 중요한 것은 압축적 개발의 빠른 과정(Chang 1999)이, 예를 들어 1990년대 초반의 역사적·문화적 맥락에 기초한 인간 상호 작용의 특정 조건에 의존하였으며, 이러한 상호 작용을 새로운 맥락에서 계속 재현하였다는 점이다(Archer 1995). 인종차별 문화가 지속적으로 재현된 것은 이러한 한국적 맥락에서였다. 한국의 인간적 상호 작용은 경쟁, 계급투쟁 및 열망을 나타낸다(Abelmann and Lie 1995). 지난 수십 년 동안 한국 내에서 가장 널리 퍼진 특징으로는 지역적 적대감(지역주의), 유교 문화, 학벌주의 그리고 혈연관계(혈연)가 있는데, 여기에는 외국인들이 뚫고 들어올 여지가 없다.

1990년대 이후 졸부적 민족주의가 활발하게 촉발된 이유는 무엇일까? 산업화 및 현대화와 함께, 한국인들은 미디어를 통해 세계의 다른 지역에 대해 잘 알게 되었다. 한국인들은 이전보다 더 자주 여행할 수 있고, 외국인들이 더 저렴한 노동력과 특정한 지식을 제공한다는 점에서 그들을 고용할 수 있다. 따라서 1990년대 이전에 한국인들은 한국인 어머니와 외국인 아버지를 둔 아이들을 포함해 그들 사이에서 차별을 받았다. 하지만 한국인들이 외국인들의 유입에 직면하지 않았기 때문에 그들의 차별은 국경 안에 머물렀다. 그러나 외국인에 대한 차별을 뒷받침할 만한 새로운 특성들은 분명히 존재하였다. 한국인들은 더 많은 외국인 노동자들이 그들의 나라로 들어오는 현상을 경험하고, 아시아의 다른 지역으로 해외여행을 하기 시작하면서, 졸부적 민족주의/인종주의는 더욱 분명하고 명백해졌다.

미국에서는 비인간적 처우와 차별을 받는 흑인 남성들이 정서적으로 위기를 맞고 있으며 지속적인 소외를 경험할 위험에 처해 있다. 훅스에 따르면, 한 가지 이유는 백인에 의한 억압과 가부장제 문화에서 흑인 남성들의 비성찰적 접근 때문인데(Hooks 2004), 이는 기꺼이 자기성찰과 자기애를 실천하는 흑인 여성들과 다르다. 흑인 남성들의 반성찰적인 접근은 그들의 아버지와 자녀들 사이의 긴장을 유발하고 위험을 초래한다. 이것은 근본적으로 한국인들이 세계화된 자본주의적 맥락에서 흑인과 교류할 때 그들 스스로 위험을 무릅쓰고 하는 일인 것처럼 보인다. 그러나 미국 음유시인의 복잡성은 '오락과 정치, 사랑과 증오, 매력과 혐오, 계급과 인종 의식, 진실한 모방과 잔인한 조롱의 혼란'으로 잘 알려져 있다(Strausbaugh 2006: 92). 로트는 '블랙페이스 음유시인'이 백인들이 아프리카계 미국인들을 경멸하고 갈망하기 때문에 아프리카계 미국인들이 다른 미국인들과 복잡한 상호 작용을 하는 것을 묘사한다고 지적한다(Lott 1993). 그러나 한국에서의 흑인 연기는 흑인에 대한 부정적인 인식을 조롱하고 정당화하기 위해 고안되었는데, 이는 한국인들이 흑인을 받아들이기를 꺼리고 현재 한국의 문화적 맥락에서 흑인들을 이해할 이유가 없기 때문이다.

이 장에서는 케이팝 연예인들이 아프리카계 미국인들에 대한 인종적 모방을 통해 한국의 민족주의를 적극적으로 드러내고 있다고 주장한다. 이처럼 한국 엔터테인먼트 산업의 졸부적 민족주의 현상과 한국인의 자기비판, 그리고 국제적인 비판을 소개하는 주요 대중 담론은 무엇일까? 또 무엇이 아프리카계 미국인들에 대한 한국인들의 부정적 묘사를 수면 위로 끌어올렸을까?

인종주의, 민족 중심주의, 민족주의는 비록 상호관계는 있지만 상당히 다르다. 인종주의는 차별적인 생각이나 행동을 정당화하는 데 사용되는 특정한 신체적 특성을 가진 사람들에 대한 차별을 말한다. 극단적인 형태의 인종차별은 마치 다른 여러 인류가 있다고 주장할 수 있다. 이러한 맥락에서 '인종'이라는 용어는 언어학적으로나 정치적으로 문제가 있는 것으로 간주된다(Hannaford 1996). 민족 중심주의에서는 다른 민족이 열등하다고 여겨질 정도로 특정 민족 집단의 유산에 대한 높은 자부심이 일반적이다. 민족주의는 민족국가의 구성 – 역사, 문화, 경제, 정치, 가치관, 그리고 국제적 영향 – 으로부터 파생된 자부심과 관련된다(Billig 1995). 그러나 이 세 가지 개념은 모두 밀접하게 관련되어 있다. 예를 들면, 현대적이거나 상징적인 인종주의는 일반적으로 민족주의의 표현이다(Due 2011; Stratton 2011). 내집단(또는 자민족 중심주의)에서 '우리 정서'가 고조될 때, 그것은 외집단에 대한 혐오의 표현으로 나타날 수 있다. 민족적 자부심이 높아지면 민족주의의 한 형태로 발전할 수 있다. 국가가 어려운 시기를 겪을 때, '우리 정서'와 민족적 자부심은 국민들이 견뎌낼 수 있도록 도울 수 있다. 하지만 소외 집단에 대한 부정적 정서가 취약한 집단으로 향한다면 그 결과는 치명적일 수 있다.

집단 정치가 항상 공동체, 국민, 사회를 구성해 온 세상에서 한국의 자민족 중심주의는 새로운 것도 아니고 예상 밖의 것도 아니다. 하지만 지난 20년 동안 한국의 급속한 경제적·기술적·디지털적 부상이 외국인 노동자들뿐만 아니라 인종적 통합과 국제적인 투자에도 문을 열었기 때문에, 민족 중심적이고 인종차별적인 전시가 최근 들어 더욱 만연해졌다. 유튜브와 같은 인터넷 사이트들은 한국의 대중문화와 더 많은 것들을 세계와 공유해 왔는데, 특히 블랙페이싱으로 알려진 조롱 섞인 유머가 많은 비판을 받았다.

이 장에서는 다음 두 가지 주요 연구 질문을 제기한다.

1. 한국 미디어에 등장한 '흑인 연기' 또는 블랙페이싱에 대한 국내외 네티즌들의 반응과 대처는 어떠하였는가? 이 질문은 미디어 표현에 대한 분석과 관찰 가능하거나 경험적으로 검증할 수 있는 '실제적이고 경험적인' 개념에 대한 분석이 요구된다.
2. 최근 한국 미디어에서 노골적인 인종차별 표현이 늘어난 이유는 무엇인가? 즉, 어떠한 근본적인 요소들이 일부 민족 집단에 대한 차별적 표시의 노골적인 성장에 영향을 미치는가? 이 질문은 직접 관찰할 수는 없지만 '실제적이고 경험적인' 것의 기본이 되는 '실재' 또는 '메커니즘'을 탐구하는 것을 포함한다.

2. 이론적 논의

한국인들은 일반적으로 자신들이 인종적으로 동질적이라고 생각하며 다문화주의를 다른 많은 사람들과 다르게 이해한다(Kim 2011). 예를 들어, 외국인에 대한 차별 사건이 미디어에 보도될 때, 일부 한국인들은 인종적 행위를 비난할 수 있지만, 동일한 한국인들은 그럼에도 불구하고 어떻게 그 외국인들을 정치적으로, 문화적으로, 경제적으로 환영하거나 끌어들여야 할지에 대해서는 잘 알지 못한다.

한국 미디어의 시청자들은 모범적인 성과를 낸 외국인, 인기 TV에 나오는 백인들, 그리고 국내 유명 인사들과 동질성을 가지며 기뻐한다. 많은 한국인들은 또한 한국인 어머니에 대한 효심과 한국에 대한 사랑이 알려지면서 그의 인생 이야기가 보도된 한국계 아프리카계 미국인 미식축구 선수인 하인스 워드(Hines Word)와 감정적으로 깊은 동일성을 느꼈다. 하지만 동시에 한국 미디어는 개발도상국의 노동자나 임시 거주자들이 연루된 범죄에 대해 지나치게 비판적인 보도를 함으로써 소수 집단에 대한 한국 대중의 부정적인 인식을 조장하고 재확인한다. 또한 특정 케이팝 연예인들은, 그들의 인기 순위를 올리기 위해 인종차별적인 코미디 루틴을 이용한다.

헤지는 '인종과 성별의 교차점'은 인종차별의 정치적·물질적 현실을 논하지 않고는 풀 수 없다고 주장한다(Hegde 2007: 457). 기즈는 리얼리티 쇼에서 인종차별적 발언을 하는 연예인을 모욕과 욕설로 몰아붙이는 것은 현대 사회가 겪는 구조적 불평등의 표면을 건드리는 것에 불과하다고 한탄한다(Gies 2007: 462). 헤지와 기즈는 사회 현상의 표면에 보이는 얼룩만을 다루는 경험주의는 정치적·경제적·문화적 맥락을 고려하지 않고서는 그 현상을 결코 만족스럽게 설명할 수 없다고 주장한다(Hegde 2007; Gies 2007). 이 관점은 사실주의적 관점과 일치한다(Archer 1995; Bhaskar 1989; Carter 2000).

한국에서 인종차별과 민족 중심주의가 뚜렷하게 유지하는 정치적·경제적·문화적 맥락은 복잡하고 역사적이다. 한국의 기성세대는 세계화의 영향 이전에 일생의 대부분을 단일 민족 문화 맥락에서 살았으며, 명백히 민족 중심적인 상태로 남아 있었다. 1980년대 동안, 학교와 미디어도 촌극과 연극에 정기적으로 '흑인 흉내 내기'를 연기하였지만 비난은 받지 않았다.[5] 그러나 이러한 촌극과 연극은 국제 관객들에게 다가가지 못하였다. 1990년대 한국의 경제적 지위 상승은 세계적인 뉴스 흐름에 문을 열고 다른 문화들에 노출되었으며, 젊은 세대에게 다문화 시대를 소개하였다. 그러나 한국은 젊은 세대가 기성세대의 민족주의적 관점을 받아들이는 가운데 한국 국경 내에서든 밖에서든 다른 민족 집단에 대한 태도를 바꿀 필요가 있다는 것에 여전히 무관심하다. 이러한 맥락에서, 졸부적 민족주의라는 개념은 한국 케이팝의 '흑인을 연기하는' 공연을 살펴볼 수 있는 유용한 틀을 제공한다.

듀와 스트라톤이 검토한 다른 유용한 사례로는 2009년 10월 호주의 인기 프로그램인 「헤이 헤이 잇츠 새터데이」(Hey Hey It's Saturday)에서 공연된 잭슨 자이브(Jackson Jive)의 블랙페이스 패러디이다(Due 2011; Stratton 2011). 250만 명의 호주인과 수백만 명의 해외 시청자들이 이 프로그램을 시청하였고 온라인에서 치열한 토론거리가 되었다. 그러나 대부분의 국제 네티즌들이 이 촌극이 인종차별적이라고 비난하였음에도 불구하고, 호주 네티즌들은 대체로 그 비난을 부인하였다. 이것은 듀의 메모에서 흥미로운 점인데(Due 2011: 38), 현대의 인종차별이 인종 자체에 반해서 표현되지 않고, 대신 희생된 타인들이 전통적 가치를 위반하였다는 것을 비난하며 차별적 행위를 정당화하는 경향이 있다는 것이다(Simmons and LeCouteur 2008). 다르게 말하면, 인종차별과 인종적 긴장에 대한 논쟁이 1세기 이상 계속되어 온 미국과 호주를 포함한 서구에서는 인종차별이 공공연하기보다는 은밀하게 행사되고 있다(Augoustinos and Every 2007; McConahay 1986; Wetherell and Potter 1992 참조). 1975년 인종차별법(Racial Discrimination Act)이 인종적인 배경을 근거로 다른 사람들을 차별하는 것은 불법이라고 판결하면서 '노골적인' 인종차별은 법으로 처벌받을 수 있는 행위

5 「소녀시대 흑인 흉내 영상에 해외 네티즌 격분」, 『조선일보』 2012년 3월 12일자.

가 되었다. 그럼에도 불구하고, 스트라톤은 잭슨 자이브의 블랙페이싱 촌극이 호주에서 백인의 특권을 영속시킨다는 점을 발견한다(Stratton 2011). 흑인 의사 6명 중 앵글로 켈트족은 한 명뿐이고, 나머지는 다양한 민족적 배경을 가진 '명예 백인'이었다는 점이 당혹스럽다. 20년 전 의대생 시절 진행된 다섯 멤버의 블랙페이스 공연은 백인 패권주의를 강화하는데(Stratton 2009; 2011), 한국인이 차별의 가해자이자 피해자였다는 점에서 한국의 블랙페이싱과 유사한 부분들이 있다.

그렇다면 한국의 맥락은 무엇이 다른가? 한국은 1990년대에 이르러서야 공식적으로 인종적으로 다양한 사회를 가진 다문화적 지위를 공식적으로 발표하였을 뿐이다. 이와 같은 배경에서, 미디어의 인종적 편견과 케이팝의 블랙페이싱 공연이 은밀하거나 노골적인 인종차별 행위인지 그리고 한국인들이 이러한 사건을 인종차별로 인정하는지에 대해서도 논할 가치가 있다. 듀가 지적한 바와 같이(Due 2011: 38), 서구에서는 인종차별을 부정하는 것이 일반적이다. 다문화주의에 대한 오랜 기록을 가지고 있는 호주 대중들이 잭슨 자이브의 블랙페이스 패러디에 문제가 있다는 것을 꺼린다면, 한국인들은 인종적 비판을 인정하기를 더 꺼린다고 할 수 있다. 인종차별이 일어나고 있다는 점을 부인하면서, 수용국 국민들이 관용에 대한 담론을 통해 긍정적인 자기표현을 계속하고 있다는 점을 고려할 때(Augoustinos and Every 2007; Hage 2000), 한국과 서양의 다문화 과정을 비교하여 그들이 배치하기로 선택한 전략 유형들을 비교할 가치가 있을 것이다.

이 장에서는 이 책의 목표에 부합하는 구체적인 연구 문제를 해결하기 위해 민족 중심주의, 졸부적 민족주의 및 순혈 민족주의의 개념을 사실주의적 관점에서 탐구한다. 우선 연구 결과를 제시한 후, 핵심 개념의 관점에서 더 자세히 설명할 것이다.

3. 연구방법

2012년 1월, 케이팝을 사랑하는 사이트인 www.allkpop.com에서는 두 명의 코미디언이 인기 있는 TV 및 만화 캐릭터인 '마이콜'을 흉내 낸 사건을 두고 네티즌들 사이에서 논쟁이 벌어졌다. 그 사건은 부적절하다는 이유로 관객들에게 비판을 받았다. 이 논쟁은 몇 주간 2,000개 이상의 댓글을 만들어 냈다(2013년 1월 10일 기준 2,199개; 『조선일보』 2012. 3. 12). 나는 토론의 종결을 위한 300개의 댓글을 분석하였다. 또한 거커 미디어(Gawker Media)의 jezebel.com의 167개 댓글도 분석하였다. 이 사이트는 '여성들을 위한 연예인, 섹스, 패션'이라는 태그라인 아래 여성들의 관심사를 충족시키는 블로그이다. 이 댓글들은 케이팝 인사인 비스트/B2ST의 이기광과 소녀시대 유리의 블랙페이스 공연에 대한 논쟁을 구성하였다.[6]

NVivo9를 사용하여 오픈 코딩, 축 코딩 및 선택적 코딩(Strauss and Corbin 1990)을 중심으로 하는 근거이론의 원칙에 따라 댓글을 코드화하고 분석하였다. 귀납적·연역적 사고와 검증을 지속적으로 사용하는 것이 뉴스 표현을 분석하는 과정에서의 주요 원칙이었고, 이는 이론을 데이터에 근거하게 만든다(Strauss and Corbin 1990). 데이터 분석에 사용되는 세 가지 단계는 다음과 같다. 첫째, 오픈 코딩을 사용하였다. 여기에는 단어, 구, 문장 및 문단을 세분화하

6 "K-POP or KKK-POP? Covert Anti-Black Music Scene Sweeping America," OhNoTheyDidnt(2012. 2. 29 게시).

고 분석하여 그 특성과 차원을 개발하는 작업이 포함되었다. 이를 통해 개념, 사건 및 사고를 확인하였다. 이것들은 하나 이상의 범주를 형성하기 위해 그룹화되었으며, 이는 개념 분류이다. 둘째, 축 코딩은 사건이 발생한 조건과 맥락을 조사하고 수행된 작용/상호 작용의 결과를 조사함으로써 주요 범주 간 또는 범주 및 하위 범주 간에 연결고리를 만드는 것을 포함한다. 코딩의 마지막 단계는 선택적 코딩이다. 이것은 핵심 범주(즉, 조사 중인 핵심 현상: 한국 연예인들이 블랙페이싱과 그 현상을 지속시키는 기저 요인)를 선택하고, 이를 다른 범주와 체계적으로 연관(또는 통합)하는 과정이다(Strauss and Corbin 1990: 111).

이어지는 절에서는 한국 미디어의 차별적 관점의 표현이나 '흑인 연기'에 대한 온라인 논쟁의 분석 결과를 제시한다. 이 절에서는 한국 연예인들의 블랙페이싱에 대한 네티즌들의 논평을 분석하는데, 크게 다음의 두 가지 진영으로 갈린다. (1) '흑인 연기' 또는 블랙페이스는 매우 인종차별적이고 잘못된 것이다. 그리고 (2) 한국인들은 다양한 민족 집단에 대한 역사적 노출이 충분하지 않기 때문에 문화적으로 인식하지 못하는 것이다. 그런 다음 나는 사실주의적 관점에서 한국 미디어의 '흑인 연기'를 참조하여 '경험적 및 실제적' 차원의 민족주의 편견을 생산하는 메커니즘, 즉 한국의 민족적 편견의 '실재' 차원을 탐구한다(Archer 1995; Bhaskar 1989; Carter 2000).

4. 인터넷 공간에서 벌어지는 한국 민족주의에 대한 논쟁

1) 명백히 인종차별적이고 잘못된

(1) 무지와 무시 이상의 것

한국인들의 노골적인 인종차별적 태도를 지적하는 사람들은, 차별적인 문화가 인종차별 문제에 관해 한국인들이 문화적으로 무지한 것과 관련이 없고, 오히려 그것은 한국인들이 심지어 문화적으로 지각하고 있음에도 불구하고 차별을 선택한다는 사실과 관련된다고 주장한다. 그들은 한국인들이 더 잘 알기를 기대하지만, 한국인들은 인종차별을 영구화하는 것을 선택한다(obsidian05). 그들은 무례함과 사려 깊지 못한 것이 문제의 중심에 있다고 주장한다. 문화적 흐름과 인구 이동으로 가득 찬 국제화된 세계 속에서 한국인들은 민족 간 관계를 인식해야 한다는 기대를 받는다.

> 나는 한국에서의 무지 때문이라고 치부할 수는 없을 것 같다. … 많은 케이팝 스타들이 미국에 살았던 적이 있고 여기(특히, LA)에서 스카우트됐어요. 전부는 아니지만, 많은 케이팝 그룹에는 미국에서 자랐거나 많은 시간을 보낸 멤버가 적어도 한 명은 있다(Megganna 2012. 3. 1).

케이팝은 많은 수의 아프리카계 미국인 추종자들을 보유하고 있으며, 일부는 유튜브와 같은 소셜미디어에서 케이팝이 아프리카계 미국인 힙합의 변형이라고 언급하고 있다. 그들은 케이팝을 즐기지만, 일부 공연에 대해서는 불쾌해한다. "사람들은 수십 년 동안 우리의 문화를 선별(cherry picking)하고 우리를 인간 이하로 분류하였습니다. 때로는 같은 호흡으로"(introverted_innovato). 네티즌들은 블랙페이스나 '흑인 연기'는 매우 인종차별적이며 용납될 수 없다고 주장하였다.

> 그것은 그 자체가 인종차별주의적인 만화를 원작으로 한 것이고, 결과적으로 나온 것은 그들의 얼굴을 검게 칠하고, 거대한 입술을 만들어, 지껄이는 것으로 그려내는 인종차별적인 농담이었다. 그것은 마치 흑인 등장인물들이 원숭이처럼 행동하고, 제대로 말을 하지 못하고, 괴물처럼 보이는 오래된 흑백 영화들 중 하나를 보는 것 같았다(cristaryl giovanelli).

네티즌들은 한국인들이 무지하고, 무신경하며, 무례하다고 비난하였다. 이러한 무지는 '알지 못하는' 것이 아니라 다른 사람을 배려하지 않는 것에 대한 것이다. 이러한 블랙페이싱 아이디어의 배후에 경쟁적인 미디어 환경에서 연예인들의 유명세를 유지하려는 대본 작가들과 매니저들이 있을지도 모른다는 주장도 제기되었다.

> 나는 불행하게도 … 다른 문화를 희화하하는 사람들이 … 버라이어티 쇼의 작가들이라고 말하고 싶다. 그것은 악의적이라기보다는 무식한 짓이지만 … 그건 변명이 될 수 없다(Hellzeeba).

(2) 인종차별은 어떤 방법으로도 용납될 수 없다

다른 네티즌들은 한국인의 문화 인식 부족을 인정하면서도, 차별적인 퍼포먼스는 용서할 수 없고, 단순히 타인의 차별적인 행위를 모방하는 것은 정당화될 수 없다고 주장하였다. 음주운전을 한 다른 사람들은 잡히지 않는다고 해서 음주운전 후 경찰과 대치하는 것을 정당화할 수 없다는 주장이 제기되었다(Crono Lawlipop).

> 어떤 멍청이들이 인종차별적인 농담을 한다고 해서 다른 멍청이들이 해도 된다는 건 아니다. 요점은 교차된 선이 있다는 것이다. 블랙페이스에 대한 역사가 존재하고 그것은 매우 무례하다. 동양인의 눈을 놀리는 것도 마찬가지다(hellokaylie Lawlipop).

한국 사회의 사회문화적 맥락이 다르고 이러한 상황이 고려되어야 한다는 것을 인정함에도 불구하고, 네티즌들은 어떠한 차별적 행동도 용납하지 않았다.

> 한국에서는 블랙페이스를 어떻게 이해하는지 모르겠지만, 미국에서는 웃을 일이 아니다. 어느 누구도 인종차별에 익숙해져서는 안 된다. 나는 「화이트 칙스」(White Chicks)와 같은 영화에 대해서도 똑같은 생각인데, 단지 '재미있다'는 것이 그것이 틀렸거나 불쾌하지 않다는 것을 의미하는 것은 아니기 때문이다(Shekinah Mulkey).

모든 사람들이 다른 사람들과의 상호 교류에 대해 방심하지 않고 이해해야 한다는 점이 제안되었다. 인종적 민감성에 대한 이해가 부족하거나 블랙페이스 문제의 본질을 이해하지 못하는 것은 인종차별적 행동에 대한 변명이 되지 않는다.

> 아무 문제가 없다고 생각하면, 당신은 정말 이해하지 못하는 것이다. 그리고 당신이 왜 일부 흑인들과 아프리카 혈통의 사람들이 화가 났는지 이해할 수 없다고 해서 이 상황이 덜 잘못된 것은 아니다(Alohaducky).

차별적인 언어 사용을 포함해, TV나 라디오 같은 대중매체에서 사용되는 한국어의 선택에 대한 자기반성이 간혹 나오고 있다. 예를 들어, 2004년 올림픽의 미디어 보도에는 "그녀는 검은색 피부를 가졌지만 그녀의 리듬감 있는 춤은 그 자체로 아름답다"와 같은 많은 차별적인 발언들이 포함되었다.[7] 한국인으로서, 나는 한국의 관객들이 이 댓글을 재고하지 않았을 가능성이 있다는 것에 주목한다. 한국 매스 미디어에서 이러한 표현과 태도가 공통적으로 나타나는 것은 한국 사회 내에서 고립된 사례가 아닌 차별 문화가 존재함을 보여 준다. 이는 한 아프리카계 미국인 네티즌의 경험에 의해 뒷받침된다.

> 아시아에 2년 동안 살고 여행한 흑인으로서, 나는 아시아가 극도로 인종차별적이라고 말할 수 있다. … 나는 유색인종에게 한국, 대만 또는 중국 본토에 가는 것을 결코 추천하지 않을 것이다(Loveapple).

(3) 인종적 자부심은 잘못된 것이고 한국인들은 더 잘 알아야 한다

한 블로거는 흑인은 아름다울 수 없다는 한국인들의 통념에 불쾌감을 느꼈다. "나는 흑인이라는 것이 누군가를 매력적으로 보이지 못하게 한다"는 생각에 화가 난다 – "흑인 여자치고는 예쁘다"는 것은 말도 안 된다(drewtaylormoore). 또 다른 네티즌이 "한국에서 교사로 일하는 흑인 여성을 만났는데, 그녀는 자신이 초콜릿으로 만들어졌다고 생각하는 학생들에게 핥아져 왔다고 말하였다"(lemonade727)고 지적한 것에서 알 수 있듯이, 이러한 관념이나 태도는 사회화나 학교 교과 과정 안에서의 타인에 대한 적절한 교육 부족을 통해 다음 세대로 이어질 수 있다. 다음의 일화도 마찬가지로 우려스

7 「방송언어 '오염' 특단의 대책 세워야」, 『경향신문』 2004년 9월 3일자.

럽다.

> 나는 한국에서 5년을 살았다. … 삼성이 운영하는 놀이공원에 가보면, 전시에서 이러한 사실이 더욱 강조되는 것을 볼 수 있다. 그들 버전의 '작은 세상'(It's A Small World)에서는[8] '아프리카'를 위협적이고 눈이 큰 정글 인형들로 가득 찬 나라로 특징짓고 있으며, 국제 전시에 포함된 아프리카 유일한 특징은 림보 예술가와 고릴라 정장을 입은 남자이다(surlyduck1).

이 다음 설명은 자민족 중심주의와 인종주의 사이의 밀접한 연관성을 보여 주며, 민족 중심주의나 민족주의가 높은 배타성으로 표현될 때 인종차별이 된다는 개념을 보여 준다.

> 나는 3년 동안 한국에 살고 있는 백인 캐나다인인데, 아직도 흑인들뿐만 아니라 필리핀인, 백인, 그리고 기본적으로 한국인이 아닌 모든 사람들에 대한 엿 같은 인종차별에 충격을 받고 있다. 흑인 분장을 한 케이팝 스타들은 북미인들에게 완전히 모욕적이지만, 한국인들은 여전히 모든 것에 낄낄댈 것이다(Kittentits).

2) 문화적 무지와 동질성

연예인과 미디어의 인종차별적 전시를 용서하지 않는 네티즌들처럼, 다른 진영의 시각도 차별적인 공연의 문제점을 인정하였다. 그러나 그들은 한국인의 문화적 무지, 한국인의 문화의 동질성을 고려하고 공감할 준비가 되어 있었다. 이러한 맥락에서, 일부 네티즌들은 '흑인 연기'가 맹목적으로 완전한 인종주의로 여겨져서는 안 된다고 주장하였다.

---

8 (역자 주) 보트를 타고 세계 각국의 전통의상을 입은 인형들을 구경하는 다크라이드.

미국 백인 대학생들한테도 흑인을 흉내 내는 것은 옳지 않다는 것을 이해시킬 수 없는데, 한 명의 흑인과 언제 마주칠지도 모르고 진짜 운이 좋으면 그들과 짧은 대화를 나눌 수 있는 사람들로 가득 찬 그런 나라의 사람들에게 어떻게 이걸 설명할 수 있겠는가?(Caralain)

일부 비(非)한국인들 또한 한국의 문화적 무지에 대한 사례를 뒷받침할 만한 덜 불쾌한 경험을 보고하였다.

인종주의가 왜왜왜? 나는 케이팝을 좋아한다(2NE1 만세!). 나는 흑인이고, 한국에 가 본 적이 있다. 고맙게도, 작년에 그곳에 두 달간 있는 동안 나는 어떠한 인종차별도 경험하지 않았다. 내가 받은 유일한 짜증나는 관심은 '외국인을 봐!' 였다(나는 백인 두 명과 분명히 한국인이 아닌 다른 아시아인 세 명과 함께 여행을 하고 있었다)(musicalfashionninja).

케이팝에 대한 그의 사랑과 상관없이, 그의 인종차별 무경험에 대한 동료들의 영향을 측정하기는 어렵다.

아프리카계 미국인들은 불공평하고 한국인들의 문화적 인식에 과잉 반응한다

TV 퍼포먼스를 강조하면서, ComeOn이라는 이름의 네티즌은 사회경제적 맥락에서 TV 퍼포먼스의 부적절성을 고려해야 한다는 사실에 초점을 맞추었다. 또 다른 네티즌에게도 이러한 사회경제적 맥락은 중요하였는데, 다른 맥락에서 보면 한국의 부적절함은 세계 다른 곳에서도 일어나는 인종차별의 또 다른 예가 될 뿐이기 때문이다.

> 슬픈 것은 흑인들이 항상 아시아인들을 놀린다는 것이다. 솔직히 말해서, 사람들은 (적어도 미국에서는) 아시아인들에게 가장 인종차별적이다. 흑인들은 단지 그들의 역사 때문에 이런 것들을 보면 너무 쉽게 화를 낸다. 백인이 흑인을 놀리면 살해 위협을 받고 해고당한다(fthismotherf[…]er).

일부 네티즌들은 또한 한국의 연예인들이 그러한 '문제적' 공연에 대한 아이디어를 아프리카계 미국인의 촌극에서 얻었다고 이야기하며 한국 미디어에서 나타나는 블랙페이싱을 비난하기를 거부하였다.

> 그들 중 대다수가 TLC, Snoop, Dre 등을 들으며 자랐다. 그 결과 흑인 가수들은 종종 한국/아시아에서 공연을 한다. 그 쇼들은 연예인들이 출연하고 많은 촌극을 한다. 그것은 그룹 멤버들과 다른 사람들을 놀리는 촌극과 같은 토크 쇼 같은 것이다(PierceTheVin).

이러한 견해는 왜 한국 연예인들이 블랙페이싱을 예능 선택지로 계속 사용하는지에 대한 몇 가지 가능성을 제공한다. 다른 네티즌들은 한국인들이 흑인들에 노출되지 않았다는 증거로 한국인들이 한국인이 아닌 다른 인종에 어떻게 반응하는지 예를 제시함으로써 블랙페이싱 사건을 설명하려고 하였다.

> 나는 한국에서 가르치고 있고, 어린아이들이 내 파란 눈을 가짜라고 생각해서 만지려고 한 적이 있다. 내 학생들은 내가 흑인 사진을 보여 줄 때마다 재미있다고 생각하는데, 왜냐하면 그들은 그들의 삶에서 흑인들을 자주 보지 못하기 때문이다(deedub).

이러한 '너그러운' 네티즌들은 문화적 무지와 노출 부족을 탓하였고, 한국인들이 차별적인 태도를 극복할 수 있도록 다문화 시대에 배우고 적응할 수 있는 시간이 좀 더 필요하다는 것을 지적하였다.

> 나는 이것이 시간이 지남에 따라 개선될 것이라고 생각하지만, 많은 사람들이 이 문제에 대해 모든 한국인 또는 아시아인에 대한 판단을 보류할 것을 촉구한다. – 아직 많이 성장해야 하지만, 성장은 일어나고 있다(Ari Schwartz).

마지막으로, 한국인의 인종적 부적절성에 대한 비판을 촉발시킨 사건들 중 케이팝 그룹에 의한 블랙페이싱 사건이 핵심으로 지적되어야 한다. 2003년 4명의 여성 보컬리스트로 구성된 버블 시스터즈가 완전한 블랙페이스 분장을 하고 데뷔하였다. 그들은 자신들이 다른 케이팝 걸그룹들보다 덜 매력적이라고 생각하였고, 그들만의 '강점'을 마케팅하기로 결정하였는데, 그것은 그들의 노래 실력이 몇몇 뛰어난 아프리카계 미국인 가수들만큼 훌륭하고 그들의 외모가 "아프리카계 미국인들처럼 못생겼다"는 것이었다(아이러브피아노 2014. 9. 8 접속). 실제로 그들은 블랙페이스가 그들의 셀링 포인트라고 믿었다(Soompi Forums 2014. 9. 8 접속). 버블 시스터즈의 부적절한 행동은 이후 다른 케이팝 그룹 및 솔로 가수들에게서 지속되고 있어 비판을 불러일으켰다.

5. 논의 및 나가는 말

나는 한국 미디어에 등장하는 '흑인 연기'에 관한 논쟁들에서 발견한 결과를 제시하였다. 이 문제에 관심이 있는 네티즌들은 이 주제에 대한 대중적 담론에 관심을 가질 것이다. 그것은 사회 현실의 실제적이고 경험적인 영역을 다루는 즉각적으로 관찰 가능한 요소들이다. 일부 논쟁들은 제한적이었지만 충분한 정보를 제공하였고, 근본적인 사회문화적 및 경제적 요인이 무엇인지를 보여 주었다. 이 절에서는 이러한 관점 중 몇 가지를 사실주의적 관점에서 보다 넓은 한국 사회 및 역사적 맥락 안에서 이해하고자 한다.

온라인 토론을 통해, 네티즌들은 한국의 민족적 편견에 대한 다양한 의견들을 공유하였다. 그것은 사회화 및 해당 문제에 대한 학교 교과 과정 부족을 통해 세대 간에 촉진되는 편견으로 보인다(박노자 2002a). 단일 인종 유산에 대한 한국인들의 믿음을 강화하고 외국인들의 수용 범위 밖에 두었던 '순혈' 민족주의 이데올로기는 지난 세기 한국인들이 걸어온 고립된 역사적 경로와 함께하였다. 이 기간 동안 한국인들은 19세기가 시작되기 훨씬 전에 미국, 일본, 중국, 러시아뿐 아니라 동남아시아 이민자들과의 접촉을 고려할 때 인종 간 결혼이나 이민의 가능성에 노출되었다. 수 세기 전에 많은 수의 인종 간 결혼이 이루어졌다는 사실은 한국 대중들에게 알려지지 않았다. 한국인이 단일민족이라는 자부심과 더불어 비한국인에 대한 편견도 1990년대에는 거의 관심의 대상이 되지 않았다.

1990년대는 한국이 세계와 처음으로 '진정한' 대중적 교류를 목격한 시기였으며, 한국의 인종적 편견은 그 이후 한국이 경제 호황기를 누리는 동안 명백하게 표면화되었다. 1930년대의 일본인이나 또는 1960년대 아프리카계 미국인 군인의 역할은 1990년대 한국에서 동남아시아 및 아프리카인 노동자의 역할과 다르며, 1990년대 이전에 '인종차별주의자'로 간주되던 것은 1990년대 이후와 같지 않다. 동남아시아 국가들과 중국을 방문하는 한국인들의 인종차별적 행동에 대한 보도는 개발도상국 출신의 외국인 노동자에 대한 한국인의 학대에 대한 설명과 마찬가지로 한국 미디어에 의해 자주 다루어졌다.[9]

최근에는, 한국인들에 의한 인종차별에 불만을 품은 노동자들과 피해자들이 블로그 등 온라인 플랫폼에 그들의 걱정을 올린다.

1990년대부터 한국 국내외의 인종적 편견에 대한 보고들이 많아졌다. 2000년대 들어 김영삼 전 대통령이 한국이 해야 할 모든 일에서 세계화를 추진하고 끊임없이 상기시키면서(허율철·박홍원 2010), 대부분의 한국인들이 다른 사람들을 대할 때 인종적 편견을 피할 필요가 있다는 것을 인식하게 되었다. 경제적 풍요로 인해 많은 사람들이 해외여행을 갈 수 있게 되었기 때문에 이것은 필요한 일이었다. 정부 통계에 따르면, 2005년에서 2012년 사이 1,000만 명 이상의 한국인들이 해외로 여행을 떠났다. 같은 기간 한국에 입국한 외국인도 연간 600만에서 1,000만 명에 이른다.[10] 2000년대 후반에는, 한국 4년제 대학생의 약 7%가 졸업 후 취업 전망을 높이기 위해 영어를 배우면서 6개월에서 12개월을 해외에서 보냈다. 약 5%의 중고등학생들도 해외에서 영어 공부를 하며 방학 기간을 보냈다. 이러한 여행 기회는 한국인들이 다른 사람들과 마주치고 그들에 대한 인식을 형성하거나 수정할 수 있게 해 주었다(류지영 2012).

여기서 제기할 유용할 질문은 김충순이 암시한 바와 같이 한국이 부족주의 국가인지 민족주의 국가인지 여부일 것이다(Kim 2011: 70). 존 네스빗은 다음과 같은 정의를 내린다.

> 민족주의란 … 국가가 국제적 원칙이나 개별적인 고려사항보다 더 중요하다는 믿음이다. 제2차 세계대전은 이탈리아와 독일의 민족주의를 종식시키고 서구의 민족주의 세력을 크게 약화시켰다. 부족주의는 민족, 언어, 문화, 종교, 또는 20

9 「전 세계 누비는 '불쾌한 한국인'」, 『시사저널』 1990년 10월 4일자.

10 「입국 관광통계」, 관광지식정보시스템(2014. 9. 8 접속).

세기 후반 직업 등을 중심으로 자기자신과 같은 동족에 대한 충실함을 믿는 것이다. 그리고 이 믿음은 번성하고 있다(John Naisbitt 1994: 19-20).

나는 민족주의와 부족주의는 다르지만, 두 가지가 필연적으로 연속선상에 있다는 것을 지적하고 싶다. 부족주의는 만약 그것이 충분히 발달하였다면, 틀림없이 민족주의의 한 형태이며, 극단적인 형태의 부족주의의 모습들은 민족주의의 그것과 크게 다르지 않을 것이다. 그럼에도 불구하고, 미디어에 나타난 한국의 민족주의가 부족주의와 유사하다면, 이는 한국인들이 민족 간 교류에서 야기되는 잠재적인 우려와 문제들을 문화적으로 거의 인식하지 못하고 있다는 것을 시사한다. 그러나 나는 한국의 민족주의를 부족주의의 한 형태로 보기는 어렵다고 생각한다.

최근 다른 사람들, 특히 개발도상국 사람들에 대한 미디어를 통한 인종적 편견이 표면화되면서 다음과 같은 질문이 제기되었다. 지난 수십 년 동안 어떤 중요한 변화가 이것을 초래하였는가? 나는 한국인들이 다른 사람들에 대해 그들의 편향된 입장을 과시하고 심지어 탐닉할 수 있는 플랫폼을 제공한 것은 사회문화적·정치적 변화를 동반하는 경제적 성공 – 즉, 졸부적 민족주의 – 이라고 주장한다(Han 2012). 경제적 성공은 신자유주의와 극심한 경쟁, 그리고 패배자들 또한 굴욕을 얻는다는 생각과 맞물리는 경향이 있다. 이러한 '현실 매스 미디어'의 시대에는, 즉각적인 만족 및 대중적 치욕의 문화가 일상적인 이데올로기가 되었다.

1990년대 이후, 한국 대중들은 – 종종 미디어에 의해 보도되고 전시되는 – 외국인 유학생과 노동자들에게 차별적인 태도를 보여 왔다. '다른 사람들'에 대한 묘사와 논쟁은 미디어 공연과 보도의 일부가 되었다. '다른 사람들'

은 이제 그들과 함께 공부하고, 일하고, 그들과 출퇴근을 함께 하는 한국인들에게 일상생활의 필수적인 부분이다. KBS 2TV는 2006년부터 2010년까지 12명의 외국인 여성들과 매주 진행하는 글로벌 토크 쇼(「미녀들의 수다」)를 진행하였으며, 외국인 여성들의 한국 문화 경험과 그들의 고국 문화에 초점을 맞춘 대화를 나누었다. 한국 음악, 코미디 그리고 TV가 이제 국내와 국제 관객들에게 다가옴에 따라, 블랙페이스 행위에 탐닉하는 한국 연예인들과 케이팝 인사들은 이전과는 달리 국제적인 감시를 받게 되었다. 케이팝과 한국 대중문화는 인종적 태도를 포함하여 현대 한국인을 상당 부분 대변한다. 한국인들은 이제 세계화된 환경의 일부이지만, 그들의 미디어 콘텐츠와 다른 사람들과의 상호 작용이 세계화되는지 아닌지는 두고 볼 일이다.[11]

11 「케이팝, 한류 인종차별 문제에 직면하다 – 다락방 잡동사니」, 티스토리 블로그(2012. 3. 11 게시).

제9장

결론을 대신하여

구조와 행위자에 관한 논쟁은 인간관계와 역사를 이해하기 위한 오랜 사회과학 탐구의 일부이다. 그것은 무엇이 사회 현상을 일으키는지, 그것이 어떻게 지속되거나 퇴색하는지, 그리고 그것이 어떻게 다른 사회 요소들과 연계되어 또 다른 사회 현상을 가져오고 인류 역사에 기여하는지를 이해하는 것의 핵심이다. 나는 구조와 행위에 대한 토론이 가장 유용한 출발점일 뿐만 아니라 사회 현상을 이해하는 데 있어 풍부하고, 가능하며, 정교한 이론적 관점이라는 것을 알게 되었다. 게다가, 나는 비판적 사실주의가 오랜 논쟁에서 발전한 가장 유용한 전통이라는 확신을 갖게 되었다. 비판적 사실주의의 몇 가지 핵심 전제는 다음과 같다. (1) “구조는 반드시 그것을 변화시키는 행위자(들)에 선행”한다. 그리고 (2) “구조적 정교화는 반드시 그러한 행위들에 후행한다”(Archer 1995: 168). 이것은 구조와 행위자에 관한 사회 변화의 정확한 버전으로, 아처의 다음 네 가지 명제와 한국 사회에서 지속되는 인종차별에 대한 나의 주석으로 자세히 설명할 수 있다. 구조와 행위자는 추상적인 개념이다. 이 두 가지를 분리할 수 있는지에 대한 논쟁은 계속되고 있다. 엄격한 분석을 위해, 나는 구조와 행위자에 대한 분석적 이원론을 따랐다. 한국 다문화주의의 발전과 차별의 지속을 구조적 수준의 정책과 정부의 노력을 통해 보다 구체적으로 살펴보면 다음과 같다.

첫째, “사회 구조 내부와 사회 구조 사이에는 내적으로 필연적인 관계가 있다”(Archer 1995: 168). 한국 사회에서 다양한 차별 메커니즘이 작동하는 방식들에는 밀접한 유사성이 있다. 그것은 단지 일할 수 있는 기회의 영역이 아니라 의료, 복지 및 교육과 같은 다른 영역들 모두에서 “외국인들의 삶의 기회를 차별하기 위해 작동한다.” 한국 정부는 새로운 한국인을 통제하고 새로운 나라에서 그들의 삶을 활성화하기 위해 이민 정책을 도입하였다. 그러나 구조적 수준, 즉 정부 부처의 정책 내 및 정책 간 긴밀한 교차점이 부족하다. 예를 들어, 정애란에 따르면 정부 정책은 결혼 이민자들에게 "목표된 통합 프로그램을 통해 문화적으로 정치적으로 동화되도록" 압력을 가하고, 이주 노동자들은 "임시 계약이 만료된 후에 출국할 것으로 예상된다"(Chung 2010: 694). 이는 한국 사회의 관점에서 외국인을 통제하거나 외국인의 존재에서 이익을 극대화하기 위해 집단마다 다른 초점이 있음을 보여 준다.

한승준·박치성(2011)은 결혼 이민자에 대한 이민 정책이 특히 그들의 권리를 촉진하는 데 중점을 둔 반면 이주 노동자에 대한 이민 정책은 그들의 권리를 통제하는 데 중점을 두고 있다는 것을 발견하였다(Husband 2003 참조). 이들은 두 집단 모두 '돌봄과 배려'가 필요한 약자들로 구성되어 있다고 주장하였다. 나는 한국 국민들과 정책 입안자들이 다문화주의에 대해 사려 깊은 접근을 하지 않고, 그것이 세심하게 기억되고 실행되지 않는다면 한국에서의 발전은 좌절스러울 정도로 느릴 것이라고 생각한다.

둘째, "인과적 영향은 사회 구조(들)에 의해 사회적 상호 작용에 영향을 미친다"(Archer 1995: 168). 인과적 또는 구조적 요인들은 개별 행위자들의 행동으로 강하게 전환된다. 사람들은 주어진 구조 내에서 행동하면서 일반적으로 외국인과 같은 소수 민족의 이익에 유리하지 않은 주어진 환경을 최대한 활용한다. 그러나 '한국식 다문화주의'를 수정하기 위한 많은 정책들의 수립에도 불구하고, 구조적 그리고 정책적 변화와 실행은 꼼꼼하게 이루어지지 않고 있다. 따라서 구조적 변화의 영향은 외국인들이 기대하는 것이나 다수의 국민들이 다문화주의에 대해 이해하는 것에 있어서 그렇게 크지 않다.

셋째, "사회적 상호 작용 수준에서 집단과 개인 사이에는 인과관계가 있다"(Archer 1995: 168). 개인 행위자에는 여러 유형이 있는데, 일부는 변화를 위한 사회운동을 주도하고, 다른 일부는 현상 유지를 옹호하기 위해 기존 관행들을 영속시킨다. 이러한 움직임과 행동들은 '사회적 상호 작용'의 일부이다. 의심할 여지없이 많은 친(親)이민 단체와 활동가들이 외국인 거주자들에 대해 사회적·법적 지원을 제공하고 있다. 그러나 대다수 한국인은 기껏해야 외국인 노동자나 거주자에 대한 지원 정책에 무관심하거나 적극적으로 반대하고 있다.

넷째, "사회적 상호 작용은 현재의 내부적이고 필요한 구조적 관계를 수정하고 형태 형성(morphogenesis)과 관련된 새로운 관계를 도입함으로써 사회 구조의 구성을 상세하게 설명한다. 대안적으로, 사회적 상호 작용은 형태 안정(morphostatis)이 적용될 때 기존의 내부적이고 필요한 구조적 관계를 재생산한다"(Archer 1995: 168-169). 특정 실천들(예: 외국인에 대한 차별)을 바꾸려는 개별 행위자의 의도가 충분히 결정되고 효과적이라면, 이것은 문화 및 사회 구조에 반영될 것이다. 개인 행위자의 의도는 현재의 차별 관행을 보호하는 것일 수 있다. 이는 대부분의 인구에게 쉬운 선택인데, 부분적으로 그들이 대안을 잘 알지 못하거나 변화로 인한 잠재적 혼란을 원하지 않기 때문이다. 대다수 사람들의 이해와 행동에는 상대적으로 변화가 제한적이기 때문에, 제한된 변화는 사회 구조의 구성에 정교하게 설명된다. 전반적으로 현상 유지가 우세하다.

이 책의 연구 결과는 행위/구조 논쟁, 그리고 행위/구조의 상향, 하향 및 중심 결합과 관련해 아처의 형태 발생/형태 형성(Morphogenesis/Morphostasis, M/M) 또는 바스카(Bhaskar)의 전환적 사회행위 모형(TMSA)에 대해 무엇을 말하고 있는가? 인구학적으로 다문화적인 한국에서 한국의 사회문화적 맥락의 영향을 받는 구조적 우위가 압도적으로 나타나고 개별 행위자의 높은 비율이 기존의 전통을 기꺼이 감수하고 있어, 사회 현상이 어떻게 발현되는지에 대해서는 '상향적 결합'의 경향이 강하다. 개별 행위자가 자신의 이니셔티브를 구조 수준에 포함할 여지가 거의 없다. 차별적 문화를 극복하기 위한 방안으로는 보다 적극적인 정부 정책과 비정부기구(NGO)들의 활발한 노력이 필요하며, 이로써 합리적으로 빠른 변화를 가져올 수 있을 것이다. 이것은 개별 행위자가 지원 정책의 틀이 수립될 때까지 기다려야 함을 의미하지는 않는다. 사실 나는 비교적 제한된 비율의 한국 지식인들과 정책 입안자들이 더 나은 성숙한 다문화주의를 위해 기꺼이 관심을 표명할 것이라고 주장한다. 이것은 부분적으로 신자유주의의 규칙 아래 현재의 지배적인 지적 전통을 반영하는데, 대다수 지식인들은 공공의 이익과 기여보다는 개인적인 이익에 의해 움직인다. 사실, 이것은 현대의 한국 대학들이 다른 나라의 대학들과 마찬가지로 그들의 노동자들, 즉 학식과 지식인들을 통제하고 요구하는 방식이다. 군사정권을 무너뜨리고 시민 민주주의를 가져온 사회운동의 주역이었던 한국 대학생들은 어떨까? 오늘날 한국 대학생들은 졸업 후 취업을 보장받기 위해 일련의 자격과 증명서를 잘 갖추고 있어야 한다는 압박을 그 어느 때보다 많이 받고 있다. 대학생들이 자신들의 절박하고 실존적인 필요에 몰두하고 있는 동안, 외국인 노동자들이 겪는 투쟁과 불공평한 처우는 학생들이 당면한 관심사 밖의 일일 수 있다.

사회적 행위자들과 인간들은 "그들이 태어난 사회 - 문화 체계의 행위자들(동일한 위치나 상황에서의 집단 혹은 집합체들)이며, 마찬가지로 그들은 그들이 변형시키는 체계적 특징들의 행위자들이다(왜냐하면 집단들과 집합체들이 그 과정에서 변형되기 때문이다)"(Archer 1995: 257). 따라서 사람들은 주어진 구조에 영향을 받고 형성되지만, 더 좋은 것으로든 나쁜 것으로든 그것을 바꾸고 수정할 수 있는 사람들이기도 하다.

나는 한국의 민족주의와 '순혈주의'가 최근 수십 년 동안 어떻게 작동되어 왔는지에 대해 논의하였다. 한국의 민족주의는 때때로 소수의 이익 집단의 이익을 위해 악용되었다. 그러나 한국 민족주의에 대한 어떤 비판도 교각살우의 우를 범하고 싶어 하지 않을 것이다. 한국의 민족주의는 1997-1998년 아시아 경제 위기 당시 일본 제국주의에 대한 투쟁, 북한 침략에 대한 투쟁, 독재 정권에 대한 학생운동 및 한국 경제를 구하기 위한 공개 캠페인과 같은 여러 경우에서 국가의 공동선에 중요하고 긍정적인 요소였다. 한국의 민족주의가 얼마나 긍정적인지는 논쟁의 여지가 있지만, 예를 들어 금모으기 운동은[1] 많은 사람들이 한국 사회의 사회 자본과 사회적 응집력의 수준이 여전히 높다는 것을 깨닫는 데 도움을 주었다. 따라서 문제는 어떻게 한국의 민족주의를 버릴 것인가 하는 것이 아니라 어떻게 수정하고 표출하여 한국의 민족 정체성 발전에 기여할 수 있느냐 하는 것이다. 폭넓은 방향으로 나아가기 위한 한 가지 제안은 한국 민족주의가 한국 고대사와 현대사에 대한 자기반성이 필요하다는 것이다. 또한 지구화된 세계의 다양한 문화와 민족을 수용하는 방향으로 바뀌어야 한다(Husband 1996, 1998; Shin 2006; 김경일 2006: 515에서 재인용).

1 "Koreans Give up Their Gold to Help Their Country," *BBC News* 1998년 1월 14일자.

긍정적인 방향으로 나아가고 있는 한국 다문화주의?

교육이나 미디어 같은 많은 분야에서 차별적인 문화와 싸우기 위한 노력이 계속되고 있다. 예를 들어, 「깜근이 엄마」(2006)는 한국인 아버지와 필리핀인 어머니 사이에서 태어난 '코시안' 소년 명근의 다문화 경험을 그린 2부작 TV드라마이다. 깜근은 명근의 별명으로, 말 그대로 피부가 검은 명근이를 가리킨다. 명근이를 낳은 떼레시따(Teresita)는 산후 우울증을 앓고 필리핀으로 돌아가기로 결심하였다. 이야기는 깜근이의 아버지인 상목이 한국 여자인 도순과 재혼하면서 전개된다. 도순은 피부가 까무잡잡한 아이의 존재 때문에 상목과의 결혼을 꺼렸고, 깜근이와 도순은 처음에는 서로 좋아하지 않았다. 깜근이는 종종 다른 아이들에게 놀림을 당해서 집 안에서 축구공을 가지고 놀았다. 국내 및 국제상을 수상한 이 드라마는 깜근이를 다른 한국 소년들처럼 묘사하고 있다. 이 드라마는 국제결혼과 그 자녀들에 관련된 미묘한 인종 간 관계를 훌륭하게 표현해 많은 한국인들의 심금을 울렸다.

외국인에 대한 차별과 관련된 한국 민족주의의 주제는 지난 10년 동안 대학 입시에서 가장 흔한 세 가지 논술 주제 중 하나였다.[2] 예를 들어, 다음과 같은 질문이 제시된다.

> 혼혈인에 대한 차별이 극심하다는 것은 명백하다. 이것은 노무현 대통령이 "하인스 워드가 한국에서 자랐다면 성공하였을지 확실하지 않다"고 말하였을 때 분명해졌다. 이러한 이유로 한국 사회가 바뀌어야 하고, 혼혈인에 대한 대중의 인

2 「논술고사에 나올 만한 주제 3가지」, 대입 정보 게시판, 유웨이 웹사이트(2006. 6. 19 게시).

식이 피부색이나 외모보다는 장점에 따라 다루어져야 한다는 주장이 나온다. 혼혈인에 대한 차별 문화가 존재하는 이유와 그러한 문화를 없애기 위해 어떤 노력을 기울여야 하는지에 대해 논하시오(유웨이 웹사이트, 2006. 6. 19 게시).

『동아일보』의 한 사설은 "다민족 사회 환영해야 강한 나라 된다"고 주장한다.[3] 차별적인 문화와 행동은 그것을 없애기 위해 한국 사회와 한국 국민들이 어떤 노력을 하든지 간에, 차별은 앞으로 몇 년 동안 없어지지 않을 것이다. 이것은 바람직하지 않은 오래된 문화들이 잘 죽지 않는 속성 때문이다. 많은 바람직하지 않은 문화들은 "인종차별주의 및 성차별주의와 같이 그것들을 바꾸려는 현재의 행위자들의 필사적인 노력에도 불구하고 현재의 구조에서 계속 특징지어질 것이다"(Archer 1995: 147). 그러나 우리가 변화에 대한 작업에 착수하지 않는다면, 차별적인 문화와 행동은 방해받지 않는 한 끈질기게 지속될 것이다. 한국 다문화주의의 예리한 관찰자인 박경태에 따르면, 수년간 인권단체와 언론 등의 노력으로 우리 사회가 다문화 사회로 넘어가야 한다는 경각심을 불러일으키긴 하였지만 여전히 부족한 것이 현실이다. 그는 계속해서 "진정한 다문화 사회는 국가의 공식 입장이나 일방적인 선언으로만 존재하는 것이 아니다. 서구나 백인의 눈으로 세상을 바라보는 것을 멈추고 우리의 눈으로 보고 그들의 목소리로 배워 우리가 변하는 것이 진정한 다문화"라고 주장한다.[4]

'꺄르르'라는 블로거는 한국의 차별 문화를 날카롭게 관찰한다. 꺄르르는 지역주의, 성차별주의 인종차별주의 등 한국 문화에 관심이 많다. 그러나

3 「'多민족 사회' 환영해야 강한 나라 된다」, 『동아일보』 2006년 4월 4일자.
4 「책과 세상: '소수자와 한국 사회' 한국의 소수자, 그들은 오늘도 운다」, 『한국일보』 2008년 3월 3일자.

그가 더욱 걱정하는 것은 어떤 변화도 보여 주지 못하는 사람들의 인식과 사고 패턴의 본질이다. 그는 인종차별이 단순히 '잘못된' 지식과 정보를 습득한 결과만은 아니라는 것을 지적한다. 미디어를 통한 교육, 독서 및 적절한 캠페인은 비교적 짧은 기간 동안 효과적이지 않을 것이다. 그렇다면 우리 앞에 놓인 중요한 문제는 '새로운' 한국인들에 대한 적대적 태도를 낳는 한국인의 인식과 사고 패턴을 어떻게 바꿀 것인가 하는 것이다(Balibar 1994).[5] 이러한 점들은 부당대우와 인종차별의 본질이 복잡하다는 것을 증명한다. 그럼에도 불구하고, 나는 (특히 어릴 때부터) 교육과 미디어를 통한 캠페인보다 더 나은 구제책이 떠오르지 않는다. 단순히 더 많은 규제를 만들기보다는, 사람들이 새로운 이웃에 대해 새로운 인식, 관용 및 사고 패턴을 개발하도록 자극하고 도전하는 것이다. 이를 위해서는 제도적·구조적 차원에서 대중의 리더십과 교육이 필요하다.

여기서, 나는 왜 이 책을 썼는지 되돌아보고 싶다. 우선 경제협력개발기구(OECD) 회원국 중 상대적으로 후발국인 한국이 한국인들의 부지런한 노동, 전략적 계획, 우연한 국제관계를 통해 한국전쟁의 잿더미에서 빠르게 벗어난 국가, 그리고 국민들의 노고를 인정하고 공평하게 보상하는 국가로서 모범적인 선진국으로 성장하는 것이 한국계 호주인으로서 내가 갖는 강한 바람이었다. 많은 한국인들이 여전히 희망하는 특성 중 하나는 삶의 기회 측면에서 가진 자와 가지지 못한 자 사이의 격차가 줄어드는 것이다(김낙년 2012; 김낙년·김종일 2013). 그것은 열심히 일하고 정직하게 일하는 것이 현재보다 더 나은, 완전히 충분하지는 않더라도 보상을 받는 상황을 필요로 할 것이다. 그것은 또

5 「황민우, 한국의 두려운 미래를 보여 준다」, 꺄르르, 오마이뉴스 블로그(2014. 11. 27 게시).

한 더 공정한 사회에서 기대할 수 있는 '상식'이 지배적인 곳이기도 하다. 그러나 제2장과 책 전반에 걸쳐 언급하였듯이 한국 인간관계의 가장 보편적이고 문제적인 특징들이 적절히 해결되고 있다는 징후는 거의 없다. 청년 실업률이 계속 높아지고 있다. OECD 국가 중 1인당 자살자 수가 가장 많은 국가는 한국이다.

한국의 법인세와 개인 소득세율은 다른 OECD 국가들에 비해 현저히 낮다. 한국인들은 새로운 한국인들과 함께 번영하는 국가의 혜택을 누리고 싶다면 더 많은 세금을 낼 준비가 되어 있어야 할 것이다. 격차를 줄이고 이용가능한 자원을 공유하려는 의지의 이점은 분명 일시적인 손실보다 클 것이다. 한국의 사회적·경제적 발전의 현재와 미래의 혜택은 새로운 한국인뿐만 아니라 한국에서 태어난 모든 장기 거주자들에게까지 확대되어야 할 것이다. 복지 국가의 이러한 개념은 다양한 연구자들과 정책 입안자들에 의해 검토될 필요가 있다. 비록 한국이 세계화의 압력과 신자유주의의 광범위한 영향으로부터 자유로울 수는 없지만, 더 나은 복지 국가를 추구할 수 있는 방법들이 있어야 한다. 개인과 정당정치를 위한 단기적 이득보다는 정치적 리더십과 목표 달성에 대한 의지가 필요하다. 고위 관료들이 자신의 공직에 길을 터준 소수의 친구들과 CEO들을 위해 주요 프로젝트를 기획하고 실행하는 그런 리더십이 되어서는 안 된다. 수십 년 전에도 여러 차례 그러하였듯이, 한국 사회는 기로에 서 있다. 길 건너편으로 건너가는 것을 늦출수록 원하는 선로로 돌아가는 데는 더 오랜 시간이 걸린다.

다문화주의에 관한 담론은 언론, 정부 및 학계의 세 가지 주요 경로에서 발생한다(Ahn 2013: 32). 그들 모두는 한국의 다문화주의 발전에 심각한 영향을 미칠 수 있다. 비공식적·공식적 교육 기관뿐만 아니라 가정에서의 교육이 특히 중요할 수 있다. 그러나 명백한 차별이나 교육 부족이 있는 중요한 이유는 이 문제에 대한 높은 수준의 리더십 부족 때문이다(오경석 2009). 다문화 서비스는 일상적인 상호 작용에서 이민자의 즉각적인 그리고/또는 표현적인 요구를 충족시키기보다는 주로 도구적 서비스에 관한 것이다. 이는 대다수의 한국인들이 이민자들의 요구를 어떻게 인식하고 있는지에 대한 것이기도 하다. 한국의 다문화주의는 주로 정부에 의해 추진되고 있으며, 정부는 보다 넓은 사회적 맥락에서 다문화주의의 정착에 적극적으로 관심을 갖지 않고, 그들의 다른 문화를 수용하고 새로운 한국인으로서의 권리를 보호하기보다는 주로 '외국인'을 한국 사회에 동화시키는 데 초점을 맞춘 고립된 관심사를 갖고 있다(오경석 2009: 14). 영향력 있는 싱크탱크인 아시아정책연구원은 전국 다문화 프로그램의 54.4%가 '타인'을 한국 문화에 동화시키는 데 주력하고 있으며, 20% 미만의 프로그램이 한국인이 가진 '타인'과 그들의 문화에 대한 인식을 높이는 데 초점을 맞추고 있다는 사실을 발견하였다.[6] 이완 아시아인권문화개발원장은 한국 사회가 이주 노동자로부터 노동력을 끌어내고 외국인 신부를 데려와 저출산 문제를 해결하려 하였다며, 한국 사회는 이들 새로운 한국인들을 부분적으로만 환영하였을 뿐이라고 주장한다. 그는 또한 무엇보다도 한국인들이 새로운 한국인들을 온전하고 동등한 인간으로 대해야 하며, 그렇지 않으면 외국인들에 대한 차별이 계속될 것이라고 지적한다(『주간경향』 2015. 1. 13).

이 책에 그려진 모든 암울하지만 실재적인 그림에도 불구하고, 변화의 가장 큰 희망은 이 책에서 분석되고 제시된 문제에 대해 기꺼이 보도하고자 하

6 「표지이야기: 다문화 사회 역행하는 외국인 차별」, 『주간경향』 2015년 1월 13일자.

는 언론인과 언론사가 많다는 것이다. 독자와 상호 교감을 유지하는 미디어는 다양한 범위의 새로운 한국인들을 포함하여, 새롭게 정착하거나 소외된 사람들에 대한 태도를 기꺼이 재고할 수 있는 미디어 수용자들이 있다는 것을 보여 준다. 그럼에도 불구하고, 미디어가 새로운 한국인들의 문화 간 경험에 대해 대중에게 이야기하는 것과 한국 대중들이 그들의 '바람직한' 생각을 그들의 일상적 상호 작용으로 기꺼이 전환시키려는 정도 사이에는 차이가 있을 수 있다. 다시 말하지만, 심각하게 부족한 것은 대부분의 영역들의 상위 수준, 즉 정부와 고용주(특히 중소기업협회)에서의 명확한 리더십이다(설동훈 2002: 351). 정상으로부터의 리더십의 초점은 주로 관료적 통제에 관한 것이 아니라 외국인과 관련된 풀뿌리 운동을 촉진하는 것에 관한 것일 수 있다(오경석 2010: 219). 다문화주의를 옹호하는 또 다른 강력한 집단은 중소기업협회와 싸우고 있는 NGO들이다. NGO는 종종 미디어의 지지를 통해 국제 사회의 지원을 받았다. 그러나 이러한 시민운동과 행동은 정부가 건설적으로 대응하지 않는 한 제한적이다. 설동훈(2002)의 주장처럼 한국 정부는 '잘못된' 정책을 법제화하고 '잘못된' 방식으로 시행하고 있다. 한국 정부가 '옳은 일을 하는 법'을 배우지 않는 한, 실수는 반복될 것이다. 설동훈의 해법은 단순히 정부가 '기존 규칙을 고수하는 것'으로 시작하는 것인데, 이는 유엔(UN)과 국제노동기구(ILO), 즉 유엔의 「모든 이주 노동자와 그 가족 구성원의 권리 보호에 관한 국제협약」(1990)과 ILO의 「이주 노동자 협약」(1949: No.97)이다.

중국, 독일, 일본, 호주, 미국에는 외국인과 신규 거주자를 대하는 방식에 있어 비열한 경향이 많다(조성수 2009b: 118). 하지만 조성수의 말처럼 한국에서 일하는 외국인 노동자들은 3D(더럽고, 어렵고, 위험한) 작업을 버티는 사람들이다. 왜 그들을 지지하지 않는가? 조성수는 또한 반향이 일어날 수 있는 방법에 주목한다(조성수 2009b: 119). 너무 늦기 전에 가능한 한 국내 및 국제 사건으로부터 교훈을 얻는 것이 어떨까? 왜 일부 '나쁜' 역사가 반복되는 것을 막지 않는가?

미국계 한인 4세인 피터 언더우드(Peter Underwood)는 현대 다문화 한국 사회를 비판적으로 관찰한다.

> 미디어는 한국이 다문화 사회임을 당연하게 여기고 있어 웃음을 자아낸다. 한국에서 다문화주의는 어디에 있는가? 한국에 오래 살았던 화교들이 많다. 또한 많은 외국인 신부들이 있다. 한국인들은 그들이 한국인이 된 정도, 한국 문화를 실천하는 정도, 그리고 그들 자신을 '진짜' 한국인으로 변화시켰다는 측면에서 그 한국인들을 평가하는 경향이 있다. 이것은 다문화주의에 관한 것이 아니다. 한 필리핀인이 한국에 와서 기꺼이 자신의 말을 들어주는 한국인들에게 필리핀 문화를 설명해 주면, 이것은 쌍방이 서로의 문화를 이해하는 데 도움이 될 것이다. 이것이 다문화주의다. 한국인들은 우리의 생각을 풍부하게 하고 가용한 인적 자원을 가장 잘 활용하는 대신에 그것들을 한국적인 것으로 흡수하려고 시도한다. 이것은 창의성과 개혁을 막는 나쁜 관행이다(이재영 2013: 96).

나는 한국 문화를 수용하는 한국 내 외국인들을 반대하지 않는다. 또한 나는 새로운 한국인들이 한국적 생활 습관에 더 잘 적응하도록 돕는 한국인들을 반대하지 않는다. 그러나 한국인들이 계속해서 그들 자신의 문화에 우월성을 부여하고 결과적으로 새로운 한국인들에게 가능한 한 빨리 한국적 방식에 동화되도록 강요하는 경향이 있다면 걱정스러울 것이다. 나는 한국의 다문화주의가 그 자체의 난해한 특성을 내포하고 있고 호주나 그 밖의 다른 곳에서의 의미와는 상당히 다르다는 것을 알고 있는 몇몇 호주 학자들을 우연히 만난 적이 있다. 오영호는 한국에서 외국인 신부들과 유학생들과 교류하면서, 다문화가 그들이 가장 싫어하는 단어이며, 한국인들이 '혼혈'과 새로운 한국인을 차별하는 방식에서 실제로 다문화를 혼혈과 동일시한다는 사실을 알고 놀랐다(오영호 2013).

호주의 인종차별 담당 위원인 팀 수트포마잔은 다음과 같이 묻는다. "우리는 호주가 어떤 사회가 되기를 원하는가?"(Soutphommasane 2014). 마찬가지로 모든 한국인과 미래의 한국인 '인종차별 담당자'는 "한국이 어떤 사회가 되기를 원하는가?"라고 물어야 한다. 나는 새로운 한국인들을 압도적으로 포용하고 다른 한국인들처럼 대하는 사회가 되기를 바란다. 이러한 원칙을 바탕으로 모든 국민을 교육하지 않고서는 한국 사회의 미래가 밝을 수 없고 오히려 파멸할 수밖에 없었다.

이 책의 넓은 맥락에서 물어볼 수 있는 몇 가지 중요한 질문이 있다. 첫째, 새로운 한국인과 원주민 사이에 인종차별이 문제가 되는가? 나의 대답은 다음과 같다. 그렇다. 그것은 부분적으로 내집단과 외집단 사이의 불편한 관계에 관한 것이다. 그러나 그것은 한국 사회가 여전히 당분간 계속될 과도기를 겪고 있는 것에 대한 것이다. 한국 사회는 성별, 교육 수준, 피부색, 직업, 출생지 등에 관계없이 시민들이 현재보다 훨씬 나은 삶의 기회에 접근할 수 있는 공정한 사회를 만들어야 할 필요성에 여전히 고심하고 있다(Pineda 2012). 우리는 흔히 삶이 모든 사람에게 공평하지 않다고 말한다. 그러나 어느 민주 국가이든 공정성과 평등을 위해 계속 노력해야 한다. 2014년 세계경제포럼(WEF)이 발표한 『세계 성 격차 보고서』에서 한국은 142개국 중 117위였고, 2013년에는 136개국 중 111위였다. 이들 순위는 최하위에 가깝다. 한국은 또한 경제 참여와 기회, 교육 성취도, 건강과 생존 그리고 정치적 권한 강화와 같은 특정 분야에서 낮은 순위를 기록하였다. 한국이 민주적이고 경제적으로 활기차야 한다는 일반적인 주장에도 불구하고, 여성의 삶의 질을 향상시킬 수 있는 상당한 여지가 있다. 여성의 기회는 남성의 기회보다 현저히 낮다. 사실, 평범한 한국 남성들의 직장생활에 대한 언론의 묘사가 어느 정도 사실이라면, 그들은 잠재된 더 나은 삶의 질의 가능성을 완전히 인식하지 못할 수도 있다. 이러한 맥락에서, 이주 노동자와 외국인 신부 같은 새로운 한국인들의 삶은, 이 책 전반에 걸쳐 제시된 바와 같이 매우 힘들 것이다(손정아 2013).

둘째, 이주민을 차별하는 것은 한국 사회뿐인가? 아니, 그것은 정도의 문제이다. 그것은 사실 알려진 모든 인간 사회의 문제이다. 이 책은 급속하게 산업화된 다문화 국가인 한국에 대한 사례 연구이다. 민족주의의 강한 표출과 외집단에 대한 차별은 만연해 있다. 이러한 현상은 서양뿐만 아니라 일본, 싱가포르, 인도네시아 등 동양에서도 관찰되고 있다. 세계화가 많은 사람들의 이동을 촉진시켜 결과적으로 이민자와 수용국 인구가 서로 더 잘 상호 작용하고 의사소통하는 데 도움이 되었다는 것은 말할 필요도 없다(Castles and Miller 2003; Liu et al. 2011). 그러나 민족주의의 정서와 타인에 대한 차별적 태도는 퇴색하지 않는 것으로 보인다.

다시 말하지만, '졸부적 민족주의'는 한국에 얼마나 독특한가? 이것은 한국에만 국한된 것이 아니라 호주와 같은 많은 부유한 나라들에서 널리 행해지고 있다. 알라스테어 니콜슨 호주 가정법원의 전 대법원장은 새로운 호주인에 대한 호주의 점점 더 적대적인 접근 방식을 관찰한다.

> 역대 정부들이 이 협약들을 국내법으로 수입하지 않음으로써 이 문제를 모면할 수 있었다는 것을 알면 놀랄지도 모른다. 따라서 우리는 이러한 규약과 국내와 공해상에서 그들이 부여한 권리는 무시한 채 훌륭한 국제 시민으로서의 국제적 얼굴을 보여 준다. ….
> 우리가 이런 식으로 학대하는 사람들이 우리와 같은 희망과 포부를 가진 사람들이라는 것을 가슴 깊이 새겨야 한다. 우리는 애봇(Abbotts), 모리슨(Morrisons),

그리고 슬프게도 이 세상의 쇼튼(Shorten)과 같은 사람들에 맞서야 한다 (Nicholson 2014).

한국의 다문화주의의 건전한 발전을 위해 무엇이 필요한가? 나는 다음 목록을 제안한다. 이것은 결코 모든 것을 망라하지 않는다.

1. 정부 정책은 관료들의 실적보다는 어려운 사람들을 위해 결과 지향적으로 실행되어야 한다.
2. 지방정부는 중앙정부의 정책 방향에 전적으로 의존하기보다는 일부 지역적이고 구체적인 정책을 실행할 수 있도록 자치권을 부여받을 필요가 있다.
3. 차별금지법은 더 이상 미루지 말고 조만간 제정되어야 할 것이다.
4. 1951년 난민과 그 가족을 위한 협약과 1967년 의정서를 준수해야 한다.
5. 임금 격차와 노조 활동 면에서 이주 노동자에 대한 차별이 없어야 한다. 그들을 통제하기 이전에 충분한 보상이 제공되어야 한다.
6. 한국 교육부와 학교는 다문화에 관한 교과 과정을 개발해야 하며, 학교와 대학은 이 원칙을 실천하는 데 앞장설 필요가 있다.
7. 미디어는 특히 개발도상국에서 온 이주 노동자와 외국인에 대한 적절한 묘사에 특별한 주의를 기울일 필요가 있다.

다양한 외국인들이 한국 문화를 경험하였고 좋든 나쁘든 한국인들과 교류해 왔다. 의심할 여지없이, 한국인들도 그들의 삶과 세계관이 풍부해졌다. 원어민 강사 100명과 한국인 강사 50명이 있던 영어마을 파주 캠퍼스에서 영어 공부를 하는 13세, 8학년 이준희 양의 일기 발췌본이다.

선생님들이 참 친절하다. 원어민들은 길거리에서 만나면 모르는 사람에게도 '안녕'(Hi)하며 인사한다. 레게머리를 한 선생님이 있는데, 만져보며 어떻게 머리를 감느냐고 물어봤다. 화내지 않고 친절하게 답해 줬다. 남아프리카공화국에서 온 백인 선생님도 있다. 아프리카에는 모두 흑인만 사는 줄 알았는데. 정말 아프리

카에서 왔냐고 했더니, 그렇단다. 흑인 선생님들은 처음에 왠지 무서웠다. 그러나 이제 친근하다.[7]

이 영어 학원은 흑인들이 고용되어 있다는 점에서 특별하다. 그들은 앞서 이 책에서 설명한 것처럼 많은 다른 학교들에서 일자리를 얻지 못하였다. 또한 이것은 인간관계가 대부분의 다른 유형의 인간관계와 특히 다른 교육기관에서 고립된 사례일 것이다. 이것은 어린 나이부터 외국인에 대한 교육과 노출이 큰 차이를 만들 수 있다는 것을 보여 준다. 그러나 지속성과 사회 구조적 및 제도적 지원은 내집단 및 외집단 사이의 조화로운 관계에 부가가치를 제공할 수 있다.

서유럽 국가들의 경제 발전은 오랜 기간에 걸쳐 이루어졌으며, 사회적·정치적 시민권의 점진적인 발전을 수반하였다. 그러나 한국에서 일어난 압축된 경제 발전은 시민들의 사회 정치적·시민적 권리를 경시하였다. 박정희·전두환 독재정권 시절은 물론 1987년 이후 민주통치 시절에도 그랬다. 경제 활성화는 민간 정부의 중심 초점이었다. 1997-1998년 국가 경제 위기와 국제적으로 휩쓸고 있는 신자유주의는 민주주의 및 복지와 같은 다른 필요를 희생시키면서 경제의 중요성이 우세한 분위기를 만들어 왔다. 국가 지도자들은 경제적 성공을 우선시하였고, 그것은 국민들도 요구해 온 것이다(Chang 2011).

이 책의 제목을 통해 전해지는 나의 실질적인 메시지는 경제적 성공은 타인을 차별할 이유가 아니며 피부색이나 인종적 배경 등의 이유로 차별을 받을 만한 사람은 없다는 것이다. "당신이 존경받고 싶은 만큼 다른 사람을 존중하라"는 황금률은 높은 가치를 가지며 설명이 필요 없다. 이것은 모든 인간

7 「주말탐방: 영어마을」, 『서울신문』 2006년 4월 1일자.

이 실천해야 하는 것이다. 누가 이것을 모르겠는가? 하지만 이 원칙이 예외 없이 일반적으로 시행되는 것을 보는 것이 왜 그렇게 어려운가?

사회과학도로서, 나는 최근 수십 년간 한국 사회가 직면한 일련의 문제들은 산업 선진국으로의 전환 때문이라는 것을 읽고 납득하였다. 전환은 얼마나 오래 지속될 것인가? 오랜 기한이 지난 것은 진정한 정치적·경제적 이유와 보다 인간적이고 민주적인 사회를 향한 공동의 노력이다. 그러나 한국 미디어에서 묘사된 바와 같이, 많은 한국인들의 의견은 미묘하게 다른 이념적 신념으로 인하여 동료 한국인들과 화해할 수 없는 것처럼 보인다. 냉전 및 엄밀히 말하면, 아직 전쟁 중인 분단된 한국에서는 이념적 긴장이 팽배하다. 이른바 보수와 진보는 1987년 민주주의가 시작된 이후보다 훨씬 더 건설적인 방식으로 함께 살고 일하는 법을 배워야 한다. 이것은 말처럼 쉽지 않고 매우 복잡하다. 그럼에도 불구하고 이것은 모든 한국인들에게 더 나은 한국을 건설하는 좋은 출발점이다.

강봉석(2008), 「다양한 문화 융합해 새로운 문화 창조」, 『세계일보』 9월 23일자.

강수돌(2004), 「지구적 자본주의와 한국의 이주노동자: 이주노동자의 삶의 자율성과 정체성」, 『실천문학』, 74, 231-246.

강신욱 외(2005), 『사회적 배제의 지표개발 및 적용방안 연구』, 한국보건사회연구원.

강원택(2007), 『한국인의 국가 정체성과 한국 정치』, 동아시아연구원.

강주원(2003), 「탈북자 소수집단에 대한 남한 사회의 구별짓기」, 한양대학교 사회학 석사학위논문.

강준만(1999), 「지역감정과 한국 사회의 거대한 사기극」, 『인물과 사상』, 11, 68-82.

강지영(2007), 「한국인의 의식과 혼혈인의 삶의 연관성에 관한 연구: 〈수취인불명〉, 〈깜근이 엄마〉를 중심으로」, 서강대학교 신문방송학 석사학위논문.

강진웅(2011), 「한국 시민이 된다는 것: 한국의 규율적 가버넌스와 탈북 정착자들의 정체성 분화」, 『한국사회학』, 45(1), 191-227.

고숙희(2009), 「다문화 가족 관련 정부 정책의 변화와 과제」, 한국행정학회 아시아행정포럼·평택대학교 다문화 가족 센터, 『다문화 가족의 정착을 위한 거버넌스 구축방안 발표 자료집』, 99-116.

국가인권위원회(2009), 『이주노동자 권리협약 쟁점 토론회』, 한학문화.

국백령(1991), 「우리는 왜 짜장면밖에 팔 수 없는가?」, 『월간조선』 8월호.

권수현(2011), 「북한이탈주민에 대한 남한 국민의 태도」, 『한국정치연구』, 20(2), 129-153.

권혜경(2012), 「부일시론: 부산 영어마을의 가능성」, 『부산일보』 10월 3일자.

김경일(2001), 『공자가 죽어야 나라가 산다』, 바다출판사.

_____(2006), 「민족과 민족주의를 통해 본 한국 근현대사」, 『역사비평』, 76, 500-517.

김광웅·이봉근(2011), 「북한이탈주민의 "사회적 배제" 에 관한 실증연구」, 『북한연구학회보』, 15(1), 1-38.

김낙년(2012), 「한국의 소득집중도 추이와 국제비교, 1976-2010: 소득세 자료에 의한 접근」, 『경제분석』, 18(3), 75-114.

김낙년·김종일(2013), 「한국 소득분배 지표의 재검토」, 『한국경제의 분석』, 19(2), 1-64.

김동노(2010), 「한국의 국가 통치전략으로서의 민족주의」, 『현상과 인식』, 111, 203-224.

김동률(2003), 「제노포비아의 시대」, 『주간경향』 11월 13일자.

_____(2009), 「한국인의 '3세계 외국인 차별'」, 『파이낸셜뉴스』 12월 30일자.

김동춘(2001), 『독립된 지성은 존재하는가』, 삼인.

김석수(2008), 「상징적 폭력과 전근대적 학벌사회」, 『사회와 철학』, 16, 131-160.

김세은·김수아(2008), 「다문화 사회와 미디어의 재현 – 외국인 노동자 보도 분석」, 『다문화사회연구』, 1(1), 39-73.
김영수(1998), 「대학생 및 고등학생들의 탈북자관 조사」, 『전략논총』, 10, 125-155.
김영숙·우정한(2012), 「다문화 가정의 실태와 지원정책 개선방안에 대한 고찰」, 『다문화콘텐츠연구』, 13, 69-103.
김영용(1989), 「경제적 격차와 호남인의 지역감정」, 『지역감정 해소 방안에 관한 연구』, 전남대학교 지역개발연구소, 35-59.
김우영(2009), 「다문화 사회의 삶의 능력을 개발해야 한다」, 『전북도민일보』 7월 6일자.
김재민(2013), 「사회적 소수자로서의 해외입양인」, 『민주주의와 인권』, 13(1), 237-272.
김종철(1991), 「지역감정과 한국정치」, 『월간 말』, 66, 44-51.
김철수(2013), 「인천시론: 차별과 편견을 넘어」, 『경기일보』 9월 12일자.
김하영(2006), 「하인스 워드 열풍과 코시안(Kosian)」, 『새가정』, 578, 106-107.
김현주·전광희·이혜경(1997), 「국내 거류 외국인의 한국 사회 적응에 관한 연구: 문화간 커뮤니케이션과 사회적 연결망을 중심으로」, 『한국언론학보』, 40, 105-139.
나간채(1990), 「지역민간의 사회적 거리감」, 한국사회학회 편, 『한국의 지역주의와 지역갈등』, 성원사.
나은석(2008), 「발언대: 새터민을 바라보는 시각을 바꾸자」, 『경상일보』 12월 5일자.
남영신(1991), 『지역패권주의 한국: 민족 사회 통합과 발전을 위한 고언』, 새물사.
란코프, 안드레이 니콜라예비치(2014), 「외국인 노동자에게 매력적인 한국」, 『자유아시아방송』 6월 12일자.
류지영(2012), 「대학생의 영어 교육 투자 실태 분석」, 『THE HRD REVIEW』, 15(4), 150-168.
문원식(2010), 「다문화주의」, 『경기일보』 8월 4일자.
박경태(1999), 「한국 사회의 인종차별: 외국인 노동자, 화교, 혼혈인」, 『역사비평』, 48, 189-208.
_____(2004), 「날마다 자신을 확인해야 하는 사람들 – 혼혈 '인'을 만나다」, 『당대비평』, 25, 234-243.
_____(2008), 『소수자와 한국 사회: 이주노동자, 화교, 혼혈인』, 후마니타스.
박노자(2002a), 「한국적 근대 만들기 I – 우리 사회에 인종주의는 어떻게 정착되었는가」, 『인물과 사상』, 45, 158-172.
_____(2002b), 「한국적 근대 만들기 II – 인종주의의 또 하나의 얼굴」, 『인물과 사상』, 46, 136-147.
_____(2003), 「한국적 근대 만들기XX – 개화기와 일제시대의 지역감정」, 『인물과 사상』, 68, 112-126.
_____(2004), 「개화기의 국민 담론과 그 속의 타자들」, 이화여자대학교 한국문화연구원 편, 『근대계몽기 지식개념의 수용과 그 변용』, 소명출판.
_____(2007), 「박노자 칼럼: 우리의 오만과 편견, 그리고 탈북자」, 『한겨레』 10월 11일자.
박배균(2010), 「외국인 국내 적응의 지역적 차이에 대한 연구: 전문직 종사 외국인들을 대상으로」, 『한국경제

지리학회지』, 13(1), 89-110.
박선영(2007), 「이주 여성과 그 자녀의 인권」, 『저스티스』, 96(2), 7-26.
박수미 외(2004), 『차별에 대한 국민의식 및 수용성 연구』, 한국여성정책연구원.
박정아(2007), 「새터민(북한 이탈주민)의 한국 사회적응에 관한 연구」, 목원대학교 사회복지학 석사학위논문.
박종철·김영윤·이우영(1996), 『북한이탈 주민의 사회적응에 관한 연구: 실태조사 및 개선 방안』, 민족통일연구원.
법무부 출입국·외국인정책본부(2008), 『제1차 외국인정책 기본계획: 2008-2012』.
변광수(2007), 「다민족 사회 '새 가족'에 투자를」, 『한겨레』 10월 16일자.
사세, 베르너(2013), 『민낯이 예쁜 코리안: 독일인 한국학자의 50년 한국 문화 탐색』, 학고재.
서유석(2008), 「오늘과 내일: 중국 유학생에 대한 배려」, 『새전북신문』 5월 20일자.
서창록(2013), 「글로벌포커스: 한국의 문을 두드리는 난민(難民)」, 『매일경제』 6월 10일자.
설동훈(2000), 「외국인 노동자 인권 및 연대를 위한 시민단체 조사연구」, 『2000 외국인 이주 노동자 단체 조사보고서』, 기독교사회문제연구원.
_____(2002), 「외국인 노동자 차별과 시민권」, 『시민과 세계』, 2, 345-356.
_____(2007), 「혼혈인의 사회학: 한국인의 위계적 민족성」, 『인문연구』, 52, 127-164.
손용석(2011), 「'양날의 칼'로 다가오는 다문화 사회」, 『경남도민일보』 9월 1일자.
손정아(2013), 「수요프리즘: 약자 중의 약자, 이주여성 인권」, 『대전일보』 10월 30일자.
신경림(2008), 「신경림 누항 나들이: 오바마의 승리와 우리의 인종 편견」, 『서울신문』 11월 12일자.
신복룡(2002), 『이방인이 본 조선 다시 읽기』, 풀빛출판사.
안병근(2012), 「단일민족 사회에서 다문화 사회로」, 『Click 경제교육』, 105, 20-21.
양계민·김승경(2012), 「다문화 가족 청소년의 발달실태 및 지원정책 개선 방안」, NYPI 청소년정책리포트 32, 한국청소년정책연구원.
오경석(2009), 「한국의 다문화주의: 특징과 과제」, 『호모미그란스 - 이주, 식민주의, 인종주의』, 1, 9-32.
_____(2010), 「누구를 위한 '다문화주의'인가?: 안산지역 이주민 지원 활동에 대한 비판적 검토」, 『민주사회와 정책연구』, 17, 190-222.
오미영(2009), 「혼혈인에 대한 낙인 연구」, 『한국사회복지학』, 61(2), 215-246.
오성배(2005a), 「코시안(Kosian)아동의 성장과 환경에 관한 사례 연구」, 『한국교육』, 32(3), 61-83.
_____(2005b), 「'코시안'을 새로운 소외계층으로 만들 것인가?」, 『교육정책포럼』, 118, 13-16.
_____(2007), 「국제결혼 가정 자녀의 교육 기회 실태와 대안 모색」, 『인간연구』, 12, 33-56.
오영호(2013), 「매경춘추: 다문화가 열쇠다」, 『매일경제』 2월 12일자.
왕한석·한건수·양명희(2005), 『국제결혼 이주여성의 언어 및 문화 적응 실태 연구』, 국립국어원.

유승국(1983), 「한국의 유교」, 종교문제연구소 편, 『한국 종교 개관』, 원광대학교.
유승무·이태정(2006), 「한국인의 사회적 인정 척도와 외국인에 대한 이중적 태도」, 『담론201』, 9(2), 275-311.
유정아(2009), 「살며 사랑하며 – 유정아: 토론의 기본」, 『국민일보』 10월 27일자.
유지웅(2007), 「북한이탈주민의 사회적 배제」, 『통일문제연구』, 19(1), 145-175.
유철인(2006), 「포럼: 우리 사회의 혼혈인 차별과 관용」, 『문화일보』 2월 11일자.
윤선희(2006), 「문화 간 커뮤니케이션과 뉴스 보도의 내러티브 분석」, 『한국언론정보학보』, 36, 162-198.
윤옥경·김병주(2014), 「원어민강사의 직무환경 만족도와 한국 사회 적응정도가 소진에 미치는 영향」, 『한국교원교육연구』, 31(1), 293-315.
윤인진(2007), 「북한이주민의 사회적응 실태와 정착지원방안」, 『아시아연구』, 50(2), 106-143.
윤인진·송영호(2011), 「한국인의 국민 정체성에 대한 인식과 다문화 수용성」, 『통일문제연구』, 23(1), 143-192.
윤인진 외(2010a), 『이주 노동자의 한국 경제 및 사회에 미친 영향과 한국인의 이주 노동자에 대한 인식』, 아시아인권센터.
_____(2010b), 『한국인의 이주 노동자와 다문화 사회에 대한 인식』, 이담북스.
이건만(2007), 「한국 사회의 학벌주의와 계급갈등: 학벌자본의 이론화를 향해」, 『교육사회학연구』, 17(4), 63-85.
이병욱(2005), 「직업교육기피 현상의 원인인 '학벌주의'에 대한 인식과 극복 방안 연구」, 『대한공업교육학회지』, 30(1), 149-159.
이용균·이현욱(2012), 「이주자 공간의 지도화와 공간분포의 특성: 국적과 체류유형을 중심으로」, 『한국지도학회지』, 12(2), 59-74.
이원구(2002), 「발언대: 원어민 발음보다 의사소통 능력이 우선」, 『한국일보』 1월 29일자.
이은하(2007), 「'코시안'이 아니라 한국 사람」, 『월간 논 주니어』, 7월호, 42-50.
이인희·황경아(2013), 「다문화 관련 미디어 보도 프레임 연구에 대한 메타분석」, 『다문화사회연구』, 6(2), 83-108.
이재령(2005), 「독자페이지: 탈북자 용어 바꾸기보다 편견 버려야」, 『세계일보』 1월 15일자.
이재산(2013), 「포괄적 차별금지법과 인종차별금지법」, (사)외국인노동자와함께.
이재영(2013) 「〈퍼스트무버〉 저자 피터 언더우드: 우리는 이제 앞장서야 할 때입니다」, 『GOLD & WISE』, 92, 52-55.
이지영(2003), 「혼혈 아이를 떠미는 사회」, 『한겨레』 10월 3일자.
이지윤(2010), 「한국 민족주의에 대한 다양한 해석의 가능성: 종족민족주의와 정치적 민족주의의 접합」, 『인간·환경·미래』, 4, 95-122.

이희근(2008), 『우리 안의 그들 역사의 이방인들: 섞임과 넘나듦 그 공존의 민족사』, 너머북스.
이희은·유경한·안지현(2007), 「TV 광고에 나타난 전략적 다문화주의와 인종주의」, 『한국언론정보학보』, 39, 473-505.
인천광역시의회(2013), 「불법적으로 진행되고 있는 영종도 난민지원센터 개청 반대 결의안」, 김정헌 의원 대표 발의, 의안번호 982.
임석희·송주연(2010), 「우리나라의 외국인 전문직 이주자 현황과 지리적 분포 특성」, 『한국지역지리학회지』, 16(3), 275-294.
장상진(2012), 「소녀시대 흑인 흉내 영상에 해외 네티즌 격분」, 『조선일보』 3월 11일자.
장순미(2013), 「다문화 정책 이대로 좋은가」, 『당진시대』 3월 15일자.
장지원(2012), 『다문화 수용성 제고방안에 관한 전문가 조사』, 한국행정연구원.
장하진(2007), 「특별기고: 반쪽 한국인은 없어요 – 장하진 여성가족부 장관」, 『파이낸셜뉴스』 6월 17일자.
정영찬(2010), 「누구를 위한 G20 정상회의인가? 최악의 인종차별적 조치 실행!」, 『정세와 노동』, 58, 44-53.
전영평(2008), 「다문화시대의 소수자운동과 소수자행정: 담론과 과제」, 『한국행정학보』, 42(3), 9-27.
정용교·이화경(2012), 「지방대학생의 입장에서 바라본 학벌주의 실태와 대안」, 『중등교육연구』, 60(3), 699-724.
정의철·이창호(2007), 「혼혈인에 대한 미디어 보도 분석: 하인스 워드의 성공 전후를 중심으로」, 『한국언론학보』, 51(5), 84-110.
정현숙(2004), 「문화간 커뮤니케이션 갈등에 관한 연구: 한국에 거주하는 외국인 노동자의 체험담을 중심으로」, 『커뮤니케이션학연구』, 12(3), 27-45.
조성수(2009a), 「차별적 다문화주의와 시민권: (상(上)) 한국의 차별과 배제를 극복할 수 없는 외국인 이주노동자」, 『자치발전』, 171, 84-91.
_____(2009b), 「차별적 다문화주의와 시민권: (하(下)) 한국의 차별과 배제를 극복할 수 없는 외국인 이주노동자」, 『자치발전』, 173, 114-121.
조영달(2006), 『다문화 가정의 자녀 교육 실태 조사』, 교육인적자원부.
조정아·정진경(2006), 「새터민의 취업과 직장생활 갈등에 관한 연구」, 『통일정책연구』, 15(2), 29-52.
조지영·서정민(2013), 「누가 다문화 사회를 노래하는가?: 신자유주의적 통치술로서의 한국 다문화 담론과 그 효과」, 『한국사회학』, 47(5), 101-137.
조하나·박은혜(2013), 「'혼혈'에 대한 사회적 의미 – 1950년~2011년 신문기사를 중심으로 –」, 『다문화콘텐츠연구』, 14, 367-407.
조희연(1994), 「지역감정의 '정치적 구조화' 과정에 관한 연구: 지역주의적 투표행태에 대한 정치사회학적 분석」, 『성공회대학논총』, 7, 69-95.

주혜연·노광우(2013), 「드라마 속에 재현된 외국인과 한국의 다문화주의」, 『만화애니메이션연구』, 32, 335-361.

최강민(2006), 「단일민족의 신화와 혼혈인」, 『어문논집』, 35, 287-314.

최은진·김의준(2011), 「출신 국적에 따른 서울시 외국인 이주자의 거주지 분리」, 『도시행정학보』, 24(4), 85-107.

최장집(1991), 「지역감정의 지배 이데올로기적 기능」, 김종철·최장집 외 편, 『지역감정연구』, 학민사.

최 현(2007), 「한국인의 다문화 시티즌십(multicultural citizenship): 다문화 의식을 중심으로」, 『시민사회와 NGO』, 5(2), 147-173.

토나, 욤비·박진숙(2013), 『내 이름은 욤비: 한국에서 난민으로 살아가기』, 이후.

통일부(2006), 『북한이탈주민 정책지원실무』.

프랭클, 존(2008), 『한국문학에 나타난 외국의 의미』, 소명출판.

하상복(2012), 「황색 피부, 백색 가면: 한국의 내면화된 인종주의의 역사적 고찰과 다문화주의」, 『인문과학연구』, 33, 525-556.

하연섭(2007), 「논단: 하연섭 – 단일 민족을 넘어서」, 『국민일보』 10월 30일자.

한건수·설동훈(2007), 『이주자가 본 한국의 정책과 제도』, 한국여성정책연구원.

한경아(1994), 「한국 혼혈인의 실태와 문제: 펄벅재단에 등록된 미국계 한국 혼혈인을 중심으로」, 효성여자대학교 사회복지학 석사학위논문.

한달우(2013), 「4대惡 사라지면 '4樂' 온다」, 『중도일보』 5월 21일자.

한승준·박치성(2011), 「외국인 정책의 사회적 형성에 관한 연구 – 결혼이주자와 외국인근로자의 사례를 중심으로 –」, 『한국정책학회보』, 20(1), 51-82.

한혜원(2002), 「혼혈인에 대한 사회적 인식에 관한 연구」, 국민대학교 사회복지학 석사학위논문.

허율철·박홍원(2010), 「한국언론과 세계화 담론: 조선일보와 한겨레의 세계화 보도 비교 연구」, 『언론과학연구』, 10(4), 562-602.

황정미(2010), 「한국인의 다문화 수용성 분석: 새로운 성원권의 정치학(politics of membership) 관점에서」, 『아세아연구』, 53(4), 152-184.

홍성태(2002), 「학벌주의와 강남특별구」, 『문화과학』, 29, 231-242.

후홍염(2013), 「천자춘추: 단일민족 그 결과」, 『경기일보』 4월 25일자.

Abelmann, Nancy and John Lie(1995), *Blue Dreams: Korean Americans and the Los Angeles Riots*, Harvard University Press.

AGDE(2014), "Fair Work Commission Annual Wage Review Increases National Minimum Wage," Australian Government Department of Employment.

Ahn, Ji-Hyun(2013), "Global Migration and the Racial Project in Transition: Institutionalizing Racial Difference Through the Discourse of Multiculturalism in South Korea," *Journal of Multicultural Discourses*, 8(1), 29-47.

Apitzsch, Ursula and Irini Siouti(2007), *Biographical Analysis as an Interdisciplinary Research Perspective in the Field of Migration Studies*, Johann Wolfgang Goethe Universitat Frankfurt am Main.

Archer, Margaret S.(1989), *Culture and Agency: The Place of Culture in Social Theory*, Revised edition, Cambridge University Press.

_____(1995), *Realist Social Theory: The Morphogenetic Approach*, Cambridge University Press.

Armstrong, Charles K.(2007), "Book Review: Ethnic Nationalism in Korea: Genealogy, Politics, and Legacy," *American Journal of Sociology*, 113(1), 272-274.

Augoustinos, Martha and Danielle Every(2007), "The Language of 'Race' and Prejudice: A Discourse of Denial, Reason and Liberal-Practical Politics," *Journal of Language and Social Psychology*, 26(2), 123-141.

Bade, Klaus J.(2003), *Migration in European History*, Blackwell Publishing.

Balibar, Etienne(1994), *Masses, Classes, Ideas: Studies on Politics and Philosophy Before and After Marx*, Routledge.

Bell, Allan and Peter Garret, eds.(1998), *Approaches to Media Discourse*, Blackwell Publishing.

Bhaskar, Roy(1979), *The Possibility of Naturalism: A Philosophical Critique of the Contemporary Human Sciences*, Harvester Press.

_____(1989), *Reclaiming Reality: A Critical Introduction to Contemporary Philosophy*, Verso.

_____(1991), *Philosophy and the Idea of Freedom*, Blackwell Publishing.

Billig, Michael(1995), *Banal Nationalism*, Sage Publications.

Boulukos, George(2008), *The Grateful Slave: The Emergence of Race in Eighteenth-Century British and American Culture*, Cambridge University Press.

Brah, Avtar(1996), *Cartographies of Diaspora: Contesting Identities*, Routledge.

Brubaker, Rogers(2009), "Ethnicity, Race, and Nationalism," *Annual Review of Sociology*, 35, 21-42.

_____(2010), "Migration, Membership, and the Modern Nation-State: Internal and External Dimensions of the Politics of Belonging," *Journal of Interdisciplinary History*, 41(1), 61-78.

Bryant, Antony and Kathy Charmaz, eds.(2010), *The SAGE Handbook of Grounded Theory*, Paperback edition, Sage Publications.

Carter, Bob(2000), *Realism and Racism: Concepts of Race in Sociological Research*, Routledge.

Castles, Stephen and Mark J. Miller(2003), *The Age of Migration: International Population Movements in the Modern World*, 3rd edition, Guilford Press.

Castles, Stephen et al.(1992), *Mistaken Identity: Multiculturalism and the Demise of Nationalism in Australia*, 3rd edition, Pluto Press.

Chang, Kyung-Sup(1999), "Compressed Modernity and its Discontents: South Korean Society in Transition," *Economy and Society*, 28(1), 30-55.

_____(2011), "Developmental Citizenship in Perspective: The South Korean Case and Beyond," in Kyung-Sup Chang and Bryan S. Turner, eds., *Contested Citizenship in East Asia: Developmental Politics, National Unity, and Globalization*, Routledge, 181-202.

Chapman, David(2007), *Zainichi Korean Identity and Ethnicity*, Routledge.

Chase, Thomas(2011), "Nationalism and the Net: Online Discussion of Goguryeo History in China and South Korea," *China Information*, 25(1), 61-82.

_____(2012), "Problems of Publicity: Online Activism and Discussion of Same-Sex Sexuality in South Korea and China," *Asian Studies Review*, 36(2), 151-170.

Ching, Leo(1998), "Yellow Skin, White Masks: Race, Class, and Identification in Japanese Colonial Discourse," in Kuan-Hsing Chen, ed., *Trajectories: Inter-Asia Cultural Studies*, Routledge, 56-75.

Cho, Grace M.(2008), *Haunting the Korean Diaspora: Shame, Secrecy, and the Forgotten War*, University of Minnesota Press.

Chung, Erin Aeran(2010), "Workers or Residents? Diverging Patterns of Immigrants Incorporation in Korea and Japan," *Pacific Affairs*, 83(4), 675-696.

Cohen, Ronald(1978), "Ethnicity: Problem and Focus in Anthropology," *Annual Review of Anthropology*, 7, 379-403.

Collier, Andrew(1994), *Critical Realism: An Introduction to Roy Bhaskar's Philosophy*, Verso.

Collins, Francis L.(2014), "Teaching English in South Korea: Mobility Norms and Higher Education Outcomes in Youth Migration," *Children's Geographies*, 12(1), 40-55.

Danermark, Berth et al.(2001), *Explaining Society: Critical Realism in Social Sciences*, Routledge.

Dobson, Philip J.(2001), "The Philosophy of Critical Realism – An Opportunity for Information Systems Research," *Information Systems Frontiers*, 3(2), 199-210.

Doolan, Yuri W.(2012), "Being Amerasian in South Korea: Purebloodness, Multiculturalism, and Living Alongside the U.S. Military Empire," B. A. Honors Research Thesis in History of the Ohio State University.

Due, Clemence(2011), "'Aussie Humour' or Racism? Hey Hey It's Saturday and the Denial of Racism in Online Responses to News Media Articles," *Platform: Journal of Media and Communication*, 3(1), 36-53.

Entman, Robert M.(1994), "Representation and Reality in the Portrayal of Blacks on Network Television News," *Journalism & Mass Communication Quarterly*, 71(3), 509-520.

EUMC(2005), *Majorities' Attitude toward Minorities: Key Findings from the Eurobarometer and the European Social Survey – Summary*, European Monitoring Centre on Racism and Xenophobia.

Fanon, Frantz(2008), *Black Skin, White Masks*, Grove.

Gellner, Ernest(1983), *Nations and Nationalism*, Cornell University Press.

Gies, Lieve(2007), "Pigs, Dogs, Cows, and Commerce in Celebrity Big Brother 2007," *Feminist Media Studies*, 7(4), 460-463.

Glaser, Barney G. and Anselm L. Strauss(1967), *The Discovery of Grounded Theory: Strategies for Qualitative Research*, Weidenfeld.

Goot, Murray(2005), "Pauline Hanson's One Nation: Extreme Right, Centre Party or Extreme Left?," *Labour History*, 89, 101-119.

Grayson, James H.(2002), *Korea: A Religious History*, Routledge.

Green, Corliss L.(1999), "Ethnic Evaluations of Advertising: Interaction Effects of Strength of Ethnic Identification, Media Placement, and Degree of Racial Composition," *Journal of Advertising*, 28(1), 49-64.

Habermas, Jurgen(1989), *The Structural Transformation of the Public Sphere: An Inquiry into a Category of Bourgeois Society* (Thomas Burger, Trans.), MIT Press.

Hage, Ghassan(2000), *White Nation: Fantasies of White Supremacy in a Multicultural Society*, Routledge and Pluto Press Australia.

Han, Gil-Soo(1997), "Rapid Industrialization, the Birth of Religio-Economic Entrepreneurship, and the Expansion of Christianity in Korea," *Global Economic Review*, 26(2), 51-74.

______(1999), "Immigrant Life and Work Involvement: Korean Men in Australia," *Journal of Intercultural Studies*, 20(1), 5-29.

______(2012), "Nouveau-riche Racism and 'Pure Blood' Nationalism at Grassroots Level in the Korean Internet Space: A Media Narrative Analysis," in Australia and New Zealand Communications Association Conference Proceedings.

______(2013), "Oppan Gangnam Style: Psy's Popularity and its Social Significance in Contemporary Korea,"

International Review of Korean Studies, 10(1), 91-115.

______(2015), "K-Pop Nationalism: Celebrities and Acting Blackface in the Korean Media," *Continuum: Journal of Media & Cultural Studies*, 29(1), 2-16.

Han, Gil-Soo and Rachel Sharp(1997), "Economic Development in South Korea: By-Product of Military Regimes," *Policy, Organisation and Society*, 14(1), 23-39.

Han, Kyung-Koo(2007), "The Archaeology of the Ethnically Homogeneous Nation-State and Multiculturalism in Korea," *Korea Journal*, 47(4), 8-32.

Hannaford, Ivan(1996), *Race: The History of an Idea in the West*, Woodrow Wilson Center Press.

Hegde, Radha S.(2007), "Of Race, Classy Victims and National Mythologies: Distracting Reality on Celebrity Big Brother," *Feminist Media Studies*, 7(4), 457-460.

Herzfeld, Michael(1997), *Cultural Intimacy: Social Poetics in the National-State*, Routledge.

Higham, John(1994), *Strangers in the Land: Patterns of American Nativism 1860-1925*, Rutgers University Press.

Hofstede, Geert(1991), *Cultures and Organizations: Software of the Mind*, McGraw-Hill.

______(2001), *Culture's Consequences: Comparing Values, Behaviors, Institutions and Organizations across Nations*, Sage Publications.

Hooks, Bell(2004), *We Real Cool: Black Men and Masculinity*, Routledge.

Hsu, Francis L. K.(1973), "Prejudice and its Intellectual Effects in American Anthropology: An Ethnographic Report," *American Anthropologist*, 75(1), 1-19.

Husband, Charles(1996), "The Right to be Understood: Conceiving the Multi-Ethnic Public Sphere," *Innovation: The European Journal of Social Science Research*, 9(2), 205-215.

______(1998), "Differentiated Citizenship and the Multi-Ethnic Public Sphere," *Journal of International Communication*, 5(1-2), 134-148.

______(2003), "Doing Good by Stealth, whilst Flirting with Racism. Some Contradictory Dynamics of British Multiculturalism," *Revista Migraciones*, 14, 145-179.

Im, Hyun-jin(1985), *Dependent Development in Korea 1963-1979*, Seoul National University Press.

Iosifides, Theodoros(1997), "Recent Foreign Immigration and the Labour Market in Athens," Ph.D. Thesis in in Human Geography of University of Sussex.

______(2011), *Qualitative Methods in Migration Studies: A Critical Realist Perspective*, Ashgate.

Jambor, Paul Z.(2007), "English Language Imperialism: Points of View," *Journal of English as an International Language*, 2, 103-123.

Jayasuriya, Laksiri(1985), "Multiculturalism in Australia," *Ethnos*, 40, 3-4.

Jeong, Eunju(2013), "Comprehensive Anti-Discrimination Act Withdrawal: Korean Human Rights Situation Back Tracks," Human Rights Monitor South Korea Website.

Kim, Choong Soon(1988), *Faithful Endurance: An Ethnography of Family Dispersal in Korea*, University of Arizona Press.

______(2011), *Voices of Foreign Brides: The Roots and Development of Multiculturalism in Korea*, AltaMira Press.

Kim, Dongno(1990), "The Transformation of Familism in Modern Korean Society: From Cooperation to Competition," *International Sociology*, 5(4), 409-425.

Kim, Illsoo(1981), *New Urban Immigrants: The Korean Community in New York*, Princeton University Press.

Kim, Kyung-keun and Hyunjoon Park, eds.(2014), *Korean Education in Changing Economic and Demographic Contexts*, Singapore: Springer.

Kim, Minjeong and Angie Y. Chung(2005), "Consuming Orientalism: Images of Asian/American Women in Multicultural Advertising," *Qualitative Sociology*, 28, 67-91.

Kim, Sang Hun(2014), *Eyewitness: A Litany of North Korean Crimes Against Humanity Prima Facie Evidence*, Partridge Publishing Singapore.

Kim, Seung-Sup et al.(2012), "Measuring Discrimination in South Korea: Underestimating the Prevalence of Discriminatory Experiences among Female and Less Educated Workers?," *PLoS ONE*, 7(3), e32872.

Kitahara, Michio(1987), "Japanese Attitudes toward the Chinese and the Koreans in History," *Sociologia Internationalis*, 25(1), 85-96.

Knowles, Caroline(1992), *Race, Discourse and Labourism*, Routledge.

Kochhar-lindgren, Kanta(2007), "Performing Blackness: Transversal Diasporas Criss-Crossing the Atlantic," *Performance Research*, 12(3), 114-123.

Lie, John(1998), *Han Unbound: The Political Economy of South Korea*, Stanford University Press.

______(2001), *Multiethnic Japan*, Harvard University Press.

______(2008), *Zainichi (Koreans in Japan): Diasporic Nationalism and Postcolonial Identity*, University of California Press.

Lim, Timothy C.(2002), "The Changing Face of South Korea: The Emergence of Korea as a 'Land of Immigration'," *The Korea Society Quarterly*, 3(2-3), 16-21.

Liu, Shuang, Zala Volcic, and Cynthia Gallois(2011), *Introducing Intercultural Communication: Global Cultures and Contexts*, Sage Publications.

Lott, Eric(1993), *Love and Theft: Blackface Minstrelsy and the American Working Class*, Oxford University Press.

Manet, Pierre(1994), *An Intellectual History of Liberalism* (Rebecca Balinski, Trans.), Princeton University Press.

McConahay, John B.(1986), "Modern Racism, Ambivalence, and the Modern Racism Scale," in John. F. Dovidio and Samuel L. Gaertner, eds., *Prejudice, Discrimination, and Racism*, Academic Press, 91-125.

McLelland, Mark(2008), "'Race' on the Japanese Internet: Discussing Korea and Koreans on '2-channeru'," *New Media & Society*, 10(6), 811-829.

Miles, Robert(1982), *Racism and Migrant Labour*, Routledge & Kegan Paul.

Mills, Charles W.(1997), *The Racial Contract*, Cornell University Press.

Mingers, John(2004), "Re-Establishing the Real: Critical Realism and Information Systems," in John Mingers and Leslie P. Willcocks, eds., *Social Theory and Philosophy for Information Systems*, Wiley, 372-406.

Mitra, Ananda(2004), "Voices of the Marginalized on the Internet: Examples from a Website for Women of South Asia," *Journal of Communication*, 54(3), 492-510.

Moon, Katharine H. S.(1997), *Sex among Allies: Military Prostitution in U.S. – Korea Relations*, Columbia University Press.

Naisbitt, John(1994), *Global Paradox: The Bigger the World Economy, the More Powerful Its Smallest Players*, Allen & Unwin.

NAKA(2003), "In Observance of Centennial of Korean Immigration to the U.S," National Association of Korean Americans.

Nelson, Sarah M.(1993), *The Archaeology of Korea*, Cambridge University Press.

Nicholson, Alastair(2014), "My Country, My Shame," *The Age* 7월 6일자.

Nye, Joseph S.(2004), *Soft Power: The Means to Success in World Politics*, PublicAffairs.

O'Boyle, Neil(2006), "Addressing Multiculturalism? Conservatism and Conformity: Access and Authenticity in Irish Advertising," *Translocations*, 1(1), 95-120.

OHCHR(1991), "Human Rights Facts Sheet No. 12: The Committee on the Elimination of All Forms of Racial Discrimination," Geneva: United Nations Office of the High Commissioner for Human Rights(국가인권위원회 역(2005), 「유엔인권해설집: 인종차별철폐위원회」, 한학문화).

OHRC(1977), *Life Together: A Report on Human Rights in Ontari*, Ontario Human Rights Commission.

Omi, Michael and Howard Winant(1994), *Racial Formation in the United States: From the 1960s to the 1990s*, 2nd edition, Routledge.

Ostberg, Viveca(1997), "The Social Patterning of Child Mortality: The Importance of Social Class, Gender, Family Structure, Immigrant Status and Population Density," *Sociology of Health & Illness*, 19(4), 415-435.

Park, Jin-Kyu(2009), "English Fever in South Korea: Its History and Symptoms," *English Today*, 25(1), 50-57.

Park, Robert E.(1950), *Race and Culture*, The Free Press.

Pawson, Ray and Nicholas Tilley(1997), *Realist Evaluation*, Sage Publications.

Pierson, John H.(2001), *Tackling Social Exclusion*, Routledge.

Pineda, Ana M.(2012), "Hospitality," in Michael D. Palmer and Stanley M. Burgess, eds., *The Wiley-Blackwell Companion to Religion and Social Justice*, Wiley-Blackwell Publishing, 306-318.

Prey, Robert(2001), "How Do You Say 'Imperialism'? The English Language Teaching Industry and the Culture of Imperialism in South Korea," M. A. Thesis in Communication of Simon Fraser University.

Reed, Michael I.(2001), "Organization, Trust and Control: A Realist Analysis," *Organization Studies*, 22(2), 201-228.

Rex, John(1983), *Race Relations in Sociological Theory*, 2nd edition, Routledge & Kegan Paul.

Robinson, Michael E.(1988), *Cultural Nationalism in Colonial Korea, 1920-1925*, University of Washington Press.

Sassen, Saskia(1988), *The Mobility of Labour and Capital: A Study in International Investment and Labor Flow*, Cambridge University Press.

Sayer, Andrew(2000), *Realism and Social Science*, Sage Publications.

Selth, Andrew(1988), *The Development of Public Education in the Republic of Korea: An Australian Perspective*, Centre for the Study of Australian-Asian Relations, Griffith University.

Seth, Michael J.(2002), *Education Fever: Society, Politics, and the Pursuit of Schooling in South Korea*, University of Hawaii Press and Center for Korean Studies, University of Hawaii.

Seol, Dong-Hoon(2000), "Past and Present of Foreign Workers in Korea 1987-2000," *Asia Solidarity Quarterly*, 2(2), 6-31.

Seol, Dong-Hoon and Geon-Soo Han(2004), "Foreign Migrant Workers and Social Discrimination in Korea," *Harvard Asia Quarterly*, 8, 45-50.

Shin, Gi-Wook(2006), *Ethnic Nationalism in Korea: Genealogy, Politics, and Legacy*, Stanford University Press.

Shin, Julia Jiwon(2009), "The Gendered and Racialised Division in the Korean Labour Market: The Case of Migrant Workers in the Catering Sector," *East Asia: An International Quarterly*, 26, 93-111.

Simmons, Katie and Amanda LeCouteur(2008), "Modern Racism in the Media: Constructions of 'the Possibility of Change' in Accounts of Two Australian 'Riots'," *Discourse and Society*, 19(5), 667-687.

Soutphommasane, Tim(2014), "Are We to Favour Bigotry over the Right to Live Unaffected by it?," *The Sydney Morning Herald* 3월 28일자.

Stratton, Jon(1998), *Race Daze: Australia in Identity Crisis*, Pluto Press.

_____(2009), "Preserving White Hegemony: Skilled Migration, 'Asians' and Middle-Class Assimilation," *Borderlands*, 8(3), 1-28.

_____(2011), "The Jackson Jive: Blackface Today and the Limits of Whiteness in Australia," *Journal of the European Association of Studies on Australia*, 2(2), 22-41.

Strausbaugh, John(2006), *Black Like You: Blackface, Whiteface, Insult and Imitation in American Popular Culture*, Penguin.

Strauss, Anselm and Juliet Corbin(1990), *Basics of Qualitative Research: Grounded Theory Procedures and Techniques*, Sage Publications.

Suzuki, Toshimitsu(2011), "Economics of Education & Academic Background," ChuoOnline.

Taylor, Charles R., Ju Yung Lee, and Barbara B. Stern(1995), "Portrayals of African, Hispanic, and Asian Americans in Magazine Advertising," *American Behavioral Scientist*, 38(4), 608-621.

Trebbe, Joachim and Philomen Schoenhagen(2011), "Ethnic Minorities in the Mass Media: How Migrants Perceive Their Representation in Swiss Public Television," *Journal of International Migration and Integration*, 12, 411-428.

United Nations(2004), *World Economic and Social Survey 2004: International Migration*.

Ventura, Caterina(1995), "From Outlawing Discrimination to Promoting Equality: Canada's Experience with Anti-Discrimination Legislation," International Migration Papers No. 6, International Labour Office.

Vickers, Jill and Annette Isaac(2012), *The Politics of Race: Canada, the United States, and Australia*, University of Toronto Press.

Wallerstein, Immanuel(2004), *World-Systems Analysis: An Introduction*, Duke University Press.

Weiner, Michael(1995), "Discourses of Race, Nation and Empire in Pre-1945 Japan," *Ethnic and Racial Studies*, 18(3), 433-456.

Wetherell, Margaret and Jonathan Potter(1992), *Mapping the Language of Racism: Discourse and the Legitimation of Exploitation*, Harvester Wheatsheaf and Columbia University Press.

White, Pamela, and John T. Samuel(1991), "Immigration and Ethnic Diversity in Urban Canada," *International Journal of Canadian Studies*, 3(Spring), 68-85.

Wikgren, Marianne(2005), "Critical Realism as a Philosophy and Social Theory in Information Science?," *Journal of Documentation*, 61(1), 11-22.

Willmott, Robert(1997), "Structure, Culture and Agency: Rejecting the Current Orthodoxy of Organisation Theory," *Journal for the Theory of Social Behaviour*, 27(1), 93-123.

Wilson, Richard W.(1988), "Wellsprings of Discontent: Sources of Dissent in South Korean Student Values," *Asian Survey*, 23(10), 1066-1081.

World Economic Forum(2013), *The Global Gender Gap Report 2013*.

_____(2014), *The Global Gender Gap Report 2014*.

Yoshino, Kosaku(1998), "Culturalism, Racialism and Internationalism in the Discourse on Japanese Identity," in Dru C. Gladney, ed., *Making Majorities: Constituting National in Japan, Korea China, Malaysia, Fiji, Turkey, and the United States*, Stanford University Press, 13-30.

Yuh, Ji-Yeon(2002), *Beyond the Shadow of Camptown: Korean Military Brides in America*, NYU Press.

Zhou, Min and Yang Sao Xiong(2005), "The Multifaceted American Experiences of the Children of Asian Immigrants: Lessons for Segmented Assimilation," *Ethnic and Racial Studies*, 28(6), 1119-1152.

저자·역자 약력

한길수

현 호주 Monash University 교수
School of Media, Film and Journalism

Calculated Nationalism in Contemporary South Korea
Funeral Rites in Contemporary Korea
Nouveau-riche Nationalism and Multiculturalism in Korea
외 다수

김수정

이화여자대학교 사회학 학사·석사·박사
현 강남대학교 참인재대학 교양교수부 조교수
문화사회학, 한류사회학, 문화정책 연구

『예술의 사회학적 읽기』(공저)
「한국 문화정책에서의 문화 개념에 관한 연구」
「1960~1970년대 한국 문화정책에 대한 재고찰」
외 다수